XIANDAI XUEXIAO QUANLI
YUNXINGZHONG DE LIUCHENG GUANLI

现代学校权力运行中的流程管理

广东第二师范学院番禺附属中学若干典型案例详析

胡展航⊙著

广东高等教育出版社
Guangdong Higher Education Press
·广州·

图书在版编目（CIP）数据

现代学校权力运行中的流程管理：广东第二师范学院番禺附属中学若干典型案例详析/胡展航著．—广州：广东高等教育出版社，2017.8

ISBN 978－7－5361－5964－8

Ⅰ．①现…　Ⅱ．①胡…　Ⅲ．①中学－学校管理－案例－番禺区　Ⅳ．①G637

中国版本图书馆 CIP 数据核字（2017）第 163263 号

出版发行	广东高等教育出版社 社址：广州市天河区林和西横路 邮编：510500　　营销电话：（020）87554153　87553735 http://www.gdgjs.com.cn
印　　刷	佛山市浩文彩色印刷有限公司
开　　本	787 毫米×1 092 毫米　1/16
印　　张	15.25
字　　数	250 千
版　　次	2017 年 8 月第 1 版
印　　次	2017 年 8 月第 1 次印刷
定　　价	38.00 元

强化流程管理　建设现代学校

——广东第二师范学院番禺附属中学制度改革之路

（代前言）

广东第二师范学院番禺附属中学（以下简称“番禺附中”）是在原番禺区市桥二中的基础之上改制而来的，实现了高校与地方合作办学的理念，同时也体现了番禺附中在体制创新方面的迫切需求。改制给学校带来了前所未有的机遇和挑战：学校亟须打造科学的、高效的、规范的现代学校制度框架，并在实践中不断探索与反思，通过创新的管理模式切实提高学校的办学水平，彻底摆脱薄弱学校的历史困境，从而打造全新的社会形象。倘若学校通过改制成为现代学校制度建设的示范学校，成为薄弱学校改造并加快优质化的示范学校，无论是对于学校的师生，还是对于关心学校成长的社会各方，都必然是一项具有重要意义的举措。然而，在原有的办学基础之上摸索一条现代学校制度建设之路面临着诸多方面的困难与挑战，学校必须机智且果敢地应对这些挑战，才有可能抓住机遇，实现学校的优质发展。

自 2010 年改制以来，番禺附中一直面临着以下几个方面的矛盾。

第一，改革不合理的学校制度的愿望与原有学校文化传统之间的矛盾。《论代议制政府》的作者密尔曾经说过，世界上任何一个政府要做的事情其实只有两件事，一是维持秩序，使一个社会井然有序；二是推动进步，使一个社会保持活力。但是秩序跟进步之间是有矛盾的。如果过分地强调秩序的话，社会的发展和进步就会变得相对缓慢，或者停止进步，甚至发生倒退。如果推动社会进步的外力过于偏激，就有可能给秩序带来一定的危险，但是一个好的政府是能够推动进步的，而不仅仅是满足于维持社会的秩序。如果一个社会仅仅寻求维持秩序的话，那么这个社会就会僵化、死亡；如果一个社会仅仅寻求变革的话，那么这个社会就会失去根基，从而变得动荡不安、人人自危。因此，传统与变革二者之间应该保持一个均衡，稳定和发展都并不是绝对的，而是相对的，既要考虑到社会的长远发展，也不能以牺牲一部分人的基本权利为代价。学校的管理也是同样的道理，学校一方面要保留部分原有的制度和文化基础，维持学校运行的基本秩序，另一方面则应当顺应时代和社会的发展方向，不断革新，追求进步。学校的变革与发展不可避免地会触碰到一部分人的既得利益，对于一些不合理的权力和资源分配，学校要勇于发难和问责，力求根治历史遗留的诟病。然而学校的变革与发展也不能以牺牲部分人的基本权利为代价，否则学校的变革就会失去人心，受到抵制，从而达不到预期的效果，甚至可能会影响学校正常的教学与办公活动。因此，处理好“改革不合理的学校制度的愿望与原有学校文化传统之间的矛盾”的问题，本质上反映的是处理好改革与稳定的问题，在过去几年的制度改革与建设的工作中，这个问题也是番禺附中所考虑的首要问题。

自党的十八大召开以来，学校领导和教师都认真学习十八大的会议精神，党中央先进的思想理论提升了每一个学习者的思维水平和理论视野。十八大报告要求我们“坚持解放思想、改革创新，坚持党要管党、从严治党，全面加强党的思想建设、组织建设、作风建设、反腐倡廉建设、制度建设，增强自我净化、自我完善、自我革新、自我提高能力，建设学习型、服务型、创新型的马克思主义执政党，确保党始终成为中国特色社会主义事业的坚强领导核心”。番禺附中的管理者们清醒地意识到：加强学校内部党的思想建设与组织建设，将廉洁文化引入校园，增强学校的自我净化、自我革新、自我提升能力已经是大势所趋，如果不主动进行变革，就会被动承受因时代急速变化所带来的不适应，最终被时代和社会所抛弃。因此，“求变革”这一信念在番禺附中是深入人心的，每一个参与学校管理和建设的领导、教师都具有改革学校旧制度的强烈愿望。虽然现实中已存在较强的改革动机，但是仅凭这一点是不够的，学校要充分考虑到当下与历史的关系，把握现实与理想的平衡，循序渐进，步步为营。因此，在实施改革的过程中，学校始终注重发挥教代会的作用，广泛征集教师群体的意见，充分发挥学校理事会的作用，科学严谨地分析来自各方（地方政府、社区组织、家长、学校的管理者、教师、普通工作人员）的意见和建议，努力发掘“变与不变”“何时变”“怎样变”这些基本问题的应对策略，努力在现实与历史的夹缝中寻求平衡点。

第二，学校教师民主意识的觉醒与实际参与学校事务管理的能力之间的矛盾。近代以来，中国的民主进程经历了孙中山、陈独秀等民主人士的推动，民主思想逐渐深入人心。从民主意识在我国发展的历史脉络来看，知识分子群体不仅是传播民主思想的发动者，而且还是民主思想的主要载体，知识分子的思想觉悟也是代表了中国最前沿的思想境界。教师群体是知识分子群体的重要组成部分，他们在以往的社会思潮运动中担任了重要的传播作用，他们在课堂上向学生传达民主的意识和信息，“启民智、化民风”的主要途径就是教师的言传身教。在当代社会，知识分子主体意识空前增强的情况下，教师的独立人格也凸显出来，主要表现在教师不再是简单的教书匠，他们是知识的研究者与创造者，在知识面前他们充分发挥着主体性与能动性作用。教师的活动空间也得到前所未有的提升，他们不再满足于三尺讲台上的表演，因为他们意识到教室里的一人一物与学校、与社区、与我们生活的大环境是息息相关的。他们对于学校事务、社区事务的关注度与参与热情不断提升，尤其是学校管理方面，他们尽可能表达自身的观念与需求，争取在学校制度建设与政策制定的过程中施加自身的影响力。然而，目前我国对于教师队伍的培养的主要目的还在于提升教师的专业能力，重点在于提高教师的教学水平，对于教师的综合管理素质方面还没有系统与全面的培养，教师综合管理的水平还有待提高。

自改制以来，番禺附中教师队伍的素质有了明显的提升，现有省级骨干教师 14 人，市区级名教师、骨干教师 20 多人，高级教师、研究生学历教师 70 余人。学校为了教师专业能力的发展，引进高校以获得其强大的专业引领和资源支撑，学院专家、教授亲临指导，深入课堂。通过有关项目和活动，教师不仅增强了执教能力，而且提高了思想理论水平，拓宽了视野，同时教师的独立意识也逐渐被唤醒。随着教师独立意识的觉醒，教师群体对于参与学校管理的热情也逐渐高涨，他们积极参与学校的行政管理工作，发挥各人的专长，协助学校领导共同管理学校事务，创新学校管理制度。学校改制的顺利实施与教师队伍的全身心投入是分不开的。然而，由于教师没有接受过系统的管理课程的培训，对于学校的发展缺乏系统性的远见，往往只是凭借个人的经验和直觉、围绕自己所关注的问题参与到学校的管理与制度建设之中，在一定程度上阻碍了教师进一步发挥管理者与监督者的作用。因此，教师民主意识的增长与实际参与学校管理的能力之间的矛盾逐渐显现出来。改制以来，学校致力于创建多个平台，让教师在实践中不断思考和反思学校的发展问题，不断提升教师的管理思维水平，提高教师的管理境界以及综合管理素质，以期缓和学校教师民主意识的觉醒与实际参与学校事务管理的能力之间的矛盾。

第三，利用社区资源办学的理念与原有封闭办学模式之间的矛盾。21 世纪以来，后现代主义有关解构、批判、系统、发展的精神深深地影响了我国的学术界。在教育领域主要表现为可持续发展教育的倡导和实施，实施可持续发展的教育要求我们以一种开放的眼光、发展的眼光审视教育，将学校教育看成是与社会方方面面相联系的一部分，学校的发展离不开来自社会各个方面的支持，因为学校时时刻刻在与周边的环境发生互动。学校的教师来自于社区，他们是一个家庭的男主人或女主人，他们不免要接触到社区的事务，并且在处理这些事务的过程中发挥自身的影响力，同时他们的教学态度和热情都会被他们所来自的社区所影响。学校的学生也来自于社区，他们是父母的子女，家庭的氛围、社区的环境对于学生的“社会学想象力”有重要的影响，学生根据自己的判断，建立起积极正面的自我形象，并投入到学校的学习生活之中。学校从上层的管理者到基层的每一个员工，他们都有自己的社会身份，他们是带着这些身份参与到学校的事务管理中来的。既然我们的学校与社区存在着如此千丝万缕的联系，学校的发展就不可能也不应该离开社区资源的支持。

然而传统的办学模式是相对封闭的，学校正式员工以外的社会民众很难参与到学校内部管理操作之中。番禺附中在打破原有模式，创立与社区合作办学的新模式方面，做出了具有一定现实意义的探索。首先，学校在管理中反映出了“以人为本、贴近生活”的教育理念、“根植区域、面向民众、先学后教、多教并举”的办学定位和“因需而变、兼顾效益”的办学特色。实践证明，经济社会的发展推动着教育事业的发展，而教育的可持续发展需要“因地制宜”地确立办学体制。当前，应立足本国国情，着力克服封闭办学的弊端，大力推进政、企、校跨界融合，在“中央体制 + 市场机制”的基本架构下，加快构建市场化的学校内外部关系新模式，探索中国特色的“政府主导、行业指导、企业参与、合力共生”的多元合作体制，激发学校的市场动力与办学活力。其次，内外结合强化学校权力运行监督。按照民主、透明、公开的决策原则，学校大力推进校务公开制度建设，重要事项坚持实行集体讨论、民主决定，尤其是基本建设、物资采购、资金使用、职称评聘、干部任免、职工福利、招聘招生、奖助学金等师生关心的重大事项和热点问题，通过网络、宣传会等途径和形式向社区公开，坚决做到依法、规范、全面、真实、及时和公开；积极发挥教职工代表大会在整个运作过程中的作用，扩大学校重大决策的透明度。

第四，科学严谨的管理制度与人性化管理之间的矛盾。近年来，学校充分利用广东第二师范学院的智力资源，致力于现代学校制度的建设与创新，逐步构建了科学严谨的管理制度体系与教学模式，经过几年的发展，学校的办学水平和教学质量得到较大的提升。

学校是培养人才的基地，是塑造学生优良品性和高尚人格的地方，充满着人文的气息。而这要求学校在管理上要注重人文关怀，强调人性化管理，注重柔性管理。因此科学严谨的管理制度与人性化管理之间就产生了矛盾。然而这两种管理模式的关系并非不可调和，如何在它们之间寻找平衡点，充分利用每一种管理制度和模式的优点，在保障学校能够拥有一套科学严谨的管理体系的基础上，注重人性化管理，保证师生权益，促进学校有效教学，是值得我们探讨的课题。

在现代学校管理中，我们强调依法、依章、依规办学，崇尚制度治校，强化规范性和精细化。但同时，我们又凸显人性化管理的理念，将管理中柔性的一面融入其中，彰显管理的人文关怀。在构建幸福学校的过程中，我们如何定位制度化和人性化之间的关系，建设和谐人本校园，尽善尽美地做到既有制度的规范和约束，又能轻松、积极地实现发展？这就要求我们要转变观念，坚持两点论和重点论，辩证地处理制度管理的刚性和人文管理的柔性之间的关系，促进学生、教师、学校和社区的有序、积极、和谐发展。

俗语云：“没有规矩，不成方圆。”在某种意义上，制度高于一切，科学严谨的制度建设是每一所学校所必需的。一般来说，学校制度的类型主要有规范性制度、程序性制度、评价性制度和奖惩性制度等。一所学校的规范、多元发展，教育教学活动的有序组织和有效开展，有赖于严谨制度的制约，有赖于科学制度的规范，也同样有赖于公正制度的监督，否则，依法治校、规范办学将成为一句空话。因此，建立健全完善的制度体系应成为一所学校努力追求的目标。

制度管理是学校的根本，也是人性化管理的基础。没有完备的管理制度，人性化管理就无从谈起。规范、完备、科学的管理制度确立之后，落到实处，才能实施人性化的管理。因为，只有在学校的范围之内，师生通过一定的行为规范和准则的约束，才能逐渐养成良好的道德修养，人性化管理的推广才能水到渠成。

众所周知，制度化管理以“刚性”为特点，原则性、规范性特征较为突出，而人性化管理凸显尊重人格、情感，设身处地、因势利导地尊重人的情势和差异。人性化管理和制度化管理并不是二元对立关系，并不是排斥制度化管理，而是注重个体的自觉行为，是对制度管理的更高要求，是对既有的制度化管理的超越。我们应力求实现制度管理和人性关怀的有机统一。

制度管理的关键在于标准、规范和程序，重在约束人的行为，而人性化管理的关键在于尊重、情感和温度，重在为人的发展创造良好的心理和情势环境，总而言之，二者的目的殊途同归，都是为了学校产生更高的工作效益，营造更加和谐幸福的工作环境，从而促进学生、教师的健康发展和生命成长。因此，在学校管理中，我们既不割裂二者，又不混淆二者，要科学地处理二者的辩证关系，要因地制宜，因材施教，最大限度地调动教师的工作积极性，提升学生的学习积极性，促进学校教育教学水平和质量的全面提升。

为解决以上的这些矛盾，切实提高学校制度改革的成效，番禺附中一直在实践中不断探索与总结，目前现代学校制度的建设工作已经进入中期验收阶段，学校现代化制度的实施与运作已基本步入正轨。

我们立足于社会文明转型时期现代学校制度的价值追求，即为学生的充分、全面、终身和允许有差异发展提供尽可能充分、平等、有秩序、优质的教育服务。现代学校权力清单与流程管理的实施，是从调整和完善学校内部治理结构的角度，为社会大众获得这种优质的教育服务创造有利的制度条件。

本书以番禺附中作为实践活动的主要基地以及实证研究的支撑材料，从现代学校的必备要素即依法办学、自主管理、民主监督、社会参与等方面，展示了学校五大职能部门、七大领导岗位的权力清单，列举了中层竞岗、绩效工资分配、公文办理、党政联席会议、学校公章使用等 54 个具体工作事项的流程图及相关制度，明确了各部门的权力和职责范畴，直观呈现了各部门具体工作事项的步骤和程序，为各部门具体工作的实施提供了指导性的文件。本书主要将番禺附中已经取得的经验与成果加以梳理和说明，详析学校以“权力清单”和“流程管理”推动学校治理现代化的典型案例，展现学校为解决长期制约和影响学校发展的制度性障碍，创设现代学校良好教育秩序，促进教育公平提供制度保障的思考和实践过程。

总而言之，本书立足学校真实案例，聚焦学校流程管理，是一本有关现代学校制度建设实践的操作性指导文本，凝聚了番禺附中全体工作人员的智慧，是改制几年来宝贵经验的总结。我们希望将自身在学校制度改革和建设方面的经验与其他学校分享，我们希望这本书的出版能够带给所有立志于学校制度改革的教育管理者一点思考和启发，也希望这本书能够为我们今后的交流与合作提供一些论点和凭据，为推进我国教育现代化之路略尽绵薄之力。

作　者

2017 年 3 月

目　录

第一章 概 论

第一节 现代学校推进权力清单与流程管理的背景

一、现代学校

现代学校的“现代”并不完全等同于时间概念上的现时代的学校，也并非指现代社会开始以来所建立的、现当代社会在同一历史起点上的“关于学校的规则体系”，它有着时空上的内涵，更有着观念上的内涵，是指“好的、先进的、与时俱进的、能适应时代需求的”。“现代性”是现代学校的内在规定性，现代性的办学理念和管理模式是现代学校的根本特征。

理论界普遍认为，现代学校是指反映后工业时代（信息社会、知识社会）的政治、经济、社会、文化特点，具有现代教育特征的学校。

二、学校权力及其清单

1. 学校权力及其分化

学校权力主要表现为以校长为主的各级行政机构、各职能部门的工作人员行使的对学校的管理权，如学校的人事任免、财务开支、后勤建设，以及教学方面的教师上课安排、考试安排、与教学相关的各种规章制度的制定等。传统教育管理体制下，学校与政府机构无异，皆为科层制结构。在科层制体系的金字塔下，权力被自下而上地过分集中起来，上层发号施令，下级依令而行。权力过分集中，造成种种弊端：权力过分集中，就会统得过死，导致中小学管理的僵化和凝固，影响下级组织管理人员自主性、积极性的有效发挥；导致中小学管理幅度缩小，从而导致中小学管理层面的增加。而中小学管理层面的增加往往会影响信息的直接传递，降低中小学管理效率。下级管理人员无权处理自己职责范围内的矛盾，就会导致矛盾向上积累，增加了问题的复杂性。在学校内部，领导者可以适度分权和授权，在明确哪些权力可以下授、哪些权力应该保留的基础上，适当地将权力下放并同时予以必要的监督；学校外部的管理可将一部分权力特许给社会，更多地依赖社会机构和公民个人参与教育，加强学校和社区、学校和社会机构以及学校和家长之间的联系，构建一个由多部门参与的伙伴合作网络。教育行政部门可通过一定的形式（如绩效合同），适当地将部分权力下放到学校，自身的角色从“划桨者”转变为“掌舵者”，提升学校寻求发展的自主性和积极性。

2. 学校权力运行过程中存在的问题及成因

中学权力运行过程中存在行政权力受约束性小，或者说行政权力有滥用的倾向；专业权力的影响在逐步增长，专业权力的地位需要提升；行政权力和专业权力之间存在着一定程度的冲突等问题。造成这种现象的基本原因主要有以下三方面。

第一，学校行政权力结构具有典型的科层性。校长是学校的法人代表，负责学校全面工作，全权行使管理学校的最高权力，是学校权力行使的最高层级。除校长之外，普遍来说，一般中小学校均设有分管教学教研工作的副校长一人、分管德育兼安全工作的副校长一人、分管行政后勤工作的副校长一人，一些规模比较大的学校，副职校长的编制职数可能有四个甚至更多。就校长与各分管副校长的法律关系而言，应该说是一种领导与被领导的关系。在诸多中小学校，校长有提名、推荐分管副校长的权力，经过组织考察和民意测评环节，在很大程度上，校长提名推荐的副校长人选成功的概率非常高。在学校管理中，各分管副校长权力的来源主要是基于校长的授权。

校长除了有提名、推荐副校长的权力外，一些学校还有直接任免中层干部的权力。在人事制度改革不断加剧的今天，一些学校在坚持中层干部海选竞岗的同时，仍然强调校长作为法人代表的“特有”用人权：提名部门主任或其他重要岗位，经组织考察后，便可走马上任。普遍来说，在分管的教学教研副校长的线条之下，一般设有教学处（教务处）和教科室正、副主任职位，在机构改革不断加快的今天，部分学校的教学教研功能处室的分工可能更加细化，将教师发展和课程教学也独立出来；在德育副校长分管的条块之下，设有德育处正、副主任职位；在行政后勤副校长分管的工作条块之下，设有办公室正副主任、总务处正副主任职位，上述被任命（聘任）的各部门各处室正、副主任与校长及分管副校长之间是一种被领导与领导的关系，各正、副主任的权力一则源于校长，二则源于相对应的分管副校长。学校校长作为法人代表，权力最大，各副校长处于学校权力金字塔的第二层级，各正、副主任权力位于学校权力的第三层级。在诸多学校，由班子成员、核心处室成员以及党支部支委等关键行政人员组成学校的校长办公会议或党政联席会议，行使学校重大事务的决策权。当前，就我国公立学校权力结构来说，无论是理论还是实践层面，仍然存在着诸多的功能性或结构性顽疾，需要通过持续的改革加以破解。这些难题集中表现在以下几个方面：一是学校决策机构、执行机构、监督机构这“三位一体”之间，缺乏明确的权限区分，缺乏权力的制衡机制；二是作为校长负责制下的校长，很容易独揽大权，权力过分集中，实际上变成了“一长制”“家长制”，容易滋生官僚主义、家长作风，导致权力膨胀、失范现象；三是缺乏系统、有效的民主监督机制。虽然都有党组织、教职工代表大会，但实际上常常流于形式，形同虚设，举举手投投票而已，教职工代表大会变成了校长权力下的副产品。为“便于开展工作”，不少学校的书记和校长常常一肩挑。

第二，行政权力体系和专业权力体系的工作动力不一样，二者的组织目标不一样。学校行政人员需要从宏观上整体把握协调学校事务，从行政管理的角度来思考解决学校里所遇到的事情，来配置学校的各类资源，讲求统筹、秩序。学校教学人员主要从专业教学和个人的角度来考虑问题，因为他们不需要也没有必然的责任去考虑学校的整体事务，他们考虑问题的主要目的以及要达到的结果是自己教学任务的完成，具有非秩序性和随意性。这二者的区别导致了他们之间的冲突。正如美国马克·汉森在《教育管理与组织行为》中提到的，“由于存在着具有专业定向的雇员，所以在学校管理过程中还存在着与古典模式不符的因素。学校的教学使命成了教师们专业主义的组织动力，而对有效资源的分配和合理计划的程序的需要，成了管理者的组织动力。这样便在学校中出现极不相同的组织控制根源并存的局面，一种控制的来源植根于正式的、集权化的古典科层传统，另一种植根于相对非正式运作的教师的专业主义”。

第三，由专业自主权带来的专业人员的专业自信，使专业人员更愿意按照自己的安排去处理专业事务，而学校这种半科层、半专业式的组织体系，按专业分工的等级管理、强调规章制度的规范的情况，必然使专业教学人员与行政管理人员之间产生冲突。专业人员拒绝接受其工作总是必须受管理者监督和受外行控制的原则。由于他所受过的训练、来自同事的压力以及他对受教育者的奉献，这种具有专业性定向的人总是认为自己有足够的能力去控制自己的工作。于是，他有时就可以明确表现出对上级的不服从，以便提高他的水平和保持使受教育者康乐的标准——尤其是如果存在着危害学生的最大利益的情况。

3. 学校的三种权力

（1）政治领导权力——法律规定党对学校实施政治领导的组织权力。

2004 年教育部《2003—2007 年教育振兴行动计划》第九部分“加强制度创新和依法治教”中第 34 条明确提出：“深化学校内部管理体制改革，探索建立现代学校制度。”这是国家级政策文件首次对现代学校制度概念的认定。具体文本表述：“中小学要实行校长负责、党组织发挥政治核心作用、教代会参与管理与监督的制度。”“遵循‘从严治教、规范管理’的原则，加强学校制度建设，逐步形成‘自主管理、自主发展、自我约束、社会监督’的机制。建设‘精简、高效’的学校管理机构，完善校务公开制度，深化人事制度和分配制度改革。”2010 年《国家中长期教育改革和发展规划纲要（2010—2020 年）》提出：“完善普通中小学和中等职业学校校长负责制。完善校长任职条件和任用办法。实行校务会议等管理制度，建立健全教职工代表大会制度，不断完善科学民主决策机制。”根据以上法律规定，《中华人民共和国高等教育法》中对学校实施政治领导的组织权力有关规定如下：“执行中国共产党的路线、方针、政策，坚持社会主义办学方向，领导学校的思想政治工作和德育工作，讨论决定学校内部组织机构的设置和内部组织机构负责人的人选，讨论决定学校的改革、发展和基本管理制度等重大事项，保证以培养人才为中心的各项任务的完成。”

（2）行政权力——法律规定校长行使的行政管理职权。

行政权力，指产生于制度和正式组织、依赖于组织任命并建立在强迫、命令基础上的主要为组织中行政人员所拥有的权力形式，具有强制性的特点。中学的行政权力主要表现为以校长为主的各级行政机构、各职能部门的工作人员行使的对学校的管理权，如学校的人事任免、财务开支、后勤建设，以及教学方面的教师上课安排、考试安排、与教学相关的各种规章制度的制定等。

（3）专业权力——由于专业知识和技能而获得的教师专长权。

专业权力是一种隐性但持久的权力。它没有更多的法律制度的保障，不具有特殊的强制力，但是人一旦掌握专业知识，具有专业权力，在专业知识没有更新、没有完全失效的情况下一直有效，不会消失，甚至还会随着时间的推移出现增长。

在中学，专业权力的主体基本上是所有的教师，也几乎是学校所有工作人员，这一点和大学不一样。在普通中学，除了比例很小的专职后勤人员如会计、出纳、电脑打字员等，其余学校行政部门、各教学管理职能部门的工作人员，也就是人们常说的行政管理人员，绝大多数是由学校教师兼任的，当然也不妨说他们兼任了教师的职务。这些学校行政管理人员也具有专业权力，因为他们本身也掌握着较高水平的专业知识与专业技能，甚至他们本身就是因为专业水平高才被任命为管理职能部门的中层领导的。

任何权力，如果缺乏监督，没有装进笼子里，便如脱缰的野马，易于滋生腐败或带来风险，正如俗语所云，“有权不可任性”。因此，将校长的权力、各部门的权力形成清晰明了的权力清单，明确地告知学校师生，某个角色、部门、主体可以做什么，不可以做什么，是现代学校的重要而典型的特征之一。

以番禺附中办公室主任的权力清单为例：

岗位权力清单登记表

单位：番禺附中　　　　　　　　　　　　填表时间：

<table>
<tr><td>岗位名称</td><td colspan="2">主任</td><td>所属部门</td><td>办公室</td><td>责任人姓名</td><td></td></tr>
<tr><td rowspan="6">权力事项</td><td>1</td><td colspan="5">协助校长做好教职工的思想政治、学习、宣传和人事工作</td></tr>
<tr><td>2</td><td colspan="5">负责教职工职称、工资福利、评优评先和人事档案的管理</td></tr>
<tr><td>3</td><td colspan="5">负责文件收发，资料收集、整理、保管和接待工作</td></tr>
<tr><td>4</td><td colspan="5">负责学校等级评估的档案管理工作</td></tr>
<tr><td>5</td><td colspan="5">负责办公室的日常事务</td></tr>
<tr><td>6</td><td colspan="5">完成校长和上级交办的其他任务</td></tr>
<tr><td colspan="2">岗位责任人签字</td><td colspan="2"></td><td>主管领导签字</td><td colspan="2"></td></tr>
</table>

但是，在一所学校里，仅仅有权力清单还不够，还需要具体、可操作的权力运行流程图。

学校工作纷繁复杂，条块繁多，如何科学、规范、有序地做好管理工作，是每一位管理者（无论是高层、中层还是基层）必须面对、必须深入思考的重要问题。现代管理学认为，无论是大公司抑或是小单位，强化权力清单，注重工作流程，是规范管理过程、提高管理效率的一条捷径。

流程管理源自企业，是相对于战略管理而言的。如果说战略管理侧重于价值和方向，可以使学校更加明晰未来工作的指向，是确保学校“做正确的事”，那么流程管理则侧重于规范、标准和具体的责任，让学校进一步实现精细化、精致化，进一步提高效率，进一步优化组织管理过程，实现“正确地做事”的目标。

流程管理的特征是什么呢？流程管理本是企业管理的一种形式，是一种以规范化、标准化、程序化的业务流程为中心，以持续提升组织的业务绩效为宗旨的系统化工作方法。学校引进源于企业的流程管理，旨在借鉴企业管理的先进经验，进一步优化学校内部管理，在不断得到优化的学校工作流程中创造更多的教育教学效益。一套科学的、高质量的流程管理系统，带来的最大收益就是能非常有效地提高工作绩效，以标准化的流程图来管理工作进程，促进各岗位工作人员之间及时跟进、反馈和进一步处理有关工作，必要时，对相关责任人进行追责和纠错。在开展一项工作任务、组织一项大型活动甚至遭遇一场意外的危机时，各岗位人员按照既定的工作流程图，各自有序地开展相关工作，或指挥，或协调，或落实，或反馈，而不是依赖管理人员来进行工作全程调控，从而在根本上减少因个人理解异差、工作习惯或者衔接不到位等各种不确定因素对工作进程带来的消极干扰。即便出现故障和麻烦，学校也能轻而易举地依据事先所明确的工作流程图和相关岗位问责制度，迅速找出症结点所在，及时追查出事故责任人，立刻启动问责和纠错，避免系统内部出现相互扯皮与互相推诿现象。

看来，流程管理对学校改进、优化工作意义重大，那么，作为学校管理者，该如何设计科学的流程管理呢？以下几步可供参考：第一步，确定流程主题。根据学校工作台账和日常工作重难点，对学校内部各项工作的主题进行聚类和梳理，从而确定学校流程的主题，比如考试考务管理流程、教师考核管理流程、评优评先管理流程、校车使用管理流程、学校公章使用管理流程、教科研经费申请管理流程等。第二步，进行流程描述。搭建流程的大框架，开展基本流程的文字或其他方式描述，流程描述的方法有很多种，比如文字法、表格法、图示法等。为了对流程管理有更为直观的印象，诸多学校多以图示法或箭头指向法表达流程。比如考试管理流程可以做如下描述：命题—审题—印刷—考试—阅卷—评价—反馈—建档。第三步，细化流程内容。在流程描述的基础上，具体化每个流程的相关细节，将具体工作进行细化、程序化、清晰化，确保落实到岗，落实到人，确保事事有人负责。第四步，编制流程手册。学校工作流程图编写完成后，应印刷成手册，让全体教师人手一册，组织学习，强化运用，并将有关流程印成为大张的图表资料，在每个处室或相关办公室里进行公开张贴，确保每个部门、每个人都非常熟悉，并自觉按照流程图的要求开展工作，形成有问题不是找校长、找主任，而是去找制度、找流程图的工作惯性。

在流程管理方面，上海闸北八中的成功做法为一般学校提供了典型范本。闸北八中刘京海校长在管理实践中坚持“常规性工作靠流程，随机性工作靠思维”的管理理念，经过长期的研究、实践和积累，建立了一套学校流程管理的规则。该校设计绘制的学校管理工作流程大类涉及党支部、校长室、工青妇、学校德育、课程教学、教科研、后勤服务、校办宣传等八大系列累计近百余项。正是基于这些操作性极强的流程管理图，学校日常管理事务才有了一致性和可持续性。即使未来校长变更、任何岗位上出现人员变动，新进员工也能很快上岗，以最快的速度开始崭新的工作。今天，学校主要工作流程图已逐步内化为该校教职工心中的行为准则和行事导航图。当工作中出现困惑或分歧时，教师们都会不约而同地想到从学校流程图中寻求解决的方法，而不是去找领导、找借口。

其实，流程不仅包括做事的顺序、程序，还包括“如何高质量、高效益地把事做好以及做好这件事需要的条件支持”等优化工作效果的内容。作为一种系统化方法，流程管理强调的是对每一个工作过程进行顺序安排、资源配置、过程监控、结果监测，并不断地进行调整和优化，追求在当前条件下的最佳实践和最佳绩效，这就是流程管理的具体内容。

根据当前学校管理的一般特点，学校流程管理一般分为三个层级：学校层流程、运作层流程和底层流程。

一般认为，这三个层级的学校管理流程框架均由“输入”“输出”“业务环节”“监督检查”“分析改进”等若干环节构成。其中，“业务环节”流程是主体；“输入”为“业务环节”提供依据，如学校层流程的“输入”即学生和利益相关方的需求；“输出”即实现流程目标，如学校层流程的“输出”即教育服务；“监督检查”为“分析改进”提供依据；“分析改进”则为“业务环节”的优化与提升服务。

1. 学校层流程

学校层流程又称为“顶层流程”，是学校最顶层、最高层次的流程设计。学校层流程的“业务环节”一般分为以下四个层次：（1）核心业务层。一般的中小学校大同小异，主要包含以下要素：课程管理、教学管理、学生管理、心理援助、体育卫生管理、利益相关方管理等。各环节之间既能独立运作，又能相互协作，共同支撑学校的战略目标或绩效指标。（2）技术提供层，为核心业务层提供技术支持服务。（3）人力资本提供层，为核心业务层提供师资保障，比如，教师管理、科研管理等。（4）资源保障层，为核心业务层、技术及人力资本提供层提供强大的物质和后勤服务保障，比如，设施管理、经费管理、宿舍管理、空间管理等。

2. 运作层流程

运作层流程又称“中间层流程”，是由学校层流程派生而来的，是为学校层流程及核心业务层提供工作支撑和落地服务的。运作层流程系统的“业务环节”主要包含以下诸多要素：教学管理、德育管理、学生管理、课程管理、体卫管理、科研管理、设备设施管理、利益相关方管理、教师管理、危机管理等。每个运作层流程均能相对独立，自成体系，而且相互配合、相互协作、相互支持，共同支撑学校顶层流程的运行。

3. 底层流程

底层流程又称为“基层流程”“下层流程”，由运作层（中间层）流程派生而来，并支撑运作层（中间层）流程变成扎扎实实、可视可测的行动效果。如上所述，运作层（中间层）流程系统共包含 10 个流程（要素），其中，每个运作层流程又由若干个底层流程构成。比如，在备课环节的管理流程中，以运作层教学管理流程中的教学目标、本节课三维教学目标为“输入”；以实现本节课的教学目标为“输出”；涵盖了备课资料准备、教学目标设置、教学重点难点确定、教学方法手段选择、教学过程设计、板书设计、作业设计、课后反思等“业务环节”。

例：番禺附中学校财务报销流程图

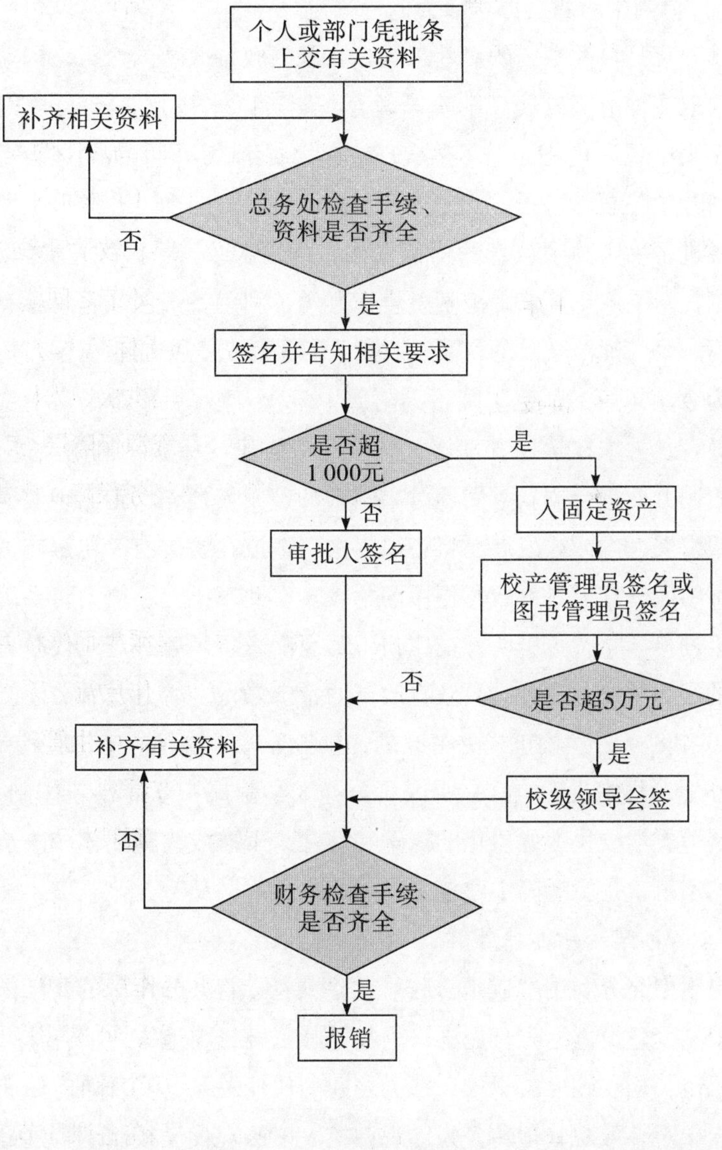

第二节 番禺附中推进权力清单与流程管理的实践

一、番禺附中快速优质发展之路

（一）体制创新激发办学活力

基础教育是科教兴国的奠基工程，在基础教育改革的今天，国家鼓励社会力量采取多种形式发展高中阶段教育。能否以体制的创新助推学校发展，摘掉“薄弱学校”的帽子，尽早实现快速优质化，拷问着番禺区教育局和广东第二师范学院领导班子。

为推进番禺区高中教育的均衡发展，番禺区政府、区教育局解放思想，先行先试，牵手广东第二师范学院合作办学，利用番禺区教育局原有的基础设施和广东第二师范学院的科研、人才、管理优势，把原番禺区市桥第二中学更名为“广东第二师范学院番禺附属中学”。改制后，番禺附中将全面实施素质教育，力求在学校管理模式、教师队伍建设和激励机制上进行探索，在评价机制方面进行创新，引领番禺附中冲破发展桎梏，走出现实困境，实现跨越式发展、内涵式发展，将番禺附中打造成在番禺有一定影响力，特别是在教师绩效管理上具有示范作用的学校。在此基础上，努力将番禺附中建设成为管理科学、特色鲜明、在广州市乃至广东省具有一定现代教育管理示范作用的品牌学校，成为番禺教育改革的希望之光、活力之源。

2010 年 8 月，学校正式更名改制，成为番禺区教育局与广东第二师范学院合作办学、共建共管的第一所区属公办大学附属中学。创新体制、机制，积极开展薄弱学校快速优质化的探索和实验，争取成为薄弱学校改造并快速优质化的示范，是番禺附中建校之初的使命之一。

1. 合作办学，管办分离

番禺附中充分利用“院地合作、共建共管、管办分离”的办学体制，在现代学校制度建设方面先行先试，为高等师范院校与地方政府合作办学提供标本和示范，构建政府、学校、社会之间的伙伴关系，实现政府职能从原来的宏观、中观、微观管理转变为宏观调控。按照现代学校制度特别是民主管理、开放管理的要求，坚持民主、科学的程序制定学校章程，实施按章程自主管理，创新学校内部制度，提高学校组织效率，建立以章程为根、以制度为框、以文化为脉的学校制度体系，形成职责明晰、运行协调、以人为本、以章为行的学校管理体制。

番禺区政府掌管“钱袋”，负责学校的硬件建设、教师工资、人事编制等项目；广东第二师范学院掌管“脑袋”，把番禺附中纳入学院办学的整体布局，发挥自身的理论、专业和资源优势，为番禺附中的内部管理、教育教学改革以及办学水平的提升提供智力支持。双方以签订的《广东第二师范学院、番禺区教育局合作办学框架协议》（以下简称《合作办学框架协议》）为指南，密切合作，各司其职，各负其责，以体制创新之策共促学校实现“改薄”（即通过整体性变革，实现薄弱学校的快速优质化发展），开启快速、优质发展之路。

2. 理事会领导，校长负责

按照《合作办学框架协议》，番禺附中积极探索、实践理事会领导下的校长负责制。理事会设理事 11 人，校长为当然理事，其余 10 人由番禺区地方政府代表、广东第二师范学院代表及社会知名人士代表共同组成。理事会设理事长 1 人，由番禺区政府派人担任，设副理事长 1 人，由学院派人担任。理事会的成立厘清了学校与办学单位的关系，理事会行使决策权，教代会参与管理和监督。2013 年 1 月，番禺附中成立了首届理事会，并通过了《广东第二师范学院番禺附属中学理事会章程》（以下简称《理事会章程》），校长对理事会负责，对学校实行自主管理。

3. 四部“基本法”，绘出附中蓝图

为保障番禺附中的健康、优质、规范发展，广东第二师范学院成立规划研制小组，根据国家有关政策法规和《合作办学框架协议》，结合番禺附中的历史与现实，制定了《广东第二师范学院番禺附属中学中长期发展规划（2010—2025）》（以下简称《学校中长期发展规划》），该规划经学校理事会审议通过，报广东第二师范学院和番禺区教育局批准后实施。《广东第二师范学院番禺附属中学章程》（以下简称《学校章程》）、《学校中长期发展规划》、《理事会章程》和《合作办学框架协议》这四份文件，绘制出番禺附中靓丽的发展蓝图，构成了番禺附中依法办学、自主管理的基本纲领，成为学校未来发展的 4 部“基本法”，成为引领番禺附中实现可持续发展和内涵发展的行动指南，为体制创新指引方向，保驾护航。

（二）扎实行动，打出快速优质发展“组合拳”

面对体制创新的绝佳契机，肩负快速优质化的历史使命，番禺附中以办学理念为统摄，以中长期发展规划为蓝图，以创建广东省国家级示范性高中为平台，以现代学校制度建设和课堂教学改革为两个轮子，以课程建设与文化提升为两翼，以教师专业发展为保障，打出了一系列“改薄”组合拳。

1. 理念引路，规划先行

要成功“改薄”、实现快速优质化，必须理念引路，规划先行。《学校中长期发展规划》成为引领番禺附中实现可持续发展和内涵发展的纲领性文件之一，为体制创新指明了方向。规划指出，学校以培育现代君子为办学理念，力求把学生培养成为具有“学为君子、兼善天下”的远大理想、秉承“德才兼修、学融中西”的优良传统、具备“文化归属、国际理解”的现代情怀的社会主义社会优秀公民。

《学校中长期发展规划》指出，番禺附中以“成为一所兼具人文性、实验性与示范性的现代化学校”为发展目标，以“协同式创新、内涵式发展、跨越式提升”为发展策略，学校未来的 15 年，将从一所薄弱的普通高中，发展成为一所兼具人文性、实验性与示范性的现代学校，成为基础教育的改革者、现代学校制度的探索者、现代教育的示范者。

2. 加强现代学校制度建设

番禺附中是广东省为数不多的“省教育综合改革试点单位”，在近三年的“现代学校制度建设”的实践与探索中，学校先行先试、开拓创新，围绕依法办学、自主管理、民主监督、社会参与等要素，着手探索现代学校的民主决策机制、管理责任机制、监督制衡机制、参与合作机制、平等竞争机制，积累了许多有益的经验，受到广东省教育厅的充分肯定。

学校坚持依法办学，依据学校章程制定、完善学校的管理制度体系，实施学校的具体管理行为，2012 年，学校荣获广州市番禺区“依法治校示范校”称号。

近年来，在健全学校理事会议事规则、发挥学校理事会决策作用的同时，学校进一步变革学校组织机构，建立完善现代学校主体结构：建立有教师、学生和家长代表参加的校务委员会，逐步完善民主决策程序；树立开放民主、科学高效的管理观，按照“精简、效能、统一”的原则，积极开展中层机构设置与聘任的改革，进一步完善校内机构设置，提高管理效益和服务水平；探索实施岗位问责机制，进一步明确各岗位的职责和工作要求，避免“多头布置”“重复布置”，实现教师工作的“轻负担、高效率”。

番禺附中在现代学校制度建设中的重中之重，就是对学校行政管理架构尤其是中层机构设置与聘任进行改革创新，以调整结构促进功能的优化，成为番禺区基础教育学校中层机构设置的先河。为优化结构，提升效能，根据改革试点方案，学校内设中层机构五个，即办公室、德育处、教务处、教研室、总务处，设正副主任各1人。各处室正职主任由校长提名，经组织考察后，交由学校领导班子决定任命，报番禺区教育局批准后聘任。各处室副职主任实行竞争上岗，按照区教育局批准后的内设机构副职竞争上岗工作实施方案执行。岗位竞聘坚持公平、公正、公开的原则，程序清晰、过程流畅，一切都在阳光下运作，极大地调动了广大教职员工的工作积极性。

加强民主建设，健全监督机制，是建设现代学校制度的重要内容，也是贯彻以人为本，建设幸福学校的必然要求。在现代学校制度建设的实践中，无论是决策工作还是执行工作，番禺附中都坚持推行民主监督参与机制，充分发挥校长办公会议、行政扩大会议、教代会及党总支在决策中的民主监督作用，以最大限度地实现决策的科学性、民主性。同时，学校还注重发挥教代会、家长委员会以及学生会等二级组织在学校管理中的民主与监督功能，体现学校管理的开放性和民主性。学校一如既往地坚持校务公开，提升工作的透明度，使工作公开、公平、公正，充分彰显了“民主、开放、科学、高效”的管理特色。

几年的实践探索，现代学校制度框架已经建立，实践经验在区、市、省乃至全国具有很高的知名度和美誉度，辐射深远。

3. 教师专业发展

百年大计，教育为本，教育大计，教师为本。番禺附中的改制，生源未变，师资未变，要想实现“改薄”，走上快速优质化之路，教师专业发展迫在眉睫。番禺附中教师的专业发展，置于院校合作这一大视野和大背景之下。广东第二师范学院是广东省校长培训中心基地和广东省骨干教师培训基地，积聚了广东省中小学教师培训的最尖端力量，培训优势突出，培训资源雄厚。而作为广东第二师范学院引领的唯一一所公办附属高中（广州地区），在番禺区的高中学校中，番禺附中具有教师专业发展得天独厚的优势。这种一对一、接地气的培训，既仰望星空，又脚踏实地，天与地、理论与实践实现对接，专家云集，培训优势和培训效益凸显。近三年来，莅临我校指导教师专业发展的各级各类专家、学者、名师达80人次之多，超过以往的十年之和。

（1）诊断课堂，学科专家指点迷津。在院校合作视野下，大学专家可以走进中学课堂，听课、把脉、诊断，促进学科教师的教学理念和教学策略的改进。为提升教师的课堂教学水平，番禺附中成立了以学院专家教授为主体的课堂教学指导专家团队，各院系基本上都与学校各学科挂靠，进行对口指导。如：学院教务处组织所有院系的系主任、专家教授走进学校各学科课堂，开展听课、诊断、指导活动。学校聘请学院基础教育课程与教材研究中心吴惟粤主任、中文系黄淑琴教授为语文教学指导专家，深入语文课堂，指导语文课堂教学改革和书香校园建设；为寻求数学课堂教学突破口，学校聘请学院数学系原副主任谢明初教授为数学教学指导专家，合作开展西蒙数学教学实验；聘请英语系原主任李华教授为英语教学指导专家；聘请学院生物系副主任胡继飞教授为生物课堂教学指导专家，指导生物课堂教学改革；美术系、音乐系分别聘请学院美术系主任孙梨教授、陈中科教授、音乐系主任陈一帆教授为指导专家，并亲自指导、教授美术音乐高考班的学生开展术科备考等。

大学教授通过亲身参与和体验中学教育，有利于其客观了解掌握一线教育教学状况，启发其对当前教育教学的思考和总结，并更有针对性地指导中学教育实际，促进大学教育与中学教育的同步更新。以大学附中为基地的院本培训，为学校的教育实践提供一个反思和重构的学校环境，促进了学校教育理论与实践的与时俱进，促进在职教师专业的可持续发展。

（2）专题讲座，教授名家引领观念。高中教师专业水平的提升和教学策略的改进，固然需要同伴互助，需要自我反思，但同样离不开专家的引领。教育教学是一项观念主导的实践活动，只有以正确的理念为指导，精湛的业务才可能产生正确的业绩。许多教师不乏教学策略与教学技术，但始终停留在教书匠水平，根源就在于观念的转变和教科研素养的缺失。而观念的转变，需要灌输，需要大学的大师们进行传道、建构与解构。因此，专家的专题讲座不失为转变教师观念的基本形式。近几年来，学校根据教师专业发展的需要，频繁邀请广东第二师范学院以及其他高校、研究机构、重点中学一线名师等专家教授来我校开展专题讲座和专题培训，内容涉及诸多领域，比如：教育改革前沿理论解读、《国家中长期教育改革和发展规划纲要(2010—2020年)》解读、学校中长期规划解读、回归教育的本真、师德修养提升、教师专业标准解读、做一个幸福的教师、教师心理解压、班主任成长机制、有效教学、教师的教学风格、校本课程开发、教师成长型写作要义、教师科研方法等。大学专家教授的引领和指导，拓展了教师视野，提升了教师的教学理论素养和专业技能，促进了教师专业知识和专业技能的提升。

（3）专项培训，校本院本联合行动。近年来，番禺附中积极发挥院校合作优势，紧紧依靠学院培训处和教育学院，开展了以“班主任成长机制研究”为课题的德育科研专项培训、行政干部级长专项培训以及科组长、备课组长专项培训活动。其中，德育科研专项培训从2010年3月启动，由学院教育系王蕙教授亲自指导，以省级教育规划课题为引领，带领一大批德育教师探寻班主任成长机制，挖掘德育工作规律，提升德育工作专业化水平。行政干部级长专项培训由学院培训处校长部设计培训方案，2013年7月启动，培训项目涉及理论研修、团队拓展、名校寻访、岗位行动实践与研究等四个模块，学校20余位行政干部、年级级长参加了培训活动，并赴江苏教育学院附属中学和南京第一中学参加了名校寻访交流活动，受益匪浅。科组长、备课组长专项培训活动由学院培训处中学部设计培训方案，并整合培训资源，2013年10月启动，目前仍在进行，培训项目涉及理论研修、同课异构名师大讲堂、课堂实践改进、名校寻访、课题研究和课程开发六个模块，学校50余位学科组长、备课组长参加了该项培训活动。

（4）委托培训，量身定做，打造骨干。为帮助一批骨干教师迅速提升专业素养，番禺附中依托学院的培训优势，开展教师研修项目委托培训。2013年12月，附中和学院培训处签署协议，委托培训处为学校开展12名省级骨干教师和10位跟岗教师的项目培训。

（5）平台延伸，学院衍生资源链条。广东第二师范学院以自己的学术专业高度、智力支持系统和培训资源优势积极引领番禺附中的发展，还别开生面地延伸培训平台，发挥全省名校长和全省名教师资源链条优势，更好地服务于番禺附中教师的专业成长。

①以省名校长工作室为平台。课题组部分成员以胡展航校长工作室为平台，以番禺附中为基地，来自江门、揭阳、汕头、番禺的五位校长在现代学校制度建设、课堂改革、文化引领、民主监督、资源共享等方面开展了一系列交流、研讨工作，并由课题主持人胡展航校长主编了《基础教育现代学校制度的实践与思考》一书，该书于2013年6月出版发行，以较高的学术价值赢得了广东省中小学校长培训中心以及出版社的高度赞誉，也更好地指导了学校的实际工作。

由学院承办的广东省校长资格班多次莅临我校参观、学习，并就教师专业发展问题与行政人员、教师进行对话交流。

②省名教师工作室。广东省名教师、骨干教师具有先进的教学理念、科学的教学策略、丰富的教学经验和卓越的教学业绩，在广州乃至全省有着广泛的知名度、美誉度和信赖度。“名师大讲堂”“送课下乡”等活动就是学院利用名教师资源常年开展的培训活动。2011年，学校利用学院资源，开展了首次数学名师大讲堂活动，由学院数学系牵头，东莞市高级中学孟胜奇老师和番禺区象贤中学陈三军老师两位名师到我校异地教学，与番禺区数学名师以及学校数学科组全体教师共同研讨高中数学教学工作，胡展航校长在研讨会上做了《高中数学教学的现状与新趋势》专题讲座。

2013年11—12月，学校再次邀请省级名师来校“献艺”，开展九个学科的“同课异构”教研活动，这是学校发挥院校合作优势的又一次“名师大讲堂”活动，这一大手笔将该校的科组长、备课组长系列培训活动推向高潮。来自深圳市南山区教研室语文科的茹清平、广东实验中学化学科的刘立雄、广州六中地理科的王万里、中山纪念中学政治科的邹俵生、东莞实验中学物理科的段红民、广州五中英语科的廖巧慧等九位广东省名教师走进番禺附中的小组课堂，与我校九位备课组长同台竞技，省级名师科学的教学理念、扎实的教学功力、独特的教学风格与番禺附中教师的“小组合作·先学后导”相得益彰、相映生辉。授课、观课、辩课、评课环环相扣，异彩纷呈。教师们在价值冲突中修正观点，在审视自我中反思提升，宛如品尝一场教学的盛宴。

番禺附中吴继缘老师（番禺区第二届名师）作为授课者之一，在活动结束后感慨：“同课异构呈现的是多维的角度、不同的策略和迥异的风格，这种教研方式可以取甲之长补乙之短，长乙之善救甲之失，能够引发不同的讲课者、评课者和听课者的智慧碰撞，其教育教学研究的效果非常明显。”

4. 课堂教学改革

传统的课堂教学，教师讲，学生听，以灌输知识和答案为特征，严重扼杀了学生的潜能，负担过重，效益低下。针对这一状况，学校领导班子经过深思熟虑和反复酝酿，决定大胆“试水”，提出了“基于学生能力培养的参与式课堂教学改革”模式，义无反顾地掀起一场课堂教学的革命，以期释放学生固有的潜能，帮助学生形成自主、合作、探究的学习方式。这一改革，以小组合作、先学后导为基本特征，以积极参与、有效参与为价值追求，以学习目标的有效达成为根本宗旨，以学生为中心，以学案为载体，以核心知识和关键问题为抓手，以强化课前预习为手段，以六人小组围桌而坐、互助合作为形式，注重学思结合，改变传统的教师灌输、学生接受的学习方式，倡导以学生自主、合作、互助、探究等方式主动建构知识，形成能力。

在小组建设中，学校根据教改的调查情况对学生进行科学分组，并且要有意识地将学习小组熔炼成学习团队，使每个人在团队中都能发挥不可替代的作用。科学分组的原则是“同质异构”。所谓“同质”，是根据学生学习成绩的好、中、差分别分组；所谓“异构”，是指在每一组中，考虑学生不同的认知倾向和思维类型，使小组中的每个人都能发挥独有的作用。在课堂教学改革中，学校打破了“排排坐”的桌椅摆放形式，而以“团团坐”的小组合作形式取而代之。“排排坐”的方式有利于教师个人的讲解，容易突出教师的主体作用；而 U 字形的“团团坐”更有利于学生的探究和展示。在“排排坐”的课堂，每个人都是学习的个体；而在“团团坐”的形式中，每个人都能感觉到自己是团队的一员，课堂上发言正确时能够感觉自己为团队增添了荣誉，发言不够完善也不会紧张，因为知道同伴能够补充、修正。从心理上讲，“团团坐”的形式使学生在学习中感受到的心理压力更小，学习主动性更强，更有利于潜能的释放。

5. 学校大课程体系

学校以“培养现代君子”的办学理念为根基，以“学为君子，兼善天下”为宗旨，构建学校的校本大课程体系，以课程拓宽学生的视野，挖掘学生的潜能。这一体系涵盖“美丽人生”特色必修课程、特色选修课程、社团活动、主题活动等。

“美丽人生”特色课程体系，以培养学生良好的审美情趣和人文素养为目标，以艺术教育为核心，以礼艺教育、心灵教育、科学教育、人文教育、人生教育以及国际视野教育为拓展，以美化德，以美启智，以美育体，以美塑人，引领学生陶冶君子品格，规划美丽未来，培养现代君子，塑造美丽人生，丰厚学生艺术底蕴、张扬学生个性、激发学生潜能，满足不同潜质学生进一步发展的需要，提高学生的综合素质。

2013 年 5 月，学校“美丽人生”特色课程申报广州市普通高中特色课程，荣获广州市重点立项。美丽人生特色课程的必修课分为六篇：礼艺篇、心灵篇、科学篇、人文篇、人生篇、天下篇，根据学生高中三年的培养计划，分阶段开课，以专题讲座的方式实施课程。

作为美丽人生特色课程的有效支撑，学校的特色选修课安排在每周三下午，学生根据学校提供的选修课清单，根据自己的兴趣和潜能，在网络后台选课，并走班上课，按照选修课的学习、考核要求进行学习，修得既定的学分。目前，学校开发的第一轮选修课（含外教课）共计 35 门，新一轮选修课的开发工作正在进行中。

为更好地张扬学生个性，释放学生潜能，学校还开设美丽人生特色课程专修班，为有志于选择美术、音乐高考方向的学生提供学习的机会。学校整合校内外教育教学资源，充分发挥广东第二师范学院的平台作用。近几年，每年大约有 50 名学生选修音乐、美术方向。

为释放学生潜能，学校高度重视社团建设，将每周周五下午的第八、第九节作为固定的社团活动时间，并将参与社团活动的情况纳入学分制管理。目前，学校共有 30 个社团，其中，模拟联合国、辩论社、街舞社、话剧社、二月风文学社已经发展成为学校的核心社团、高端社团，模拟联合国成为番禺区优秀社团，多次成功承办跨校、跨区域的大型模联活动。

为搭建潜能释放的平台，学校定期开展学校层面及学科层面的主题活动，比如：校园文化艺术节、体育节、校园读书节、校园才艺大赛、各学科主题教育活动、生态瓶、水仙花雕刻大赛、时事政治手抄报比赛、读书交流会、中英文硬笔书法比赛等。

6. 文化浸润，价值驱动

火车跑得快，全靠车头带。更名改制后，为全面提升质量，实现快速优质化，番禺附中积极构建紧张、有序、务实、高效的行政运作模式，打造责任意识和服务意识为核心的行政文化，以行政文化引领学校文化。每学期期末，学校均召开行政、级长闭门会议，认真研究一系列亟待解决的问题，为学校的改革创新和快速发展扫除障碍。

学校在坚持发挥年级管理优势的同时，努力强化各处室部门对年级工作的指导、监督和管理力度，最大限度地发挥部门和年级的工作积极性。会议明确，各年级、各职能部门在思考问题及做出决策时，必须坚持系统、全面的"一盘棋"思想，防止部门利益侵蚀学校利益，规避短视行为。

二、番禺附中推进权力清单与流程管理的探索之路

《国家中长期教育改革和发展规划纲要（2010—2020年）》明确提出："适应中国国情和时代要求，建设依法办学、自主管理、民主监督、社会参与的现代学校制度，构建政府、学校、社会之间新型关系。"正是基于国家中长期规划这一政策背景，番禺附中在推进权力清单与流程管理的探索过程中，首要环节，便是对现代学校制度的探索。

更名改制后的番禺附中肩负着三大光荣使命：

一是在体制改革方面进行探索实验，争取成为体制创新的示范。市桥二中改制为附中后，公办普通高中的性质不变，但在办学体制方面，实行的是合作办学、委托管理的体制，在学校管理体制方面实行理事会领导下的校长负责制。与《国家中长期教育改革和发展规划纲要（2010—2020年）》的有关精神是一致的。

二是开展现代学校制度建设的探索实验，争取成为现代学校制度建设的示范学校。通过探索学校与政府的关系、学校与社会的关系以及学校内部关系，寻求到学校、政府和社会和谐共振的契合点，建立了现代基础教育学校的制度框架。2010年12月，番禺附中被广东省教育厅批准为广东省教育综合改革试点学校。番禺附中着力进行基础教育现代学校制度建设的探索与尝试，探索的实践与经验获广东省教育厅中期督导验收组的高度评价。

三是创新薄弱学校改造模式，积极开展薄弱学校快速优质化的探索和实验，把番禺附中建设成为有质量、有特色的普通高中，争取成为薄弱学校改造并快速优质化的示范。

更名改制的同时，作为广东省首批校长工作室，胡展航校长工作室也同

时在番禺附中挂牌成立，而工作室研究的课题就是现代学校制度建设的实践与思考。

更名改制几年来，番禺附中始终坚持“一个平台、两个轮子”的发展思路，以创建广东省国家级示范性普通高中为平台，以现代学校制度建设和课堂教学改革为两个轮子，外树形象，内强素质，推进学校内涵发展和可持续发展，效益显著，成绩喜人。2012 年 10 月，学校顺利通过了广东省国家级示范性普通高中的终期督导验收；2012 年，学校高考取得历史性突破，荣获广州市高中毕业班工作一等奖，2014 年和 2015 年，学校再度摘得广州市高中毕业班工作一等奖，初步实现了持续快速发展的工作目标。

2014 年 5 月 9 日，广州市番禺区现代学校制度建设现场会在番禺附中举行，学校首推的“权力清单”与流程管理备受政府及各校关注，其建设现代学校制度的经验在全区逐步辐射、推广，成为番禺区教育系统推行现代学校制度建设的蓝本。

例 1：番禺附中权力清单示例

学校团委权力事项清单

<table>
<tr><td>岗位名称</td><td colspan="2">团委书记</td><td>所属部门</td><td>学校团委</td><td>责任人姓名</td><td></td></tr>
<tr><td rowspan="8">权力事项</td><td>1</td><td colspan="5">负责团委、学生会全面工作</td></tr>
<tr><td>2</td><td colspan="5">负责策划、制定校园文化活动的计划，并监督实施、推进素质教育</td></tr>
<tr><td>3</td><td colspan="5">协助政教处以及其他各部门做好学生思想工作，及时掌握团员青年的思想动态，开展有针对性、实效性的教育</td></tr>
<tr><td>4</td><td colspan="5">组织学生开展学生社团、社会实践和志愿服务活动</td></tr>
<tr><td>5</td><td colspan="5">负责团委、学生会干部的培养教育，做好团员的发展及接转工作</td></tr>
<tr><td>6</td><td colspan="5">完成学校党总支、校长室和上级团组织交办的任务</td></tr>
<tr><td></td><td colspan="5"></td></tr>
<tr><td></td><td colspan="5"></td></tr>
<tr><td colspan="2">岗位责任人签字</td><td colspan="2"></td><td>主管领导签字</td><td colspan="2"></td></tr>
</table>

例 2：番禺附中公文办理流程图

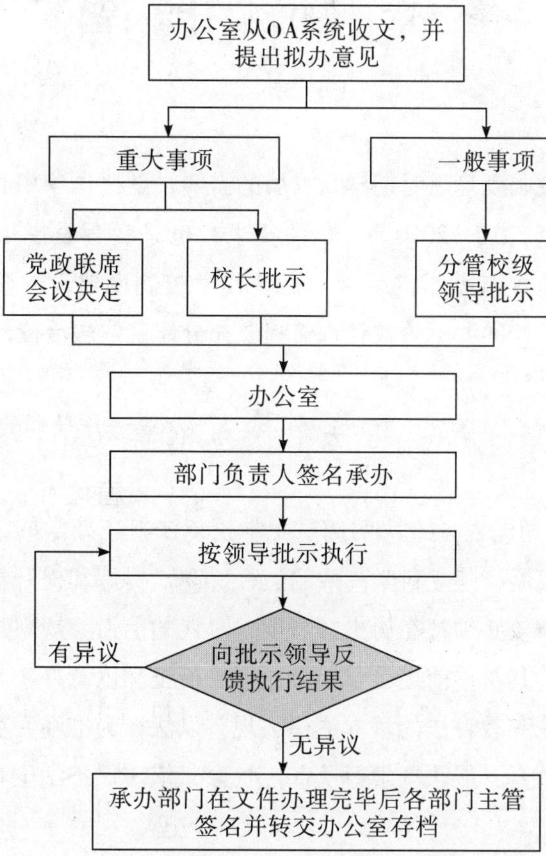

第二章　制度设计流程

建设现代学校制度是新时期学校发展的需要，是《国家中长期教育改革和发展规划纲要（2010—2020 年）》的要求，也是教育发展规律的必然选择，而依法办学是规范办学的保障，是现代学校制度建设的核心和法治基础。因此，现代学校的办学治校管理流程要充分体现依法治校，依章办学。

第一节　依法治校与依章办学

《中华人民共和国教育法》明确赋予学校依法自主办学的法律地位。为推动学校可持续发展，建立科学高效的运行机制，提炼和提升学校的办学特色和管理特色，学校必须站在历史的高度，时代的前沿，规划学校发展目标和优化学校管理，其基本前提是学校必须依法治校和依章办学。学校依法办学，就要恪守宪法和教育法的基本法律法规，以法律为准绳，在全体师生中树立法治理念，认真开展法制学习及宣传教育，依法保护学生和教师的合法权益。

一、学校理事会

明晰产权、重新构建学校与政府的关系，使学校成为真正的独立法人，是构建现代学校制度，依法治校，依章办学的前提。实行管办分离，政校分开，建立新型政校关系，应剥离学校与政府之间的直接隶属关系，使政府能够在公开、公正的前提下向所有教育者和学习者提供良好、公平的服务。重新定位政府在教育管理过程中的职能，使政府从办学主体转变为服务主体、宏观管理主体或投资主体，使政府的管理从指令性行政管理转变为宏观指导性调控管理。

在构建新型政校关系、创新管理模式方面，番禺附中积极探索理事会领导下的校长负责制。理事会担负着评议和监督、咨询和建议以及宣传和协调三大基本功能，汇聚学校、家庭、社会三方合力，推动了新型政校关系、社校关系的逐步形成。学校以“校长负责制”为中心，教代会侧重于协调学校内部关系，理事会侧重于协调学校内外部各种关系，切实完善依法、开放、民主、高效的学校运作机制，使理事会真正成为学校各方主体利益的“平衡器”、校长权力的“制衡器”、教育资源的“整合器”和学校发展的“助推器”。

《理事会章程》分总则、办学目标、管理制度、工作机制、学校法人代表、变更和终止章程、其他、附则共八章。

总则主要阐述学校的性质、体制和理事会职能。学校的性质：普通高级中学、管理体制改革试点、引领基础教育改革。学校的体制：“政府举办、合作管理”。政府出“钱袋”，学院出“脑袋”，共建共管。理事会职能：是处理番禺附中事宜的唯一授权机构。

办学目标主要对学校的定位、管理目标和培养目标等做出具体规定。番禺附中的定位：把学校打造成具有示范作用、特色鲜明、办学质量和效益较高，在番禺区乃至广东省具有一定现代教育管理示范作用的品牌学校。管理目标：建立并不断完善“依法办学、自主管理、校长负责、民主监督、社会参与”的现代学校制度，成为创建现代学校制度的实践者、引领者和示范者。培养目标：坚持育人为本、德育为先、能力为重、全面发展的教育理念，注重学思、知行统一和因材施教，全面实施素质教育。培育现代君子，要教育学生“学为君子，兼善天下”，成为具有远大抱负、人文情怀、国际视野和乐于践行的社会主义社会的合格公民。

番禺附中实行理事会领导下的校长负责制，校长由广东第二师范学院负责选派或遴选，提请番禺区教育局任命，校长按法律法规和学校章程自主管理学校。

番禺附中理事会设理事 11 人，番禺附中校长为当然理事，其余 10 人由番禺区教育局代表、广东第二师范学院代表和社会知名人士共同组成，人员比例构成为 4∶4∶2。

番禺附中理事会设理事长 1 人，由番禺区教育局委派，设副理事长 1 人，由广东第二师范学院委派。

附属中学理事会的主要职责：（1）确定学校办学方向与目标；（2）审定《广东第二师范学院番禺附属中学章程》及学校的重大基本制度；（3）审定学校发展规划及重大改革方案；（4）支持、监督学校管理；（5）考核校长；（6）协调解决合作共建过程中的有关问题，为番禺附中的建设和发展提供咨询；（7）审议或决定超出校长职权的其他重大事项。

建立党政领导联席会议制度。每学年度由番禺附中理事会牵头组织，邀请番禺区领导、广东第二师范学院领导参加，及时沟通，商议合作共建的重大事宜，做出相关战略决策。

番禺附中理事会实行例会制度，每学期开学前两周召开一次，审议通过由理事会决定或职权内的事项。校长须按规定准备有关事项的材料供理事会审议。并建立番禺附中重大事项决策协商机制、重大方案报备制度以及重大事项汇报制度。

番禺附中校长为学校的法定代表人。章程终止应当在理事会表决通过后15日内，报双方主管单位审查同意。

章程经由双方主管单位审查同意之日起执行，到合同结束期止。章程修改需理事会表决通过，报双方主管单位审查同意，其解释权属理事会。其他未尽事项或本章程的修订由合作双方协商解决。

经广东第二师范学院和番禺区教育局审查同意的章程，理事会应按章程执行并落实相关工作。

二、学校章程

学校章程的制定是《教育法》等法律法规的明确要求，是依法治校、依法办学的需要。

《中华人民共和国教育法》第26条明确规定，设立学校及其他教育机构，必须具备“有组织机构和章程”，这是设立学校必须具备的基本条件之一。推进依法治校一项很重要的工作就是要切实加强学校章程建设。教育部印发的《全面推进依法治校实施纲要》（教政法〔2012〕9号）明确规定：“加强章程建设，健全学校依法办学自主管理的制度体系”，要求学校要依法制定具有自身特色的学校章程，并指出，到2015年，要全面形成“一校一章程”的格局。广东省教育厅于2015年6月制定的《广东省省属公办中小学校章程制定和核准工作实施细则》，详细规定了章程制定流程、核准的原则、步骤、所需报送材料等相关事项。经过核准的章程，应当成为学校改革发展、实现依法治校的基本依据。

学校章程是学校的“宪法”，是构建现代学校制度的基础性规范。学校依法治校，就要按照法定程序制定学校章程，以学校章程为治校的重要纲领，并依据学校章程制定、完善学校的管理制度体系，实施学校的具体管理行为。

学校章程应具有完备的体系：学校章程必须具有严谨的结构，完备的内容体系，包括总则、正则和附则等。在总则中应该写明：制定章程的依据，章程在管理中的地位与作用，修改章程的条件与程序等。正则是章程的主体，内容一般包括以下十个方面：①学校名称、校址；②办学宗旨；③办学规模；④主要任务；⑤内部管理体制；⑥学校重要工作的管理；⑦教师及其他教育工作者和学生；⑧经费来源及财产与财务制度；⑨学生与家庭、社区的联系；⑩章程的修改程序。［上述十个方面也可以有不同的表述，例如《广州市中小学校章程（样版）》］附则主要写明：章程的解释权，制定与修改权等。

学校章程的产生要遵循一定的程序。根据相关要求，结合学校实际，番禺附中章程的制定程序主要有：

（1）邀请广东第二师范学院专家参与并成立学校章程起草小组。

（2）工作小组分别对学生、家长、教师进行调研，并草拟初稿。

（3）将章程初稿发送给全体教师、家长代表及社区人士，通过召开会议、网络平台等多种形式征求意见，针对讨论意见进行修改，并及时反馈修改情况，反复操作数次，旨在充分体现学校特色和全体教师、家长和社区人士的共同意志。

（4）邀请教育管理和法律专家对章程草案（初稿）进行科学性、合法性、可行性论证，形成章程草案。

（5）将章程依次交由党政联席会议、教职工代表大会审议，并严格按照教代会制度表决通过。

（6）学校理事会审议通过。

（7）上报广东第二师范学院和番禺区教育局核准。

例：制定《广东第二师范学院番禺附中学校章程》工作流程图

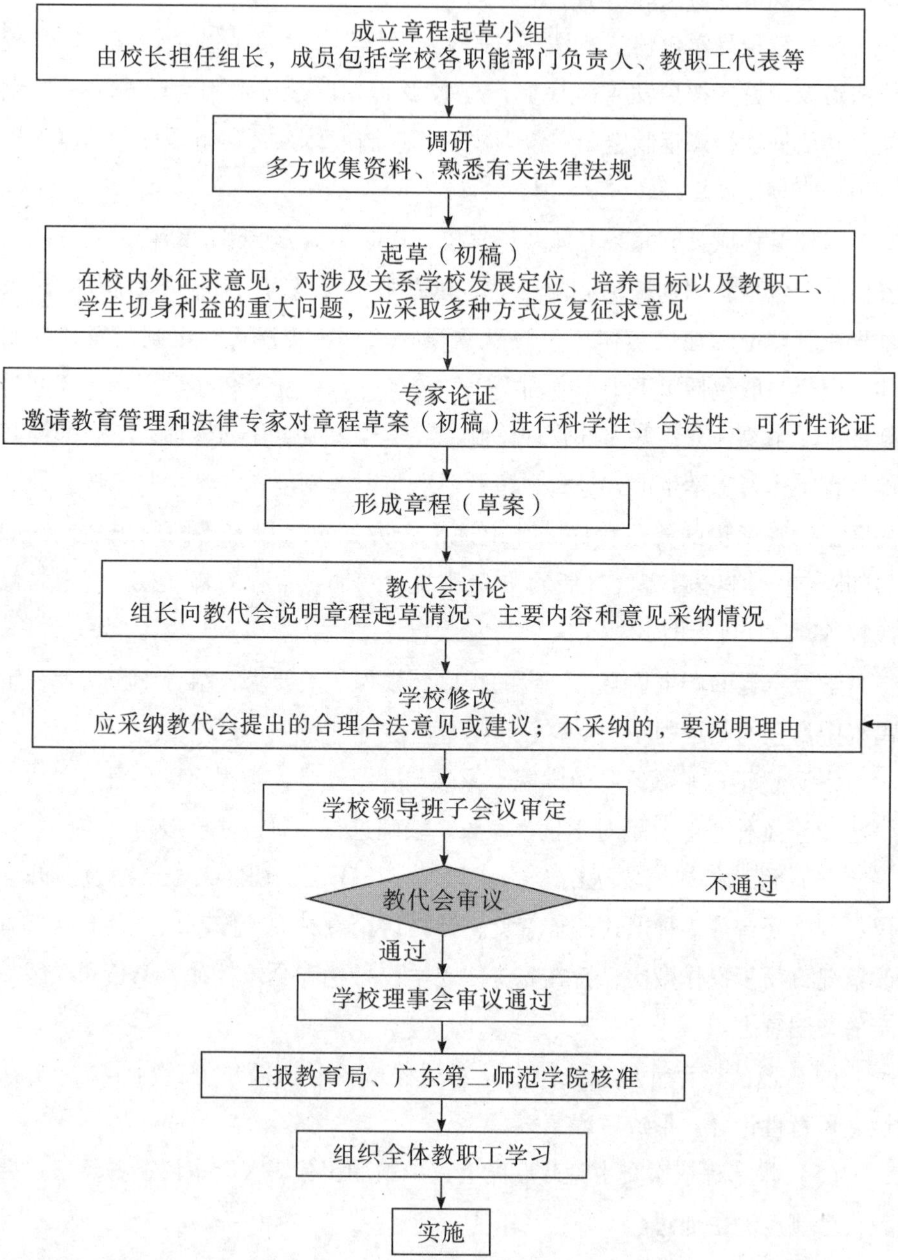

三、学校发展规划

学校发展规划又称学校战略规划、学校蓝图、学校设计、学校远景计划等。我国理论界对学校发展规划的概念诠释为：学校发展规划是指一所学校根据国家或地区教育发展战略规划的要求，系统地分析学校发展现有的基础及所处的环境，确定学校“规划年”（指规划执行的起止年月）内要达到的主要目标和发展途径，把握学校的优先发展项目，并按照自己的价值观，通过学校共同体成员的共同努力，挖掘自身潜在资源，采取各项有效措施，提高学校的管理效能，最终提高学校的办学水平和教育质量，推动学校的可持续发展。

学校发展规划是学校坚持依法治校、规范办学、加强全面质量管理的重要基础。其意义在于最终促进学生的全面发展和提高。制定学校发展规划，对学校依法自主办学能力是一种释放，同时，它也是对学校依法自主办学意识的一种提炼和考察。学校发展规划是一种手段，而不是一种目的。它是学校师生集体的行动纲领和“施工蓝图”，它可以通过对共同奋斗目标的有效设定来体现全体师生的根本利益，通过成功地应对教育改革和变化，提高学校教育的质量水平。从这个意义上说，学校发展规划是学校可持续发展的灵魂。

建设现代学校制度，实现有效的自主管理，制定一份高质量的战略规划是不可或缺的。学校发展规划是学校发展的纲领性文件，是学校办学目标的细化，是校长引领学校发展的蓝图，是学校迈向更高台阶的行动指南，是学校凝聚全体师生员工的力量源泉，是学校办学特色和校长办学理念的体现。学校发展规划是学校战略选择的依据加上实施战略的步骤和方法的总和，是一种达到组织目标的最优化行动选择，包括学校发展定位、发展目标系统、主战略、辅战略、重点发展项目以及管理等。学校发展规划的制定办法、规划周期应尽可能与国家或地区的教育发展规划保持一致。

[附]

广东第二师范学院番禺附属中学中长期发展规划
（2010—2025）（提纲）

为保障广东第二师范学院番禺附中（简称“番禺附中”）的健康、优质、规范发展，根据国家有关政策法规和《合作办学框架协议》，结合番禺附中实际，制定本规划。

第一部分　学校现状分析

一、学校改制前的基本情况

二、学校发展的优势与机遇

2010年8月1日，番禺区市桥第二中学正式改制为“广东第二师范学院番禺附属中学”，并由街道办事处所属学校升格为区属学校，这使学校在原有发展的基础上，被赋予了新的契机和活力。

1．改制激发了学校内部的驱动力，广大师生员工渴望立新求变。

2．番禺附中实行“校地合作、共建共管”，机制创新将成为学校改革发展的突破口。

3．广东第二师范学院专业实力雄厚，拥有优质教育资源，将成为学校提升办学水平的坚实而广阔的平台。

4．番禺区经济社会和教育发展水平高，番禺附中具有明显的区位优势。

5．国家和我省的中长期教育改革和发展规划纲要的颁发，为学校改革发展提供了良好的政策环境和工作指引。

三、学校发展的问题与挑战

1．学校原有发展基础相对薄弱。

2．新体制下各有关方面需要磨合。

3．社会公众对改制后的番禺附中抱有很高的期待，这将使番禺附中面临着巨大压力。

4．改制后要求重新厘清发展定位和发展思路。

第二部分　发展战略

以科学发展观为引领，以改革创新为动力，以校风、课程和教学建设为重点，以现代学校制度和高素质专业化的教师队伍为保障，按照协同式创新、内涵式发展和跨越式提升的战略思路，认真贯彻党和国家的教育方针，遵循学生身心发展规律，积极依托社区和家庭，全面实施素质教育，为把学生培养成为“情怀高尚、自强不息、勇于担当”的现代君子奠定基础，把学校建设成为环境美、校风好、质量高、影响大的具有人文性、实验性和示范性的现代化学校。

一、办学理念：培育现代君子

校训：学为君子、兼善天下

校风：海纳百川、追求卓越

教风：有教无类、乐教善导

学风：立品乐学、善思明辨

二、发展目标：成为一所兼具人文性、实验性与示范性的现代化学校

人文性：人文的核心是“人”，即以人为本，关心人，爱护人，尊重人。坚持开放精神和民主意识，坚持公平、公开和公正的原则，尊重师生的合理利益诉求，让学生、教师、家长和其他成员都有权表达自己的感情、有权反映自己的观点和意见，促进师生发展，增进师生幸福。

实验性：建立和完善“依法办学、自主管理、校长负责、民主监督、社会参与”的现代学校制度，形成以学校章程为核心、自主管理的制度体系。健全科学民主决策机制，完善学校治理结构；推进信息公开，健全民主监督；规范管理权力，尊重师生主体地位，健全校内权利救济制度，有效保护学校、教师、学生合法权益；形成平等自由公平公正的育人环境和浓厚法治文化氛围，做现代学校制度建设的探索者。

示范性：做基础教育改革者，成为全面实施素质教育的典范；大胆探索高效、科学的管理机制，做现代学校制度的探索者，为同行引航；遵照国家的教育方针，遵循学生发展的客观规律，为学生的终身发展负责，促进学校的可持续发展，做现代教育的示范者。

番禺附中发展目标规划表

项目		2010—2015 年	2015—2020 年	2020—2025 年
规模目标	学生			
	班级			
	教工			
条件建设目标	物化条件			
	师资			
	其他			

续上表

项目		2010—2015 年	2015—2020 年	2020—2025 年
教研项目	立项			
	成果			
质量目标	德育考核			
	文化测试			
	体质达标			
	高考录取			
	竞赛获奖			
特色目标				
影响目标				

三、发展策略：协同式创新、内涵式发展、跨越式提升

协同式创新。

内涵式发展。

跨越式提升。

第三部分　发展任务

一、教学质量提升工程

1. 更新教育观念。

2. 深化课堂教学改革。

3. 强化教学管理。

4. 加强教育教学研究。

二、综合素质发展工程

1. 加强德育系统建设。

2. 推进学校特色课程体系建设。

3. 促进各方面教育协调发展。

4. 创新人才培养模式。

三、师资队伍发展工程

1. 健全教师队伍管理制度。

2. 加强教师职业道德建设。

3. 提升教师队伍专业化水平。

4. 完善教师激励培养机制。

5. 加快高层次人才队伍建设。

四、学校特色创建工程

1. 培育师生君子气质。

2. 发展学生体艺特长。

3. 推进智慧校园建设。

4. 探索合作办学模式。

五、现代学校制度建设工程

1. 构建新型办学体系。

2. 变革学校组织架构。

3. 强化制度管理效能。

4. 推进人事制度改革。

六、学校文化培育工程

1. 凝聚学校精神。

2. 建设和谐三园。

3. 建立视觉形象识别系统。

七、校园环境优化工程

1. 完善学校办学条件。

2. 美化校园物态环境。

3. 创建校园安全环境。

第四部分　保障措施

一、明确目标与责任分工

二、制定阶段性实施方案

三、保障资金与优化资源配置

四、落实持续性督导检查

第二节　制度设计与制度变迁

学校制度是指学校在国家有关教育法律法规的基础上，为提升学校办学质量、加强学校管理、促进学校发展而制定的以学校章程为首的一系列规范性文件，包括核心制度和外围制度。一套好制度，才会造就一所好学校，学校制度是学校实现其育人功能的必要保障。坚持以人为本，勇于面对制度建设中的现实困境，科学矫正制度建设中的认识偏差，是我们进行现代学校制度建设的必然选择。

一、建章立制，以章为行：这是学校制度建设的根本保障

1. 优化学校制度设计，完善学校制度体系建设

完整的现代学校制度体系应该包括学校章程、学校核心制度和学校外围制度，这三者不可缺一。

首先，重视学校章程的制定，坚决杜绝“无章办学”现象。学校章程是指为保证学校正常运行，主要就办学宗旨、内部管理体制及财务活动等重大的基本的问题做出全面规范而形成的自律性基本文件。学校章程是学校的“母法”，是学校自主管理、自律及政府监督管理的基本依据。

其次，高度关注核心制度建设。核心制度是指最能体现学校的特性，直接涉及学校使命的制度，直接促进教师与学生充分、全面发展的制度。如教学制度、考试制度、学生评价制度、校本教研制度、校本培训制度、教师评价制度、教师聘任制度等。

再次，发挥外围制度的保障功能。学校的外围制度是指从学校教育的内在需要出发，为学校核心工作服务的一系列制度的总称，比如学校行政管理制度、学校产权制度、教育资金筹措制度、学校后勤管理制度、学校重大事故应急预案、社区参与制度等，外围制度为核心制度提供坚实的保障。

最后，强化岗位责任机制。管理岗位责任机制是现代学校制度的重要机制之一，学校应厘清各部门、各岗位职能，让每个岗位可操作、可监控、可问责，确保各负其责，条块顺畅，运转协调。例如，为解决学校改革发展中遇到的年级与部门的权力交叉与职责衔接等问题，番禺附中专门召开了为期三天的闭门务实会议，切实理顺三处两室职能部门正副主任的工作职责，明确职、权、责的边界，厘清各年级组的管理权限，在发挥年级管理优势的同时，强化学校职能部门对年级工作的指导、监督和管理力度，最大限度地发挥部门和年级的工作积极性。会议明确，各年级、各职能部门在思考问题及

做出决策时，必须坚持系统、全面的“一盘棋”思想，防止部门利益侵蚀学校利益，规避短视行为。

2. 遵循制度设计的基本原则

制度设计应遵循以下几个基本原则：民主程序，应由全体教职员工按照民主程序制定规章制度，校长只是一个起草人和解释人；公开宣传，一边制订，一边公开宣传，以各种方式听取、收集来自各个方面的意见；规章制度通俗易懂，便于理解；可操作，可监控，可问责；在制度设计中，应多写“底线”，杜绝让人望尘莫及、根本无法做到的“神仙条例”，使人们只可仰视而无法实行；保持稳定性，对实施不久的规章制度不做改动，以体现制度的严肃性和权威性，“朝令夕改”只会加重人们的不安全感，影响制度的执行力。

制度设计时不仅要考虑规范性制度，还要考虑程序性制度、评价性制度和奖惩性制度；制度设计还应充分考虑到制度的执行成本及可操作性，比如为执行制度所耗费的时间、人力、物力、财力等，防止出现执行疲劳、执行压力大甚至无法执行等现象。

3. 建立有效的制度运行、监督机制

学校管理者要想增强现代学校制度的执行力，就要确立良好的制度执行机制。一套完整的制度执行机制应该包括以下几个方面。

（1）纵向互动机制。这是针对制度制定者与制度执行者而言的。对于制度的制定者来说，在制度制定之前，要把握校情，充分了解制度对象的实际情况，提高制度的针对性和可操作性；在制度实施的过程中，要密切关注随时出现的各种问题，对其进行归因，并研究解决的策略；定期对制度运行的状态和效果进行评估和反馈，必要时，对制度进行调整和完善。对于制度的执行者而言，要积极配合制定者开展前期调研和搜集信息工作，提供可靠的信息来源；在制度的执行过程中，要认真领会制度的精神实质，高效执行，并及时反映制度执行中出现的问题。

（2）横向合作机制。这是对该制度与既有制度之间的关系以及制度执行主体之间的关系而言的。首先，要处理好现代学校制度与既有的其他学校制度之间的关系，实现协调、有序运作；其次，要处理好制度的执行主体之间的关系，各执行主体（含部门、年级、责任人）应相互沟通，加强合作与交流。

（3）运行监控机制。有效的制度运行监督机制大致包括三个步骤：运行前监控、运行中监控、运行后监控。这三个步骤是相互衔接、密不可分的整体。缺乏科学、有力的监督设计，制度的执行将大打折扣，因此，制度一旦制定，应加强督办环节的落实，同时必须推行问责制，赏罚分明，让制度非人格化执行，实现制度面前人人平等。学校监督机制既要对制度的执行者加以监督，也要对执行机构加以监督，使他们维护制度的权威性，杜绝随意性，更要防止制度执行中根据个人的爱好、恩怨自行正义。

4. 建立信息沟通机制

这是针对制度执行者与制度接受者的信息传递而言的，旨在克服制度运行中的信息不对称以及信息失真现象，以期实现上情下达和下情上陈。全面沟通、及时沟通、主动沟通是现代管理制度的重要原则，是现代学校制度得以有效运行的重要保障。

二、目中有人，以人为本：这是学校制度建设的思想基石

以人为本是科学发展观的核心，也是学校制度建设的思想基石。以人为本的管理基本思想就是人是管理中最基本的要素，人是能动的，与环境是一种交互作用的。以人为本的管理要以人的全面发展为核心，人的发展是学校发展和社会发展的前提。

传统的管理模式，较多地表现为管制、监控、指令和命令，这在一定程度上束缚了人的个性和创造才能，也扼杀了制度的生命力和文化气息。学校应树立以“三个为本”为核心的制度设计思想，即：“教育以人为本”——尊重学生人性人格，发展个性特长；“教师以生为本”——一切为了学生的发展，一切都着眼于调动和依靠学生内在的积极性；“校长以教师为本”——尊重知识，尊重教师，真正关心、爱护教师，营造民主、和谐、高度信任的管理氛围。总之，学校的制度建设应以促进师生发展，增进师生幸福，让学校最大限度地增值为宗旨。

三、注重伦理，充分激励：提升学校制度建设的伦理价值

1. 民主精神

从制度产生的程序上，体现民主精神，使师生从制度的被动接受者和袖

手旁观者变成制度设计的积极参与者，制度设计最大限度地体现“民意”，尊重师生的合理利益诉求，让学生、教师、家长和其他成员都有权表达自己的感情、有权反映自己的观点和意见，及时舒缓情绪。让广大师生充分认识到，学校制度不但约束、规范师生的行为，更多的是保护师生的权益，促进师生发展，增进师生幸福。尊重师生的知情权、话语权、参与权、表决权等。只有这样，才能提升广大师生对学校制度的认同度，减少离心力，增强执行力。

2. 科学精神

从制度的内容上，体现科学精神，不搞形式主义、瞎折腾，也不凭空想象或盲目复制，杜绝“花瓶制度”，实事求是，尊重教育规律和个体成长规律，从学校的具体情况出发，制定体现学校发展历史、特色和风格的制度。

3. 公平正义

公正是现代学校制度的首要特性，好的制度是正义的制度，是制度本身公正和制度运行公正的有效统一。公正的制度能自发、自动地促成高效的、有道德的和有未来的好学校。学校制度设计应让那些“好人得到好报”，使那些工作量大的、工作质优的、工作责任大的、工作贡献突出的以及那些不可替代的稀缺人才得到实惠和好处，让他们感到自豪和骄傲，制度的设计让老师们想优、敢优、愿优、能优；同时，学校制度设计还应让“坏人得到坏报”，让那些习惯于敷衍了事、习惯于惹是生非、唯恐天下不乱的人，那些有好处便搭便车，没好处便躲到一边去的看客付出一定的代价，达到营造健康舆论环境的目的。

有时，宽容比惩罚更加美丽，适度的尊重与充分的信任也能使人热情迸发，好的制度设计还应凸显宽容、尊重和信任的伦理价值。

四、动态平衡，开放包容：让制度充满适度的张力

第一，保持各制度之间的动态平衡。这种平衡要求各制度之间不能有逻辑矛盾，规则之间不能有冲突的条款；重新修订某一制度时应考虑相关制度的配套改革；应保持各项制度的适用范围和对象的科学性、准确性、有效性。比如，为提高教师的专业能力，学校德育部门定期组织德育能力培训及班主任技能比赛，教学部门也定期开展教学业务培训及教学基本功比赛，两

个部门之间的培训时间、培训内容与培训密度应彼此协调、衔接，保持平衡；再如，学校的绩效奖励方案与既有制度之间应保持配套，相互支撑，避免冲突。

第二，保持制度的刚性与弹性之间的动态平衡，保持制度的原则性与灵活性之间的动态平衡。使刚性制度与弹性制度相得益彰，使量化与质化、过程性评价与终结性评价之间实现动态平衡，各自发挥其应有的作用，使刚性的硬制度实现软着陆，以制度引领“负责、协力、多元、务实、进取”的教师文化。比如，教师基本的上下班制度与个别教师弹性上班、弹性休息的平衡等。

第三，某些环节推行模糊管理，让制度留白，为制度变迁留下空间。实现“有问题找制度，制度不能解决时，让文化发挥作用”的管理境界。比如，每间学校都有自己的教师评优评先制度，有的教师工作负责、专业扎实、教学有效、富有个性但人缘不好，不善于处理人际关系导致票数不高。她（他）是否应该被评为优秀教师呢？值得学校班子深思。在评先工作中，如何处理民主与集中的关系，如何在部门投票与行政研究之间获取平衡点，如何使教师们的抱怨降到最低点，使评先评优制度充满张力，是制度建设亟待解决的问题。

五、拒绝灰色，拓宽视角：关注制度建设的盲区和雷区

学校的制度建设是学校管理过程中需要不断补充和完善的过程，制度建设“永远在路上”，不可能在制度设计之始便面面俱到，无可挑剔。因此，学校的制度建设，管理者还要善于关注制度建设的盲区和雷区。

照亮制度建设的盲区。学校在进行制度建设的过程中，应充分考虑制度建设的盲区，这些盲区是管理者很容易忽视而问题又易多发的地方，必须擦亮眼睛，用“望远镜”和“显微镜”，照亮这些盲区，比如：学校的图书馆管理制度、学校教学事故应急预案等。

规避制度建设的雷区。学校在进行制度建设的过程中，还应尽力规避制度的雷区，远离法律和政策的高压线，比如：招生制度、收费制度、经费使用制度、学籍管理制度等。

理念是灵魂，制度是骨骼，文化是血脉。理想的制度建设，应使学校成为一个“严格而自由、有压力无压抑、师生永远留恋的精神家园”。

第三节　权力运行与流程管理

2014年10月，中国共产党第十八届中央委员会第四次全体会议研究了全面推进依法治国重大问题，会议通过了《中共中央关于全面推进依法治国若干重大问题的决定》。认真学习贯彻十八届四中全会精神，把全会精神落到实处，从学校层面来说，便是全面推进依法治校工作，推进现代学校制度建设。但是，当前中小学校在推进现代学校制度建设的过程中，却面临着诸多矛盾，严重阻碍着依法治校战略的实现，因此，厘清权力运行与流程管理之间的关系，明晰权力运行的责权问题和流程管理对权力运行的监控作用，对推动依法治校，建设现代学校制度，全面提高人才培养质量等有着重要的现实意义。

一、厘清权力运行与流程管理之间的关系

权力运行与流程管理都是学校管理有序化的重要途径，都是学校规范治学的手段，两者相辅相成。权力的责权分明是实施流程管理的关键前提，而流程管理的有序进行是权力运行的重要内容。

一般来说，流程管理体现了权力具体运行过程中的节点链接，是一张张具体的权力操作明细图，它把权力关进制度的笼子里，使权力在运行过程中更加公开、透明、高效，对权力运行具有一定的监控作用。另外，权力运行是流程管理得以执行的保证，通过对权力职权的制度规定，能加强对流程执行的约束。总的来说，权力运行与流程管理的关注点不同，权力运行是通过明晰权力职责来规定应该做某事和不应该做某事；流程管理则规定应该如何做某事，体现的是做事情的过程。权力运行是实施流程管理的前提和保证，流程管理是权力运行的内容和监督。

二、权力运行与流程管理的现实意义

第一，实施权力运行与流程管理，是学校深入落实依法治国基本方略，提高学校治理法治化的必要途径。随着社会主义市场经济的不断发展，教育领域面临着经济发展过快带来的新问题、新矛盾、新挑战，中小学校管理法

治化现状不容乐观。如当前许多中小学，学校依法治校的观念和依章管理的意识还比较薄弱；依法治校的制度和相应措施尚不健全等。因此，推进中小学学校进行现代学校制度建设，明晰权力运行职责，实施流程管理，推进管理法治化，建立规范化秩序，是当前市场经济体制下保障中小学管理工作民主、科学、高效的必要途径。

第二，实施权力运行与流程管理，是深化教育体制改革，落实学校办学自主权，建设现代学校制度的必然要求。众所周知，依法治校是依法治教的重要组成部分。近年来，随着教育法制建设的逐步完善，各地中小学学校依法治校工作有了一定程度的进展。然而，各地依法治校水平参差不齐，依法治校还没有完全成为学校的自觉行为，依法治校相关的监督体系尚不成熟，与依法治国基本方略的要求还有一定的差距。同时，现代学校制度的显著特征之一是“自主管理”，现代学校制度在赋予学校发展的充分自主权的同时，要求学校建立起良好的自我约束和监督机制。随着学校自主管理权限的扩大，学校内部建立自我约束、监督机制的要求就越高。因此，学校内部的自我约束和监督机制，应贯穿于教育过程的每一个环节，真正落实到决策、执行、反馈和评价的全部管理流程上。

第三，实施权力运行与流程管理，是规范学校办学行为、提高管理水平、全面提高人才培养质量的重要保障。当前的中小学学校，由于人才流动或管理理念的不同，往往出现“岗”随“人”动的现象，即由于管理者的更换，后一任管理者往往改变或推翻前一任管理者的做法，或者后一任管理者对管理业务不熟悉，造成广大教师或学生办事程序不清晰、人事混乱、效率低下等现象。学校实施流程管理，制定各部门管理流程图，实际上是使学校管理更加精细化，既有利于规范学校办学行为，提高管理水平，也为全面提高人才培养质量提供了重要保障。

党的十八届四中全会做出了“全面推进依法治国”的重要决定，将依法治国基本方略推向新的战略高度。这一政策背景对中小学学校“依法治校”的落实和推进提出了新的、更高的要求。因此，作为基础教育的主阵地，中小学学校必须在依法治校方针指导下，明晰权力运行，实施流程管理，建设现代学校制度，真正发挥法治在学校管理中的基础作用。

第三章　学校决策流程

西方决策理论学派代表人物、诺贝尔经济学奖获得者西蒙教授认为："决策贯穿管理的全过程，管理就是决策。"在中小学学校中，学校决策无所不在，大至学校章程、发展规划、重大改革措施的制定，小至紧急事故、突发事件的处理，都属于学校决策的范畴。学校决策是基于学校问题的解决行为，引领着学校的发展方向和办学水平。学校决策的主体是校长，校长决策是权力行使和智慧彰显相结合的管理行为，体现了校长先进的办学思想和管理艺术。此外，教育是动态发展的过程，学校决策具有动态生成性特点，因此，任何决策不能仅靠校长一人，尤其是关乎学校发展前途的高位决策，更需要让全体师生、社会人士、有关专家参与其中，做出的决策需要放到实践中去检验、完善和优化。

第一节　校长负责制

一、概念界定

20 世纪 80 年代以来，经过 30 多年的理论探索与实践，校长负责制不断发展完善。但从中小学管理改革的发展情况看，校长负责制的实行还不尽如人意，目前对校长负责制的概念理解，仍然是不明确、不统一的。

教育理论与实践工作者对校长负责制概念的表述，主要有以下几种类型：

1. 从校长的职责、权力角度做出的概括

该观点认为，校长负责制是校长受政府委托，对学校实行统一管理、全面负责的一种领导制度。书记起保证监督的作用，要求校长实行民主管理，并设立校务委员会，作为审议机构，弥补个人决策的缺陷，充分发挥团体决策的作用。校长负责制的本质是社会主义性质的职、责、权相统一的工作责任制。

2. 从校长负责制的内容角度做出的界定

目前，国内比较认可的提法有两种。一种提法认为，“校长负责制是指由校长全面负责、党组织保证监督和教职工民主管理三位一体的、完整新颖的、结构式的学校领导制度，它使学校成为独立的办学实体，也是现代学校行政管理的一种岗位责任制”。另一种提法认为，“校长负责制是一个以校长责权为核心内容的整体结构概念。校长负责制由四个基本要素组成：上级机关领导、校长全面负责、党支部监督保证和教职工民主参与”。

3. 运用系统理论做出的概括

从系统理论的角度看，“校长负责制是由指挥、执行、反馈、监督等程序组成的一种连续封闭式的科学管理系统；是能加强协调的领导体制”。

4. 从总结实践经验的角度做出的概括

从总结实践经验的角度看，“在上级党委和教育行政部门领导下的校长负责制，学校党组织要充分发挥政治核心作用和监督保证作用，校长对教育教学和行政工作全面负责，教职工和学生参与民主管理，三者有机结合，缺一不可”。

综上所述，目前对于校长负责制的说法众说纷纭，尚未统一。《中华人民共和国教育法》中的表述是“学校的教学和其他行政管理由校长负责”，笔者由此认为，校长负责制实质上是一种“首长负责制”，是指在上级主管部门的领导下，由校长全面负责、党支部监督保证、教职工大会民主参与的一种学校管理制度。校长负责制赋予了校长管理学校的充分权力，确立了校长在学校中的核心地位。

二、政策依据

1985 年，中共中央《关于教育体制改革的决定》中明确提出：“学校逐步实行校长负责制，有条件的学校要设立由校长主持的、人数不多的、有威信的校务委员会，作为审议机构。要建立和健全以教师为主体的教职工代表大会制度，加强民主管理和民主监督。”

1993 年，中共中央和国务院印发的《中国教育改革和发展纲要》中规定："中等及中等以下各类学校实行校长负责制。校长要全面贯彻国家的教育方针和政策，依靠教职员工办好学校。"

《中华人民共和国教育法》第 31 条规定："学校及其他教育机构的举办者按照国家有关规定，确定其所举办的学校或者其他教育机构的管理体制。……学校的教学及其他行政管理，由校长负责。"

当前，中小学"校长负责制"还处于探索之中，但是相较于改革开放之前的"校长负责制"，现行的校长负责制相对而言是一种比较合理的领导体制，它初步构建了学校组织管理的权力制衡关系，既确定了教职工的民主权利和党支部的保证监督权力，也保证了校长行使权力，在一定程度上提高了学校组织管理的效率。

三、理事会领导下的校长负责制

现代学校制度以现代教育观念为指导，以完善的学校法人制度和新型的政校关系为基础。在构建新型政校关系、创新管理模式方面，番禺附中积极探索理事会领导下的校长负责制，构建政府、学校、社会之间的伙伴关系，实现政府职能从原来的宏观、中观、微观管理转变为宏观调控。

那么，什么是理事会领导下的校长负责制呢？依据上述对"校长负责制"概念的界定，可以阐述为：地方政府、社会人士和学生家长等作为学校理事会成员参与学校决策，校长由国家和社会委托授权，作为学校的最高负责人和法定代表人，依据有关教育法律和政策，对外代表学校，对内全面领导和负责学校的教育、教学和行政管理工作的学校内部领导体制。以番禺附中为例，理事会设理事 11 人，校长为当然理事，其余 10 人由广州市番禺区地方政府代表、广东第二师范学院代表及社会知名人士代表共同组成，人员比例构成为 4∶4∶2。理事会设理事长 1 人，由番禺区政府派人担任，设副理事长 1 人，由学院派人担任。理事会担负着评议和监督、咨询和建议以及宣传和协调三大基本功能，汇聚学校、家庭、社会三方合力，推动了新型政校关系、社校关系的逐步形成。这样，番禺附中以"校长负责制"为中心，教代会侧重于协调学校内部关系，理事会侧重于协调学校内外部各种关系，切实完善依法、开放、民主、高效的学校运作机制，使理事会真正成为学校各方主体利益的"平衡器"、校长权力的"制衡器"、教育资源的"整合器"

和学校发展的“助推器”。

[附]

广东第二师范学院番禺附属中学理事会章程

第一章 总 则

第一条 根据《中华人民共和国教育法》《中华人民共和国教师法》《国家中长期教育改革和发展规划纲要（2010—2020年）》等相关的法律、法规和政策以及番禺区教育局与广东第二师范学院签订的《合作办学框架协议》，制定本章程。

第二条 本章程对广州市番禺区人民政府教育行政部门、广东第二师范学院、广东第二师范学院番禺附属中学具有约束力。

第三条 学校名称为“广东第二师范学院番禺附属中学”。

第四条 学校的性质。“广东第二师范学院番禺附属中学”（以下简称“附属中学”）是广州市番禺区人民政府与广东第二师范学院合作共建共管的公办全日制普通高级中学。附属中学既是番禺区人民政府进行基础教育管理体制改革试点的窗口，也是广东第二师范学院为基础教育服务、引领基础教育改革和发展的重要渠道。

第五条 附属中学实行“政府举办、合作管理”体制，由番禺区人民政府举办，学校所有资产归属番禺区人民政府，行政管理事务主要由番禺区教育局负责实施，教育教学业务依托广东第二师范学院进行专业管理，同时，附属中学作为广东第二师范学院实验基地。

第六条 番禺区人民政府及其教育行政部门要把附属中学纳入教育发展规划，按照区属普通高级中学的建制承担办学物质条件保障、人力资源管理和其他教育行政管理责任，确保附属中学具备良好的办学条件、环境及其他的发展支持。

第七条 广东第二师范学院要把附属中学纳入学院办学的整体布局，为附属中学的内部管理、教育教学改革以及办学水平的提升提供支持，达成合作目标要求。

第八条 广东第二师范学院番禺附属中学理事会是处理附属中学事宜的

唯一授权机构。

第九条　本章程中的各项条款与法律、法规、规章不符的，以法律、法规、规章的规定为准。

第二章　办学目标

第十条　附属中学要通过创新管理制度加快发展步伐，把学校打造成全面实施素质教育，特别是在现代学校制度建设、教育教学工作规范化管理方面具有示范作用、特色鲜明、办学质量和效益较高，在番禺区乃至广东省具有一定现代教育管理示范作用的品牌学校。

第十一条　附属中学要积极探索，建立并不断完善"依法办学、自主管理、校长负责、民主监督、社会参与"的现代学校制度，成为创建现代学校制度的实践者、引领者和示范者。

第十二条　附属中学要充分依靠党委政府和教育行政部门，充分依靠师生员工，充分依靠学院的专业支持，充分整合社区教育资源，以"三个面向"重要思想和科学发展观为指导，以教学为中心，遵循教育规律，扎扎实实开展各项工作，努力成为社区友好型和资源节约型的优质学校。

第十三条　附属中学要坚持育人为本、德育为先、能力为重、全面发展的教育理念，注重学思结合、知行统一和因材施教，全面实施素质教育。要教育学生"学为君子，兼善天下"，成为具有远大抱负、人文情怀、国际视野和乐于践行的社会主义社会合格公民。

第十四条　附属中学要勇于担当服务社群的职责，传播新思想、新文化，弘扬新道德、新风尚，成为学习型组织的典范和社区学习中心。

第三章　管理制度

第十五条　附属中学实行理事会领导下的校长负责制。

第十六条　附属中学理事会设理事 11 人，附属中学校长为当然理事，其余 10 人由广州市番禺区教育局代表、广东第二师范学院代表和社会知名人士共同组成，人员比例构成为 4∶4∶2。

附属中学理事会设理事长 1 人，由番禺区人民政府委派，设副理事长 1 人，由广东第二师范学院委派。

第十七条　附属中学理事会的主要职责：

（一）确定学校办学方向与目标。

（二）审定《广东第二师范学院番禺附属中学章程》及学校重大的基本制度。

（三）审定学校发展规划及重大改革方案。

（四）支持、监督学校管理。

（五）考核校长。

（六）协调解决合作共建过程中有关问题，为附属中学的建设和发展提供咨询。

（七）审议或决定超出校长职权的其他重大事项。

第十八条　附属中学校长按法律法规和学校章程自主管理学校。

附属中学校长由广东第二师范学院负责选派或遴选，提请番禺区教育局任命。

第十九条　附属中学校长的主要职责：

校长对外代表学校，对内负责学校各项工作。校长要依法办学，全面实施素质教育，促成学生、教师和学校的持续发展。

第二十条　附属中学校长依法享有下列权利：

（一）要求番禺区教育局提供履行校长职责应当具有的工作条件。

（二）依照法律、法规和教育政策，组织制定、实施学校发展规划和学校具体的规章制度，组织实施教育教学活动。

（三）主持召开校务会议，根据权限对学校教育、教学和管理工作中的重要事项进行决策。

（四）依照番禺区和上级有关规定聘任、考核、奖惩教职工，推荐或选聘副校长，确定学校内设机构和内设机构负责人人选。

（五）依照番禺区和上级有关规定使用经费和管理校产。

（六）参加培训。

（七）对上级教育行政部门的工作提出意见和建议。

（八）行使国家和上级教育行政部门授予的其他职权。

（九）非因法定事由、非经法定程序，不被免职、辞退或者处分。

第二十一条　附属中学校长必须履行下列义务：

（一）遵守宪法、法律和法规。

（二）依照国家法律、法规和教育方针、政策以及理事会的决议，履行校长职责。

（三）维护学校、学生和教职工的合法权益。

（四）关心、尊重教职工，组织和支持教职工参加必要的学习、培训和进修，提升教师的专业质素，调动教职工工作的积极性和主动性；充分发挥教职工代表大会在民主管理和民主监督及共青团等群众组织在办学育人中的积极作用。

（五）严格执行财务制度，管好校产和财务。

（六）努力学习，钻研业务，不断提高工作能力和办学水平。

（七）建立与家长及社区的联系制度，发挥家长委员会、社区教育委员会等对学校工作的参谋、咨询与监督作用，促进学校教育、家庭教育与社区教育的密切合作，形成协调一致的育人环境。

（八）根据番禺区教育局和广东第二师范学院的要求，制定并实施现代学校制度建设和教育教学工作规范化管理的相关方案。

（九）以“计划”“总结”“专项汇报材料”等形式，定期向番禺区教育局和广东第二师范学院汇报工作，依法接受监督。

第二十二条　附属中学设立教职工大会或教职工代表大会，审议学校重大事项，实行民主管理。凡须理事会决策的重大事项应先经教职工大会或教职工代表大会审议通过。

第二十三条　附属中学设立由校长主持的校务会议，作为学校日常的行政决策机构，审议或决定学校的较为重大的事项或非常规事项。

第二十四条　附属中学的党团建设按照有关规定办理。校长必须重视党团建设，充分发挥党组织的政治核心作用和共产党员、共青团员的先锋模范作用。

第二十五条　附属中学要加强年级组和学科组的建设，充分发挥其业务研讨和学生管理的职能。

第二十六条　附属中学要充分关注并促进教师的专业成长，培育品牌团队，改善评价机制，完善激励机制，鼓励教师不断提高素质，不断提高教书育人的工作绩效。

第二十七条　与附属中学改革发展相关的重大专业技术性工作，如章程或重大基本制度文稿的起草、发展规划的编制、改革方案的制定、教育教学实验、重要教研项目、人员培训、政策咨询、决策论证或成果鉴定等，可实行项目管理。由学校编制预算，采用委托或招标方式，产生项目承包者，完成相关工作。

第四章　工作机制

第二十八条　建立党政领导联席会议制度。每学年度由附属中学理事会牵头组织，邀请番禺区领导、广东第二师范学院领导参加，及时沟通，商议合作共建的重大事宜，作出相关战略决策。

第二十九条　附属中学理事会实行例会制度，每学期开学前两周召开一次，审议通过由理事会决定或职权内的事项。校长须按规定准备有关事项的材料供理事会审议。

第三十条　出席理事会的人数须为全体理事人数的二分之一以上，不够二分之一时，通过的决议无效。如经缺席的理事追认的人数超过二分之一时，其决议有效。理事会议对所议事项作会议记录，出席会议的理事须在会议记录上签名。理事对理事会议的决议承担责任。理事会议记录由理事长指定的人员存档保管。

第三十一条　建立附属中学重大事项决策协商机制。有关附属中学发展规划、重大改革事项、基本制度的制定等，先由番禺区教育局和广东第二师范学院沟通，沟通无异议后交学校和理事会按程序决策。

第三十二条　建立附属中学重大方案报备制度。凡学校制度、改革方案、内部机构和重要人事调整方案等均应向番禺区教育局和广东第二师范学院报备。

第三十三条　建立附属中学重大事项汇报制度。除常规工作定期报告外，附属中学应及时向番禺区教育局和广东第二师范学院汇报学校的重大事项。

第五章　学校的法定代表人

第三十四条　附属中学校长为学校的法定代表人。

第三十五条　有下列情形之一的，不得担任附属中学的法定代表人：

（一）无民事行为能力或者限制民事行为能力的。

（二）正在被执行刑罚或者正在被执行刑事强制措施的。

（三）正在被公安机关或者国家安全机关通缉的。

（四）因犯罪被判处刑罚，执行期满未逾 3 年，或者因犯罪被判处剥夺政治权利，执行期满未逾 5 年的。

（五）担任因违法被撤销登记的民办非企业单位的法定代表人，自该单位被撤销登记之日起未逾 3 年的。

（六）非中国内地居民的。

（七）法律、法规规定不得担任法定代表人的其他情形。

第六章　变更与终止章程

第三十六条　本单位有下列情形之一的，应当终止：

（一）双方自愿协商同意变更或终止本章程的。

（二）国家政策法规调整导致不能履约的。

（三）遇地震、市政动迁等不可抗拒情况导致无法履约的。

（四）发生分立、合并的。

第三十七条　本章程终止，应当在理事会表决通过后 15 日内，报双方主管单位审查同意。

第七章　其　他

第三十八条　双方合作期限为 15 年，从 2010 年 8 月 1 日至 2025 年 7 月 31 日止。合作期满后如需继续合作，双方应协商一致并在合作期限到期前续签协议。

第三十九条　附属中学的有形资产一律归番禺区人民政府所有。学校应按国有资产管理有关规定进行资产管理。番禺区人民政府在合作期内处置附属中学有形资产时，应先征询广东第二师范学院的意见。

第四十条　番禺区人民政府及其教育行政部门和广东第二师范学院应共同维护附属中学的形象和声誉，双方共同或各自在使用附属中学资产时应以不损害附属中学、番禺区人民政府和广东第二师范学院的形象和声誉为前提。

第四十一条　附属中学应为广东第二师范学院学生见习、实习提供条件。相关细节由广东第二师范学院教务处和附属中学商定。

第八章　附　则

第四十二条　本章程由双方主管单位审查同意之日起执行，到合同结束期止。章程修改需理事会表决通过，报双方主管单位审查同意。

第四十三条　本章程的解释权属理事会。其他未尽事项或本章程的修订由合作双方协商解决。

第二节　校长的权力与义务

当前，我国公立中小学校长权力主要来源于整个国家公共权力体系的分配。一般情况下，校长是由政府或上级行政主管部门直接任命的，是受政府委托而经营管理学校的代理人。因此，在现行“校长负责制”之下，公立学校校长并不拥有学校的合法产权，校长所行使的权力只能是一种公共权力的代理权，或是一种学校的运营管理权，属于公权而非私权。

一、校长权力的特点

在公办学校中，中国的校长负责制与国外不同，英美国家的校长负责制，校长的决策权和执行权一般都分属于不同的权力主体，一般决策权由校董会、校务委员会或评议会负责学校的决策，校长负责执行他们做出的决策。我国民办学校的董事会类似于这种性质的机构，因此民办学校的校长，其执行权和决策权也是分离的。在我国现行的校长负责制的学校管理体系中，校长集决策权和执行权于一身，权力很大。理事会领导下的校长负责制，校长的决策权部分让渡给理事会，理事会拥有与学校发展有关的重大事项决策权，校长主要负责与校内事务有关的事项决策权，并执行上级行政部门、理事会等的决策。

一般来说，校长权力具有一般权力的共性和自身的个性。校长权力的共性是指校长权力具有为公共利益服务的特性，其权力关系的形成有其共同的利益作为基础，只有对权力关系范围内所有的人都有利，权力关系才能成立；校长权力的个性是指教育主管部门代表国家和社会将管理学校的权力委托给校长，校长对学校拥有属于自己的独立管理权。

二、校长权力的构成

一直以来，关于校长权力的构成问题众说纷纭，迄今为止，没有任何一项法律法规对校长的权力及其范围做出清晰的规定。根据《中华人民共和国教育法》和《全国中小学校长任职条件和岗位要求》中对校长主要职能的有关规定等，参考教育管理专家、学者的有关论述及校长在实际执行中的权力运行情况，我们对校长权力的构成概括如下。

第一，决策权。在国家和上级教育行政部门有关法律、法规、政策所允许的范围内，校长有权在充分考虑集体智慧的基础上就学校的一些重大问题做出决策，如学校的发展规划、机构设置、人事任免、员工福利、教改方案等。

第二，教育教学权。教育教学是学校管理的核心，也是校长权力的集中体现。具体体现为以下几方面：一是贯彻执行国家教育方针，指导和组织学校的教学、教改工作，组织学校人员制订教学计划，指导和监督教育教学计划的实施；二是组织人员研究和确定学校的课程设置、教材选用、授课时数等；三是领导和组织学校的思想政治、道德品质和行为习惯的教育工作，组织有益于学生身心健康的活动，并给予相应的奖励或处分等。

第三，人事调配权。人事调配权是校长对教职员工从进到出的全程管理权。具体包括以下几方面的权力：一是定岗定编权，校长有权根据有关规定拟订校内机构设置方案，合理优化、组合教职员工，实行定岗、定编、定员、定责和定量；二是聘任权，校长有权结合学校情况聘任、解聘教职员工，有权聘任校内机构负责人、年级级长、教研组长等；三是奖惩考核权，校长有权根据相关规定或程序对教职员工实施评价、考核和奖惩。当然，以上实施的人事调配权必须根据相关规定和程序，报请上级教育行政主管部门审批或备案。

第四，财产管理权。校长有权按照国家有关法律法规及政策的规定拟订和执行学校年度经费预算方案；管理学校的设施和资产，添置、维修、保管和使用校舍校产；合理支配国家与政府下拨的教育经费、学校按政策收取的学杂费以及社会团体或人士的捐资等。

第五，校务工作综合管理权。校长有权拟订学校发展目标、规划、年度工作计划等；审查部门工作计划和工作总结，定期核查各部门工作，审定发布、组织实施和负责监督具体规章制度的执行情况；代表学校对外签订有关协定、协议和合同；制定学校安全应急防范预案，决策和处置学校突发事件；处理学校内外关系；维护学校合法权益，致力于学校健康发展的一切事务。

例：番禺附中校长权力清单

校长岗位权力清单登记表

单位：　　　　　　　　　　　　　　　　　　　　填表时间：

岗位名称	校长		所属部门		责任人姓名	
权力事项	1	组织制定、实施学校发展规划及学校章程和具体的规章制度，组织实施教育教学活动				
	2	负责培养、推荐后备干部；推荐或选聘副校长和中层干部				
	3	负责教师的考核、聘任、评优和培训				
	4	负责学校财务管理、内部审计工作				
	5	负责各项经费使用、绩效工资分配工作				
	6	负责学校招生、学籍管理工作				
	7	负责学校物资采购、小型建设或维修、固定资产、流动资产管理				
	8	负责特困学生资助的推荐认定与资金和物品的发放管理				
	9	规范办学行为，治理乱收费工作				
岗位责任人签字			主管领导签字			

三、校长的义务

当前校长在履行义务方面存在的问题是，校长的义务范围随其权力的扩张而扩大，但不够明晰。校长的义务是否履行到位，是否避重就轻、推卸责任，很难做出准确判断，因而难以有效监督。依据《中华人民共和国教育法》等相关规定的阐述，按指向对象不同，校长的义务可分为四类。

1. 对学校应履行的义务

（1）遵行依法治校原则，贯彻落实国家的教育方针、政策、教学标准等；保证学校行为的合法性，依法接受监督；维护学校的合法权益。

（2）将学校利益放在首位，保证教育教学质量。

（3）定期或按要求向上级教育行政管理部门汇报学校运行情况，接受上级监管。

（4）接受党组织的政治思想监督，营造良好工作环境和学习氛围，促进教师队伍的专业成长。

2. 对教职员工应履行的义务

（1）重视教职员工利益。督促教职员工遵纪守法，依法代表学校维护教职员工的合法权益。

（2）保证教职工的知情权，接受监督。定期向学校全体教职员工通报学校的学期、年度和学年度工作总结，应明确汇报学校教育教学实施状况、学校经费使用和教职工流动情况等，接受全体教职员工的监督。

（3）关心教职员工的生活，协同工会设法解决教职员工生活上的困难。

（4）尊重教师，重视民主决策。在组织实施学校重大决策或涉及教职员工切身利益的方案时，应广泛征求全校教职员工的意见，并将“决策”或“方案”提交校教职工代表大会审议。

3. 对受教育者应履行的义务

（1）组织教师指导受教育者遵纪守法，依法代表学校维护受教育者的合法权益。

（2）代表学校听取个人或学生团组织、学生会等受教育者组织对学校的意见和建议，并根据实际情况予以解释或解决。

（3）关注受教育者的健康成长，为受教育者提供身心健康成长、学业进步发展的环境和平台。

（4）以适当方式为受教育者了解学业成绩及其他有关情况提供便利。

4. 对家长、社区应履行的义务

（1）成立家长委员会等组织，引入家长、社区资源，参与学校管理。

(2) 代表学校遵照国家有关规定收取学生的费用，向家长、社区公开收费项目、收费标准，接受社会监督。

(3) 调整好学校与家庭、社区的关系，领导发挥学校教育的主导作用，努力促进学校教育、家庭教育、社区教育互相一致，相得益彰。

(4) 以适当方式为受教育者家长或合法监护人了解受教育者的学业成绩及有关情况提供便利。

第三节　校长的授权与权力分解

如今，有不少校长感慨：随着学校的发展，校长需要处理的事务越来越多，校长越来越难当了。更有校长深有感触地说："每天从踏入校门起，我的神经就绷得紧紧的，总是忙这忙那。早上班晚加班，但静下来想想，我也不知道自己一天忙点啥，感觉也不是忙在点子上，但又无法摆脱，真是苦不堪言。"

一、校长的授权

学校管理中，当今校长面对的工作越来越多，要求也越来越高。一个卓越的学校领导者，首先要学会合理授权。合理的授权，能充分发挥行政和教职工队伍的积极性，使学校保持奋发向上的状态，有利于建设充满活力和创造力的学校。

1．授权管理的作用

校长的授权在中小学管理中具有重要的作用。主要包括：合理分工，有利于提高工作效率；使工作任务变成特定的责任与权力，更易于管理和控制；既给予下级责任和压力，也给予其完成重要任务的机会和保障；能够更准确地衡量下属的工作成绩；帮助校长更有效地进行人际交往、领导管理等多项业务；有利于提升学校教师的满意度和认可度；有利于学校的可持续发展。校长在推进管理效率、管理效益的提升过程中，合理使用授权的方法，能够更有效地对学校各项事务进行管理，也能够更科学地分配时间、精力和其他资源，确定学校建设的方向，明确学校发展的目标，科学衡量工作绩效，领导具有强大凝聚力的师生团队开展高效优质的教育教学工作。

2．授权的方式

一般而言，学校有分管副校长，有德育、教务、教研、后勤等中层主任，也有年级组长、教研组长、班主任等，各岗位均有明确具体的职责。校长授权的方向主要是根据中层干部的职责，向下逐级授权。校长一般的授权方式有以下几种：校长做决定，下属执行；校长向下属推销决定；校长提方案，与下属协商；校长提建议，下属做决定；校长定规则，下属做决定。不管是以上哪一种授权方式，在授权前校长应对被授权人和事项作全面的分析，将校长预设的目标和结果描述清楚，同时就工作思路、预计可能情况作宏观的交代和探讨；在授权的过程中，校长都应充分信任，大胆放手，主抓方向，除工作调研外不随意插手和干预，这样，才能充分地调动和培养下层干部的积极性和创造力。

二、校长的权力分解

作为校长，就必须学会分解权力、下放权力，在思想意识、工作目标达成共识的前提下，将具体工作分解给副职和学校中层管理者。

1．权力下放，增强执行力

作为学校的掌舵者，校长要有“大家”的观念和驾驭全局的能力，学校不是某一个人的学校，而是“大家”的学校。提倡校长将权力下放，并非无原则地放权，将工作全部推给中层管理者，校长只做“甩手掌柜”。校长权力的下放，实质上就是分解工作、分摊责任。因此，作为学校的管理核心，校长要学会下放权力，在思想意识、工作目标达成共识的前提下，将具体工作分解给学校相关的中层管理者。在具体工作中，校长要善于与中层管理者进行经常性的沟通，共同定方向、定思路，然后由中层管理者定目标、定路径、定措施、抓落实，做到“放权不分心、分工不分家”。

校长要倾注饱满的人文情怀。提倡校长将权力下放，也并非意味着板起面孔、只说不做，或者指手画脚，而一旦工作落实过程中出现问题，就将责任推给相关的中层管理者。作为学校的“一家之长”，校长要有一种人文情怀，要懂得给予中层管理者方法上的指导、工作上的支持和情感上的关怀，让他们不但知道干什么、怎样干，还要干得有底气、有劲头、有质量。

2．重心下移，提升领导力

权力重心的下移，要求校长在下放权力的同时，要通过基层体验、换位体察等方式，了解下情、查找问题，及时反馈协调、改善行政，全面提升管理效率和行政品质。实质上，这一策略解决的是校长在权力下放过程中应如何作为的问题。

实施重心下移，要求校长做到“两到”“三督”。“两到”即到实践中去体验，到师生中去随访；“三督”即督政、督教、督学。校长要走访学校的每一个角落，参与学校组织的活动，真正走进教室、走进课堂、走近师生。校长要善于从普通教师的视角和立场，以普通学生的心理，体察学校行政的价值，考察行政措施是否适宜，某一管理措施是否真正符合校情，是否切合师生的思想动向、工作或者学习现状，是否有利于学校的持续发展、师生的动态成长，某一管理措施的贯彻程度如何，实施过程中产生了哪些积极的效应或者负面的反应，哪些值得巩固发扬，哪些需要改进完善。从一定角度讲，这也是对学校中层管理行为的过程性监督，是对学校行政的动态性调控，有利于校长更好地管理学校，促进学校发展。

以番禺附中为例。学校在校长的统一领导下，实行分线负责、民主管理。为提高决策的科学性和透明度，凡重大事项必须经校长办公会议或行政扩大会议讨论。校长全面负责学校教育、教学、行政等各项工作，党支部监督保证，教职工参与民主管理。副校长除了分管全校的教学、后勤、德育等事务，还驻级分管年级事务。学校中层行政运行层面内设机构五个，分别为办公室、德育处、教务处、教研室、总务处，正主任各设 1 人，副主任各设 1 ~2 人，由校长确定内设机构和负责人（中层正职）人选，副职实行竞争上岗。学校实行三线为主的管理：“校长—副校长—办公室—级组/科组/其他功能小组”；“校长—副校长—德育处—级组—班主任”；“校长—副校长—教务处/教研室—科组—科任老师”；校长—副校长—总务处—科任/教辅/后勤人员。级组是学校的基层单位，科组是教学研究单位。通过创新学校干部管理和教师管理，形成并完善学校新的人事管理制度。

例：番禺附中交叉扁平式管理模式图

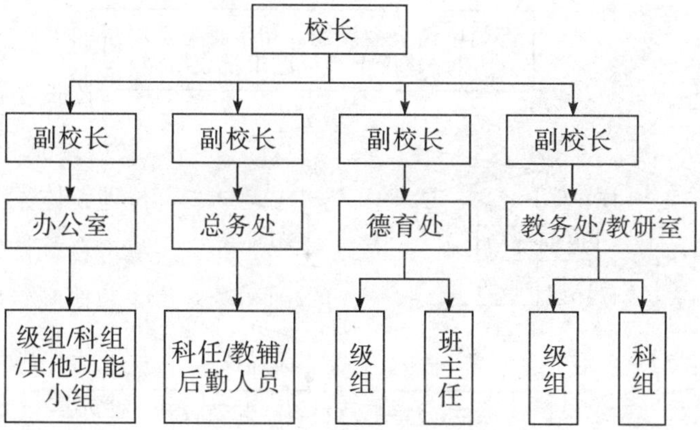

第四节　学校主要决策组织、权力运行与流程管理

《中华人民共和国教育法》第 30 条明确规定，学校应“遵守法律和法规”，并“依法接受监督”；第 31 条第 3 款同时规定：“学校及其他教育机构应当按照国家有关规定，通过以教师为主体的教职工代表大会等组织形式，保障教职工参与民主管理和监督。”因此，如果仅从表面看，可谓上有教育行政部门对校长的领导与监督，内有党支部的政治领导以及校务委员会的决策咨询与审议，下面还有教职工代表大会和教育工会的民主管理与监督，这样，校长在行使权力时，真可谓上下左右皆有监督机构。真正落到实处，除了校长有民主管理和主动接受监督的思想外，还要有一整套制度来保障。

一、党政领导联席会议

党政领导联席会议是一种领导班子集体议事的会议形式。学校实行党政领导联席会议制度，既有利于加强党的领导、协调党政联系、保障集体领导，也是学校工作决策民主化的体现。以番禺附中为例，学校定期召开党政领导联席会议，及时调度、安排、研究、处理重大问题，及时交流和沟通思想，统一行动，保障学校办学基本方向，提高工作效率和决策水平。

例：番禺附中党政联席会议流程图

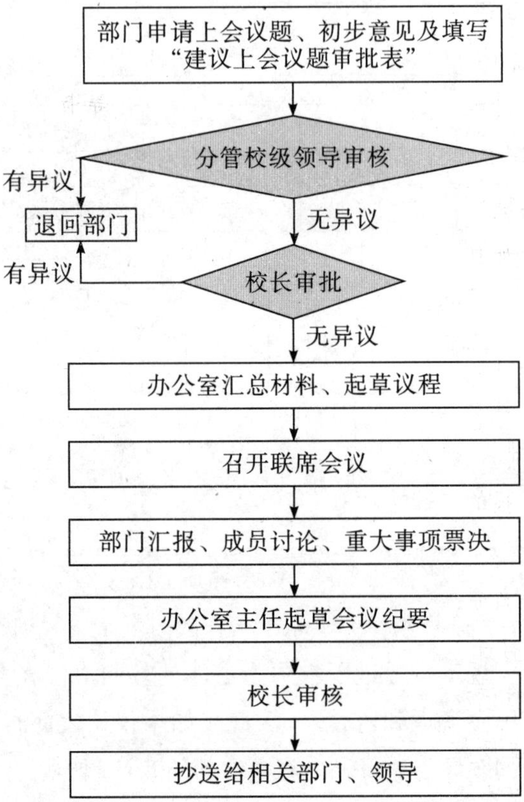

[附]

番禺附中召开党政联席会议的程序及议事规则

为了进一步完善现代学校制度建设，提升学校管理水平和管理效率，促进学校实现跨越式发展和可持续发展，打造学校品牌特色，现特制定学校党政联席会议召开程序和议事规则。

一、番禺附中召开党政联席会议的程序

（一）会期。

每月不定期召开一至两次。

（二）参会人员。

联席会议成员。

主持人。

记录人。

（三）会前准备。

1. 部门准备材料。

各部门或会议成员准备好要讨论的议题或方案等书面材料。

2. 分管领导审核。

各部门将要提交联席会议讨论的议题及材料向分管校级领导汇报，分管校级领导审核后加具意见（建议提交联席会议审议或终止上报议题），部门将材料报办公室。

3. 办公室汇总。

办公室将加具分管领导意见的材料汇总后，呈校长审批。

4. 校长审批。

校长决定呈报的内容是否在党政联席会议上讨论。

5. 起草议程。

办公室主任负责起草联席会议议程，校长同意后执行。

（四）会议召开、记录和传达。

1. 校长或书记决定开会时间和地点。

2. 办公室主任和党总支组织委员分别做会议记录和对相关内容传达。

3. 根据联席会议的决定，办公室主任负责草拟某些有重大决议的会议纪要，经校长审核后在规定的范围内公开。

二、番禺附中召开党政联席会议议事规则

（一）学校建立党政联席会议议事制度，学校工作中的重大事项由党政联席会议讨论决定。

（二）参加党政联席会议的成员为校级领导、办公室主任和党总支委员。必要时可根据议题由党政主要负责人事先研究确定其他人员列席。

（三）按照学校有关规定，学校党政联席会议实行民主集中制原则。

（四）党政联席会议的议题按相关程序由学校党政主要负责人确定，区别不同事项由行政负责人或党组织负责人主持。若非突发重大事件需要临时动议的，一般不列入会议议程。

（五）除临时召集的会议外，会议议题和有关材料要提前交送审核，以便做好议事准备。

（六）党政联席会议一般应在全体成员到会时方能召开。到会者超过应到会人数的2/3，会议有效；因故不能出席会议的需请假；对议题如有意见或建议，可在会前提出。

（七）党政联席会议议事应一事一议。议事必须按照少数服从多数的原则。会议讨论做出的决定，须经应到会半数以上成员通过方为有效。与会者意见基本一致时可口头表决；如对某些问题存在分歧时可举手表决或采取无记名投票方式表决。若持不同意见人数接近，除紧急情况下必须按照少数服从多数原则执行外，可待进一步调研、论证、充分协商后讨论决定。

（八）对未能出席会议的成员，会后由召集人、主持人或委托其他会议成员向其转告会议情况及决定。

（九）党政联席会议需要保密的有关内容和决议、决议形成的过程必须严格保密，违者追究相应责任。

（十）党政联席会议应制度化、规范化，原则上每月召开一至两次，遇有重要情况可随时召开。

（十一）党政联席会议记录存档备查。必要时，有关内容以会议纪要形式在一定范围内公布。

（十二）本规则未尽事宜均按照学校有关规定执行。

二、校长办公会议及行政会议

学校校长办公会议及行政会议是学校重要会议形式，是学校贯彻民主集中制、完善校长负责制的重要途径。校长办公会议是由校长召集并主持的，研究、审议、决定学校行政工作方面重要问题的会议；学校行政工作会议是在校长主持下召开的学校行政领导人员共同研究商议工作，处理学校日常工作和行政事务的会议。学校校长办公会议及行政会议主要对学校重大事项和日常工作进行讨论、决策并负责实施督查与反馈总结，达到统一认识、统一步调的目的，以促进学校各部门协调高效运转，确保学校工作计划和各项任务的顺利完成，一般由校长或由校长指定人员主持。

例 1：番禺附中校长办公会议流程图

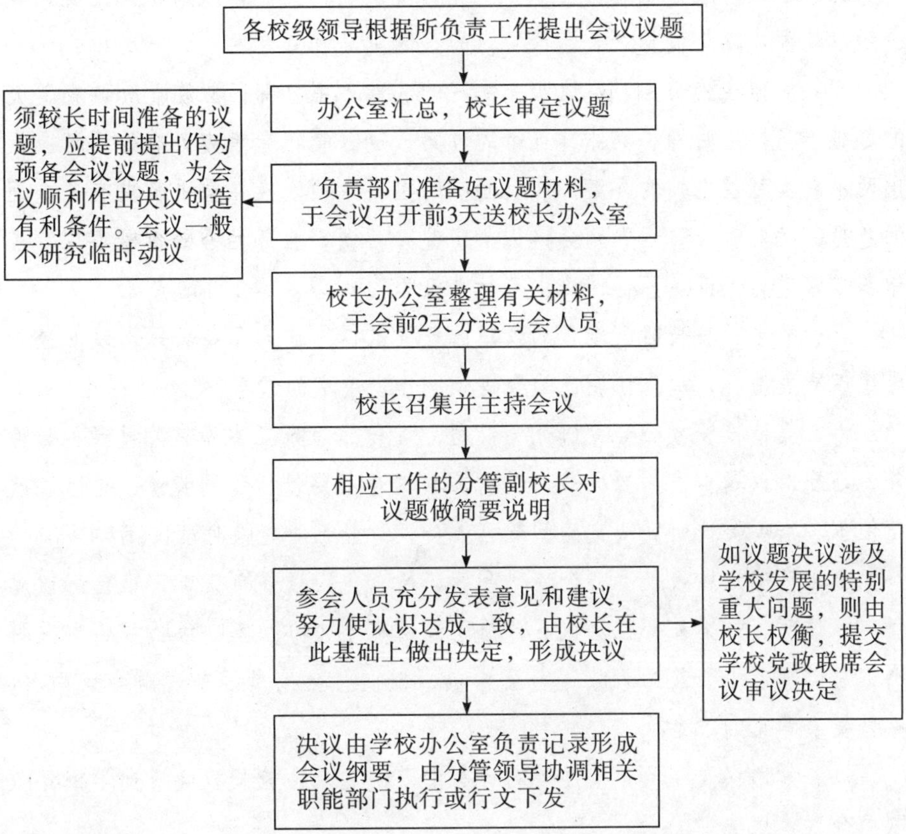

［附］

番禺附中校长办公会议制度

校长办公会议是由校长召集并主持的，研究、审议、决定学校行政工作方面重要问题的会议。为进一步完善广东第二师范学院番禺附属中学理事会领导下的校长负责制，促进学校日常行政工作的科学化、制度化、规范化，提高领导水平和工作效率，结合学校的实际情况，特制定本制度。

一、会议的主要内容为就学校重大问题和重大事项拟订工作方案和处理意见、研究决定学校日常行政工作中的重要问题、审议学校行政规章制度以及传达贯彻落实上级有关指示、文件、会议精神等。

二、校长办公会议的议题一般由各校级领导根据所负责线条工作情况提出，经学校办公室汇总，由校长审定。

三、学校一般行政工作由分管领导负责处理，重要事项向学校主要领导请示后处理。提交校长办公会议研究的议题应确有必要。

四、对需在校长办公会议研究决定的问题，主办部门应在充分调查研究的基础上，提出明确、具体、可行的方案，送分管领导审定，有的问题应提出两个以上可供比较的方案。涉及面广的重要事项，应在会前征求有关方面的意见，必要时应召开专题会议进行研究、协调。业务性强的重要事项，应组织专家进行论证、评估，提出可行性报告。

五、须进行较长时间准备的议题，可提前提出作为预备议题，以便校领导了解有关情况，加强协调，为会议顺利作出决定创造条件。

六、提请校长办公会议研究的议题，负责部门除应备妥有关材料、文件外，还应对议题作出简要的书面说明，其内容主要包括议题背景、思路、政策依据、需要会议研究决定的问题等。会议一般不研究临时动议。

七、已确定在校长办公会议研究的议题，先由议题负责部门准备好议题材料、说明、方案，并在会议召开前3天送交学校办公室，办公室将有关材料汇总整理后于会前2天分送与会人员，以便与会人员提前了解会议内容，做好发表意见的准备。

八、如遇议题涉及学校发展的特别重大问题，由校长权衡提交学校党政联席会议审议决定。

九、校长办公会议研究决定问题，应充分发表意见，努力使认识达到一致，在此基础上，由校长作出决定。会议就议题进行研究、作出决定，分管校领导应在场。

十、校长办公会议研究决定的事项，由学校办公室负责进行记录并形成会议纪要，由分管领导协调相关职能部门执行或行文下发。

十一、学校领导成员应维护和执行校长办公会议作出的决定。校长办公会议决定的事项，要明确责任部门和责任人，有关负责人和部门应积极配合，通力协作，采取切实有效的措施，确保落到实处。

十二、校长办公会议的决定一经作出，不能随意变更。确实需对决议作变更时，须由校长办公会议复议后重新作出决定。情况紧急时，以校长意见为准。

十三、会议决议的传达要严格按照会议明确的范围和要求进行，不得随意改变会议决议内容。

十四、会议决定的落实由学校办公室负责督促和检查，并向校长汇报。

十五、校长办公会议是校领导的主要工作例会之一，与会人员应准时参加。因故不能参加会议的校领导应在会前请假，并尽可能通过书面形式表达对议题的意见。

十六、与会人员要严格遵守保密纪律，不得将会议内容、讨论情况及决议内容向外泄露。

十七、本制度由校长室负责解释，自公布之日开始实施。

例2：番禺附中行政工作会议流程图

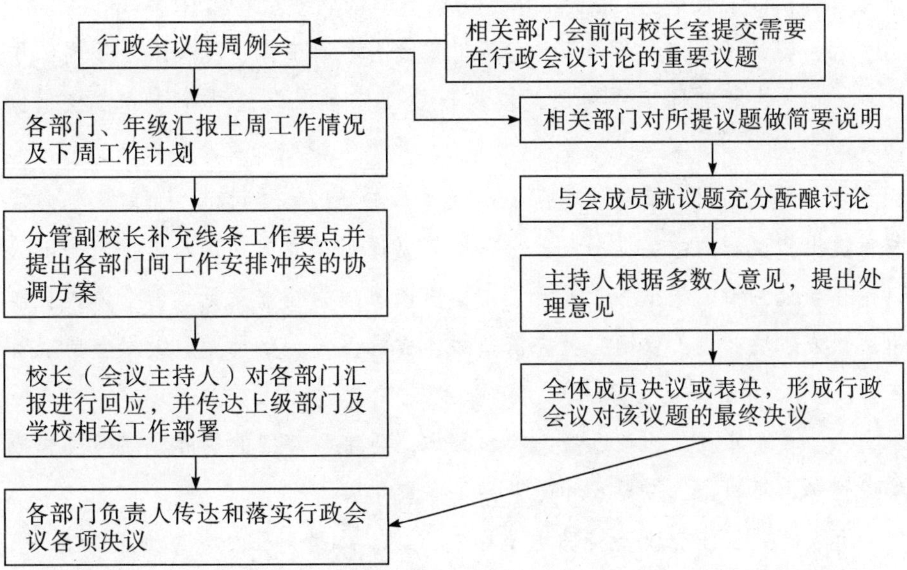

［附］

番禺附中行政会议制度

学校行政工作会议是在校长主持下召开的学校行政领导人员共同研究商议工作、处理学校日常工作和行政事务的会议。以统一思想、统一步调、部署落实、督查反馈为主要目的。为努力开好行政会议以促进学校各部门协调运转，确保学校工作目标和各项任务的顺利完成，特制定本制度。

一、学校行政会议主要任务是根据上级通知和形势的需要，根据学校计划和校长办公会议决定，研究布置学校日常性工作，形成有关决定，听取各处室工作汇报，明确各处室下一阶段任务。

二、学校行政工作会议由校长主持召开，也可由校长委托一名副校长主持召开。

三、学校行政工作会议和出席对象为校级、中层干部、团委书记和负责年级全面工作的年级组长。必要时可召开行政扩大会议，请有关人员列席会议。

四、学校行政工作会议实行例会制度，每周举行一次，具体时间应排入学校日程表，必要时可临时召开或变动原定日程。

五、全体与会人员必须按时出席会议，不得无故缺席。因事、因病不能出席者要履行请假手续。会后由部门负责人负责传达会议精神。

六、会议一般按照各部门、年级汇报过去一周工作情况和未来一周工作计划，相关主管部门工作协调，校级领导回应各部门议题并传达学校工作部署。

七、如各部门有重要议题需要在行政工作会议集体讨论，会前应先向校长室提出。议题的主要提出人就议题作简要说明，成员就议题进行充分酝酿讨论，会议主持人根据多数人意见，提出该事项的处理意见，由全体成员作出决议或表决。重大议题一般会前通知各成员，与会人员必须做好会前准备工作。

八、校长布置工作任务应明确、具体，要符合部门的实际，部门应积极接受任务，不推诿，按要求和时限保质保量完成。

九、行政工作会议坚持民主集中制原则，本着对工作极端负责的态度，坚持一切从实际出发，实事求是，有民主作风，有大局观念，讲真话，办实事，求实效，倡导畅所欲言充分发表意见并服从会议决定。

十、学校办公室应做好会议记录并存档，对未出席会议的同志负责做好传达工作。

三、校务委员会

《中共中央关于教育体制改革的决定》中明确指出：有条件的学校要设立由校长主持的、人数不多的、有威信的“校务委员会”，作为审议机构。因此，校务委员会的性质是学校的审议机构，是现代学校制度下实行校长负责制的补充和完善。主要是在校长主持下对校长办公会议提出的重大决策进行审议，并制定实施方案。校务委员会属于专注焦点型组织，它作为学校管理体制的重要组成部分，是家庭、社会参与学校管理，维护学生权益的有效途径，校务委员会委员由学校领导、上级部门、所在社区人大和政协代表、教师代表、学生家长代表和社会知名人士、专家学者等人员担任。委员人数根据学校规模和管理实际需要确定，应为单数，其中学校委员不应超过三分之一。校务委员会委员中，学校领导指校长、书记等校级领导；教师代表由教职工推举产生；学生家长代表由年级家长委员会负责推选；上级部门代表由本部门委派；社会知名人士由学校直接任命。委员的权利与义务包括：具有听取学校学期和学年工作报告，了解学校办学基本情况和发展规划、决策的知情权；具有应邀参加学校相关会议，提出意见和建议的参与权；具有提出有关学校管理、学生发展和涉及家长切身利益的相关事项的提案权；具有参加校务委员会工作例会，审议有关事项并做出决定的表决权；等等。

例：番禺附中校务委员会工作流程图

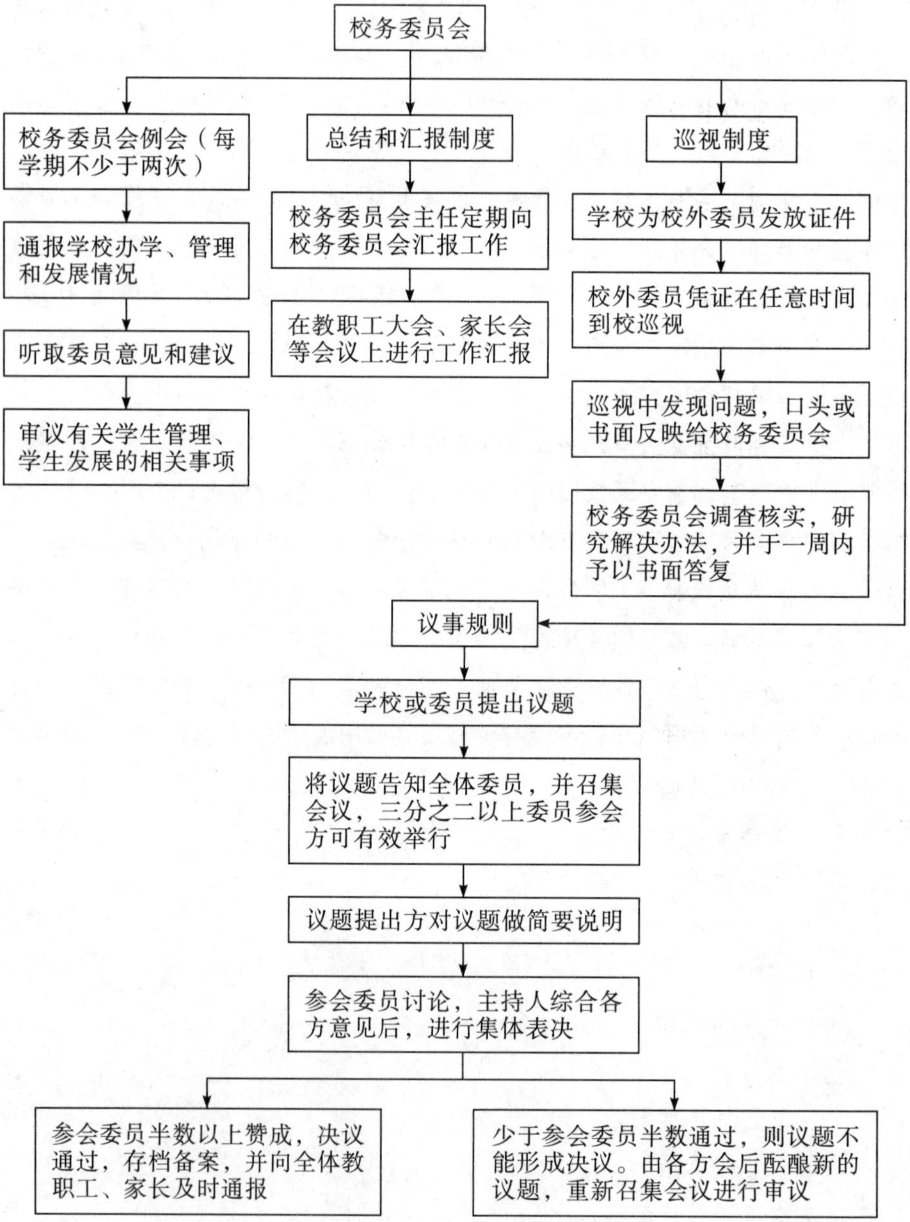

［附］

番禺附中校务委员会制度

校务委员会属于专注焦点型组织，是学校管理体制的组成部分，重点在协调学校、家庭、社会之间的关系、维护学生权益、营造有利于学生发展的良好环境方面发挥作用，是现代学校制度下实行“校长负责制”的补充和完善。

校务委员会主要有咨询和建议、宣传和协调、审议和决定、评议与监督四个方面职能。校务委员会委员享有关于学校发展的知情权、参与权、提案权和监督权等权利，同时履行按时参加校务委员会工作例会，收集和提出有关意见和建议并及时向学校反馈，宣传学校办学成果，发展规划和重大决策，协调学校、家庭、社区之间的关系，以多种方式支持学校办学等义务。为进一步完善广东第二师范学院番禺附属中学理事会领导下的校长负责制，结合学校的实际情况，特制定本制度。

一、校务委员会由学校领导、上级教育主管部门、财政管理部门、社区管理部门、人大政协代表、教师代表、家长和社会知名人士、专家学者代表等多方人员组成。委员人数应为单数，其中学校委员不应超过三分之一。

二、学校领导主要包括校长、书记、副校级领导，上级部门代表由相关负责部门委派，教师代表由教师民主选举或推选，家长代表由各年级家长委员会负责推选，其他代表由学校根据实际情况进行聘任。

三、校务委员会设主任一名，副主任两名。主任可以由学校领导或者其他委员担任。如果学校领导担任主任，则应当有一名校外委员担任副主任。校务委员任期三年，其中学校领导随任职变动，家长委员随学生毕业升学而调整。

四、学校加强与校外委员所在单位的联系，为他们参与校务委员会工作创造必要条件。

五、学校每年度对校务委员工作情况进行评议，对工作表现突出、为学校发展做出积极贡献的给予表彰和奖励。

六、校务委员连续三次无故不参加校务委员会工作例会，或者冒用校务委员会名义进行不法行为，或者有其他严重违反校务委员会工作规程、工作制度要求的行为的，经校务委员会讨论通过，学校应当对其作出免除委员资格或解聘决定，并根据实际情况进行补选或者补聘。

七、校务委员会依据《广东第二师范学院番禺附属中学章程》、广东第二师范学院番禺附属中学校务委员会工作规程和相关工作制度开展工作。

八、校务委员会实行工作例会制。校务委员会每学期至少集中开会两次，会议除通报学校办学、管理和发展情况、听取委员的意见和建议外，重点是在遵循法律法规和政策规定的前提下，审议有关学生管理、学生发展的相关事项。

九、校务委员会建立工作总结和工作汇报制度。校务委员会对审议决定的事项，本着“一事一议”的原则及时予以总结。校务委员会主任定期向校务委员会汇报工作，并在教职工代表大会、家长会等会议上进行工作通报。

十、校务委员会建立巡视制度。学校为校外委员发放证件，委员可凭证在任意时间到校巡视。在巡视中发现的问题，可口头或书面反映给校务委员会。校务委员会接到反映后，一周内必须予以书面答复。

十一、校务委员会审议事项的议题可以由学校提交，也可以由委员提交。审议时应当将议题情况提前告知全体委员，会议必须有三分之二以上委员参加方可举行，必要时可以邀请列席人员与会。

十二、会议由主任或者受主任委托的副主任主持，一般先由议题提出方作简要说明，然后展开讨论，在广泛听取意见的基础上，由主持人综合各方面意见后进行集体表决。

十三、表决实行少数服从多数原则，可以采取口头表决、举手表决或者无记名投票的方式，校务委员有表决权，列席人员无表决权。出席会议的校务委员半数以上赞成表决事项方为通过。

十四、对于校务委员会审议表决结果，校长应当尊重，在表决未依程序改变前，任何个人不得擅自更改。

十五、每次会议由指定的专人负责记录整理，存档备查。决议执行情况要予以公开，并向全体教职工、家长及时通报。

第四章　业务管理流程

《国家中长期教育改革和发展规划纲要（2010—2020 年）》明确指出：落实和扩大学校办学自主权。政府及其部门要树立服务意识，改进管理方式，完善管理制度，减少和规范对学校的行政审批事项，依法保障学校充分行使办学自主权。自主管理是现代学校制度建设的重要组成部分，是学校管理制度建设的根本。一方面，政府办校要实行管办分离、政校分开，建立新型的政校关系，使学校能真正实现自主管理；另一方面，学校要全面建章立制，以章为行，在人事管理、德育管理、教学管理、教育科研和后勤服务管理等方面建立业务管理制度，规范业务管理秩序，建设各业务岗位权力清单，实行流程管理，以保障学校的健康、有序、可持续发展。

第一节　人事管理

基础教育公立学校教师是事业单位人员，学校人事管理既要按照上级主管部门的政策要求进行人事管理，又要根据学校的实际加强校本自主管理，努力打造一支师德高尚、业务精湛、充满活力和战斗力的教师队伍。因此，学校内部人事制度建设要力图体现制度管人、制度导人和制度立人的价值导向。人事工作的各项制度既要充分体现“科学高效、民主开放”的精神和“公平、合理、竞争有序”的原则，又要体现以人为本，坚持情理结合，营造负责、和谐、协作、积极向上的工作文化。

一、人事管理的基本事项

学校人事管理工作纷繁复杂，包罗万象，但概括起来，无外乎三个关键词：管理、服务和连接，其中，管理突出规范和高效，服务和连接都体现出立体性，服务上下，联系左右，沟通内外。如果以流程图的形式，对人事管理的三大基本事项进行规范，在一定程度上，能最大限度地减少工作失误，大幅度提升工作效率。

1. 管理

涉及学校校车使用管理、公章使用与管理、公办及临聘教职员工招聘与管理、职称申报与岗位设置、学校值班、请假与考勤管理、评优评先、校长办公会议等各种会议组织、制度设计与重建、危机管理等。

2. 服务

既要服务好领导，又要服务好教师和学生、服务好社区和群众，既要能干，又要能谋。比如：做好领导的助手和智囊，在学校规划、项目分析、方案设计、策略选择等方面，殚精竭虑地为领导出谋划策；做好文件信息的综合处理，为教师的专业发展和日常生活提供温馨、细致、贴心的君子服务等。

3. 连接

学校办公室作为学校的枢纽部门，担负着沟通左右、协调上下、连接内外的重要功能，在诸多学校，办公室还承担着学校的招生与宣传工作，尤其是对外的沟通与连接工作，事关学校的形象，涉及学校品牌塑造、管理以及品牌维护，尤其在涉及媒体沟通问题上，危机应对及快速处理能力至关重要，事关学校的美誉度与社会影响。

二、人事管理的基本原则

1. 制度为基

有规矩才会成方圆，现代学校坚持依法依规治校，坚持制度思维，以章为行，以制度作为治校的基石，规避“人治”思维，让“有问题找制度”成为全体教职员工和学生的共识。

2. 以人为本

学校是文化高地，是教书育人、培育人才的地方，需要坚持以制度为基石，但制度管理并非排斥人文关怀，在人事管理中，二者相辅相成、相得益彰，是刚性与柔性的辩证统一，有温度的、温情脉脉的人文关怀，是一道润滑剂，让刚性的制度实现缓冲和软着陆。

3．科学高效

人事工作事关全体教师员工的切身利益，若处理不当，程序失当，或延误期限，易泄露秘密，引发矛盾，使工作出现被动局面。因此，人事管理应坚持科学、高效的原则，追求主动、及时、规范、高效的工作理念。

三、人事管理的流程要求

1．可操作

流程图设计环节清晰，指向明确，不存在漏洞和臆想的空间，无论新旧员工还是部门新旧主任，面对流程图，都清楚地知道如何选择恰当的行动。

2．可监控、可问责

流程图中的每个工作环节环环相扣，前后逻辑指向清晰，流程到了哪个环节、哪个部门、由谁负责等一目了然，若某个环节出现差错，责任人和责任部门也同样一目了然，易于问责，并开展有针对性的纠偏和纠错。

下面列举学校 8 项主要的人事工作流程图和制度方案。

例 1：番禺附中中层干部竞争上岗工作运行流程图

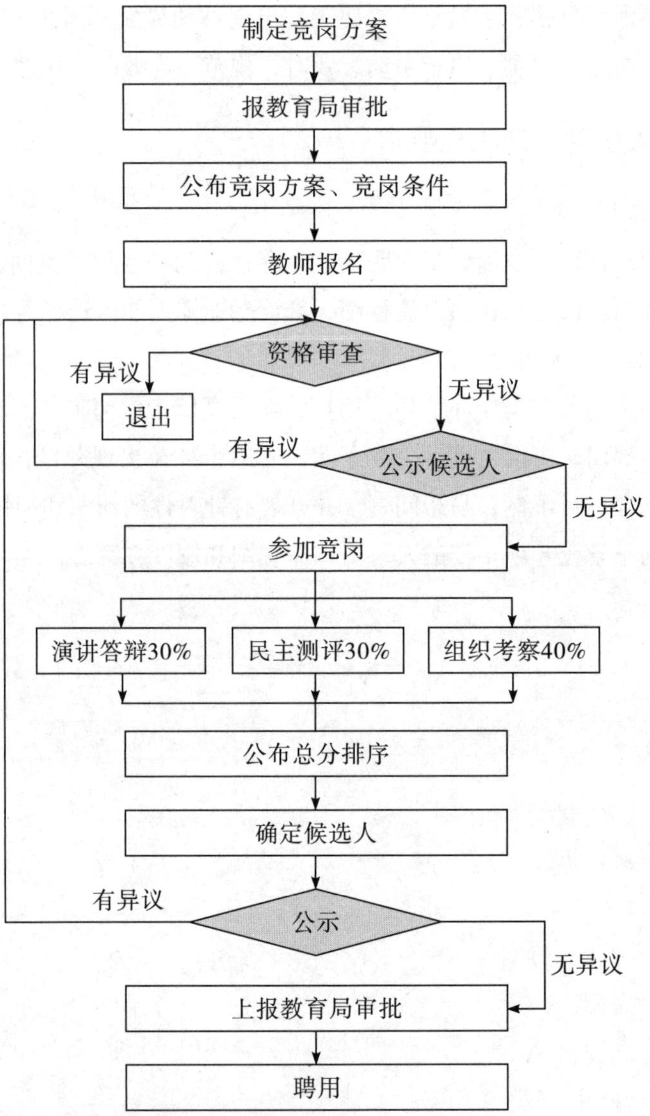

注：其中民主测评得分少于本项总分 60% 的取消竞争资格。

[附]

番禺附中内设中层机构副职竞争上岗工作实施方案（2010 年）

为深化学校人事制度改革，引入竞争机制，加强学校中层干部队伍建设，进一步提高干部队伍素质，充分调动学校教职员工的工作积极性和主动性，提高管理质量和办学效益，提升学校的办学层次，为学校转制升级和建设现代学校制度提供机制保障和组织保障，我校拟试行内设机构副职竞争上岗合同聘任制度。根据《国家中长期教育改革和发展规划纲要（2010—2020年）》《番禺区教育系统试行人员聘用制单位中层干部竞争上岗实施意见》及《基础教育现代学校制度建设的探索与实践——广东二师附中申报广东省教育综合改革试点方案》的有关规定，制定实施方案如下：

一、指导思想

以“三个代表”重要思想和科学发展观为指导，坚持干部队伍“四化”方针和公开、平等、竞争、择优的原则，在学校干部管理工作中引入竞争机制，进一步拓宽用人渠道，促进德才兼备、群众公认的优秀干部脱颖而出，形成正确的用人导向，努力建立干部职务能上能下、流动能进能出的动态管理体制，从而提高干部队伍的整体素质。

二、竞争中层干部的职位数

此次拟竞争上岗的职位均为学校内设机构副职，共5名。其中，办公室副主任1名，德育处副主任1名，教务处副主任1名，教研室副主任1名，总务处副主任1名。

三、竞争中层干部的基本条件和资格

具备如下条件和资格的我校在编教职工均可竞争中层干部职位。

1. 坚决贯彻执行党的路线、方针、政策，忠诚党的教育事业，作风正派，廉洁勤政，办事公正，遵纪守法，群众基础较好。

2. 具有履行岗位职责所需的政策理论修养和专业知识技能，具有较强的管理能力、组织协调能力和文字、口头表达能力，有改革创新精神。

3. 具有较强的事业心和责任感，敢于负责，善于发挥职能作用，教育教学工作业绩突出。

4. 热爱附中，为附中的可持续发展殚精竭虑，全心全意为附中的事业贡献力量。

5. 同时具备以下资格条件：

（1）具有大学本科或以上学历。

（2）具有高级中学教师资格证书。

（3）具有中学一级教师资格以上专业技术职称。

(4) 符合年轻化、专业化的要求，年龄在45周岁以下。

(5) 身体健康，能适应工作需要。

四、竞争上岗程序及办法

1. 成立中层干部竞争上岗工作领导小组。

(1) 领导小组成员名单：

组长：学校党政主要领导。

副组长：学校党政副职。

成员：学校处室负责人、教职工代表3名。

领导小组下设竞岗办公室，负责竞争上岗日常工作。

主任：学校办公室主任。

成员：教职工代表3名。

(2) 教职工代表产生的条件和方法。

①教职工代表本人不参加竞聘。

②教职工代表必须是政治思想好，职业道德好，遵纪守法，有较强的工作能力，工作业绩突出，在学校师生中有较高威信。

③教职工代表的产生由工会委员会提出候选人名单，通过学校教代会全体代表投票选出。

2. 制定《广东第二师范学院番禺附属中学内设中层机构副职竞争上岗工作实施方案》，公布拟聘的学校内设中层机构副职的职位、职数。

3. 公开报名。自愿参与竞岗的教职工须到竞岗办公室办理报名手续，由本人填写《中层干部竞争上岗报名表》。

4. 资格审查。竞岗办公室对报名人员进行资格审查、确认，经审查合格的竞岗人员名单，竞岗办公室将在校内公示，并通知竞岗者本人。

5. 演讲答辩。

演讲：竞岗者在全校教职工大会上作竞岗演讲，内容包括介绍本人的工作经历及德才情况，说明自己适合担任的具体职位的优点与不足，以及做好该职位工作的设想和思路。

答辩：回答由演讲答辩评委组提出的有关问题。

为确保演讲答辩环节的科学、公平、公正，竞岗领导小组将组建演讲答辩评委组，由有关领导和专家组成。

演讲答辩评委组根据竞岗者演讲答辩的综合表现，分别对竞岗者进行评分，成绩以100分计算，占总成绩的30%。

6. 民主测评。全校教职工采用无记名投票方式对竞岗者进行民主测评，民主测评分胜任、基本胜任、不胜任三个档次，参加民主测评的人数必须超过该校在职在编教职工的五分之四。民主测评满分为100分，占总成绩的30%。民主测评的计分方法为：

$$\text{民主测评得分} = \frac{\text{胜任票数} \times 1 + \text{基本胜任票数} \times 0.5}{\text{总有效票数}} \times 100$$

民主测评少于60分的，视为不合格，取消竞争资格。

7. 组织考察。满分为100分，占总成绩的40%。

竞岗领导小组考察评议。竞岗领导小组对每位竞岗者的德、能、勤、绩、廉等五方面的表现进行考察，之后由竞岗领导小组根据对每位竞岗者的考察情况和平时掌握的情况进行量化打分，取平均分作为竞岗者的组织考察得分，满分为100分，占总成绩的40%。

8. 量化排序。领导小组根据演讲答辩、民主评议、组织考察和校长评议情况，对竞岗者按岗位类别进行量化排队，各类别岗位以总分高低为序排定名次进行公布。

9. 任前公示。竞岗领导小组根据竞岗者的综合总成绩，确定拟任职人选，并进行公示，听取教职工的意见，公示时间为3个工作日。

10. 组织聘任。公示通过后，由校长与竞岗者签订聘用合同。聘用采用任期制，任期为三年。任职期间，每学年必须在全校教职工大会上述职并接受考评，考评结果为不称职或两次基本称职者，则终止任职。

五、中层干部的解聘与辞聘

中层干部的解聘与辞聘按《番禺区教育系统试行人员聘用制度工作方案》《番禺区教育系统试行人员聘用制单位中层干部竞争上岗实施意见》的有关规定执行。

六、有关要求

1. 竞争上岗工作政策性强，涉及面广，全体教职工应统一认识，了解工作流程，学校鼓励和支持符合条件的教职工积极参与竞争。

2. 发挥党总支和教代会的监督作用，严格竞争上岗的纪律，按照公开、公平、公正、择优的原则选拔人才，对违反有关规定、搞不正之风的，要严肃查处。

3. 竞争上岗实行回避制度。若中层干部竞争上岗工作领导小组成员与竞聘人员有夫妻关系、直系血亲关系、三代以内旁系血亲或近姻亲关系的，应当回避。

注：本方案的解释权在校长室。

例2：番禺附中绩效工资分配流程图

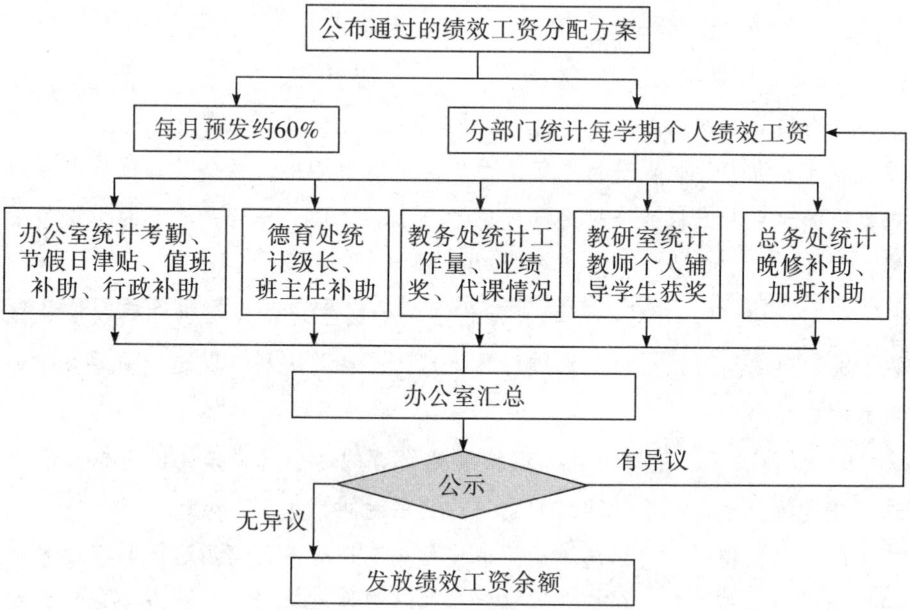

［附］

番禺附中奖励性绩效工资分配方案说明

根据区人事局、教育局、财政局《关于印发〈番禺区义务教育学校绩效工资实施办法〉的通知》（番人社〔2010〕14号）、教育局《关于印发〈番禺区义务教育学校实施教师绩效工资政策宣传提纲〉的通知》（番教文〔2010〕51号）和《番禺区义务教育学校教师奖励性绩效工资考核分配意见（试行）》（番教文〔2010〕52号）的精神，在区教育局核定下拨的本单位奖励性绩效工资总量内，结合我校实际情况制定本单位奖励性绩效工资考核分配方案。

一、指导思想

以科学发展观为指导，努力构建符合教育教学和教育人才成长规律、科学的教职工绩效考核评价制度，合理分配奖励性绩效工资，坚持多劳多得，优绩优酬，重点向一线教师、骨干教师和业绩突出人员倾斜，发挥奖励性绩效工资的激励作用，充分调动广大教职员工的工作积极性和创造性，推动教育又好又快发展。

二、考核分配原则

1. 坚持“以德为先，注重实绩”的原则。

2. 坚持“多劳多得、优绩优酬”的原则。

3. 坚持“公正、公平、公开”的原则。

4. 坚持“科学合理、简便易行”的原则。

三、实施对象

我校正式工作人员（在编教职员工）。

四、考核分配工作领导小组和工作小组

1. 领导小组。

组长：学校党政主要领导。

副组长：学校党政副职。

成员：处室负责人和教师代表。

2. 工作小组。

组长：办公室主任。

成员：级长、科组长、班主任、教辅人员代表等10人组成。

五、奖励性绩效工资总量

六、奖励性绩效工资的项目和分配

（一）节假日慰问金

教师节，五一节，国庆节，元旦，春节。

（二）职务津贴

校级领导、工会主席，中层正职、工会副主席，中层副职、团委书记，班主任，级长，科组长，备课组长等。

备注：

1. 各种职务津贴分基础性职务津贴和奖励性职务津贴两次进行发放。奖励性职务津贴的发放由各职能部门制定方案，考核后执行。

2. 行政兼职只享受最高职务的津贴；教师兼职在享受最高待遇的同时，

享受次一级职务的一半待遇，不再享受其他职务待遇。

（三）全勤奖

分别按住院请病假，非住院请病假，产前请病假、事假、旷工，迟到和早退，升旗礼和教师会议考勤，婚假、产假及丧假等做出详细规定。

1. 每月在不影响工作的情况下，请假共计1天弹性上班，不影响全勤奖和工作量奖。半天的由年级批准报办公室备案，超过半天的向办公室书面申请。

2. 产假由妇工小组组长计算好休假和上班时间后报校长室批准，交计生小组和办公室备案。

（四）工作量津贴

1. 以分数的形式统计发放。

2. 一线教师的分数计算方法：

正课1分/节，备一课时0.5分，自习课0.5分/节，早读0.4分/次，午读0.2分/次，第九节培优扶弱（有上课的）1分/节，第九节辅导（无上课、看班答疑）0.5分/节，体艺高考辅导、体艺兴趣小组1分/次。跨年级、跨学科教学的每周加1分。

3. 教辅人员的分数计算方法：

按照学校人均的80%计算，按照国家要求配置岗位人数的，领取足量，否则按岗位均分。

4. 行政人员的工作量根据上级有关文件精神执行。副校长任课2～4节，主任4～6节，助理6～8节为满工作量，按平均工作量计算；有特殊任务的由考核小组根据实际情况确定。

5. 班会课补贴已包含于班主任津贴，不另行计算工作量。

6. 产假和陪产假按《番禺区义务教育学校教师奖励性绩效工资考核分配意见（试行）》标准执行。

7. 安排工作原则。

（五）业绩奖

1. 分高一、二年级教师，高三年级教师，行政人员和教辅人员四类确定人均额度。

2. 年级教师由年级制定方案，方案要体现备课组绩效和个人绩效。报校长室批准后实施，教辅人员分（优秀、称职、不称职和不考核）等次进行考核，行政人员由校长考核。

（六）教学论文、作品、竞赛奖

由教导处制定方案，报校长室批准后由教导处执行。

（七）值班、加班补助

晚自修值班、白天值班、夜间通宵值班、年级宿舍值班、加班。

（八）预留资金

使用说明：

1. 解决部分教师代课、加班补助。

2. 解决未能预见的工作报酬。

3. 解决未能预见的特殊奖励。

七、发放方式

1. 按月发放：考勤奖、职务津贴、工作量、加班补助和代课费。

2. 按发生时间发放：节假日慰问金。

3. 按时段或学期末发放：岗位考核考核奖、教学成绩奖和论文、竞赛奖。

八、绩效考核的有关规定

1. 特殊人员奖励性绩效工资考核发放问题的处理

(1) 经上级组织统一参加支教、跟班学习，或借用到本区党政机关和其他单位的人员，按本单位当月平均数由学校全额发放，不再参与年度绩效考核。

(2) 当年退休人员从批准退休次月起不参加考核。

(3) 受行政或受党（团）内警告及以上处分的教职工，在处分当年度不能享受奖励性绩效工资。当年度结束或解除处分后，从次月起重新参与奖励性绩效工资考核分配。

2. 奖励性绩效工资按学年度进行分配，每学年度起止时间为当年的9月1日至次年的8月31日；首学年度起止时间为2010年7月1日至2011年8月31日。

3. 本方案必须经过教职工大会讨论通过，报区教育局批准后执行。

备注

1. 正职校长、书记的奖励性绩效工资由上级部门考核和发放。

2. 休产假和长期病假的按上级有关政策执行。

3. 所有奖励性绩效工资全部发放并公开。预留资金余额和其他所有剩余资金的总额分成两部分，50%叠加到业绩奖总额计算发放，另50%平均发放。

4. 方案在执行中上级有新要求新规定或学校出现新的情况，或执行运行时发现方案有明显漏洞或显失公允，则由绩效工资考核分配工作小组进行讨论并修改本分配方案，经教代会通过后执行。

5. 未尽事宜，参照《番禺区义务教育学校教师奖励性绩效工资考核分配意见（试行）》执行。

6. 方案的解释权归学校绩效工资考核分配领导小组。

例3：番禺附中教职员工请假流程图

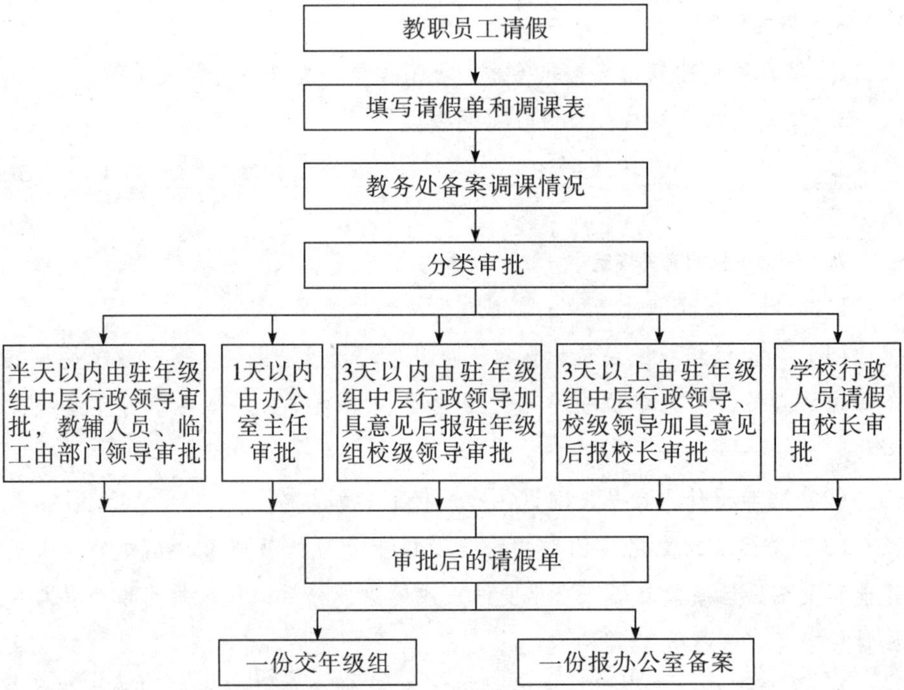

［附］

番禺附中教师考勤方案

为了加强教师队伍建设，调动教职工教书育人的积极性，提高教师的素质，保证学校正常的教学秩序，特制定教师考勤方案。

一、实行坐班制

①坐班时间：上午8:00—11:10；下午2:30—5:00。

说明：上述时间是对于一线任教的和没有上第一节课的老师而言的，有上第一节课的老师必须在7:20前到达学校。

②其他教师上班时间：上午7:30—11:30；下午2:15—5:10。

③超过规定时间回校或提前离校的老师都必须在门卫处登记。每月如超过三次迟到或早退而又没有正当理由的，则扣当月的全勤奖。

④年级的教师，原则上每周晚修值班不少于两晚。

⑤全体教师必须服从教导处的排课。

二、设立坐班奖

三、缺勤扣罚标准：按绩效方案执行。

四、请假手续（略）

例4：番禺附中专业技术职称申报流程图

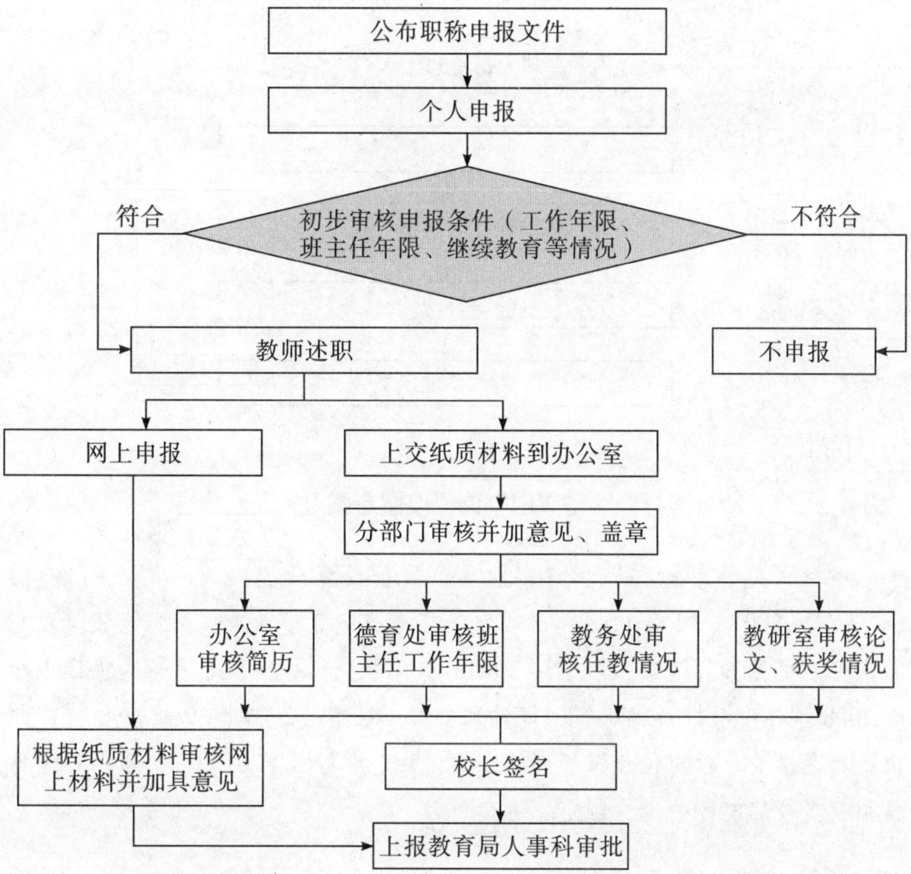

例 5：番禺附中专业技术人员岗位竞聘流程图

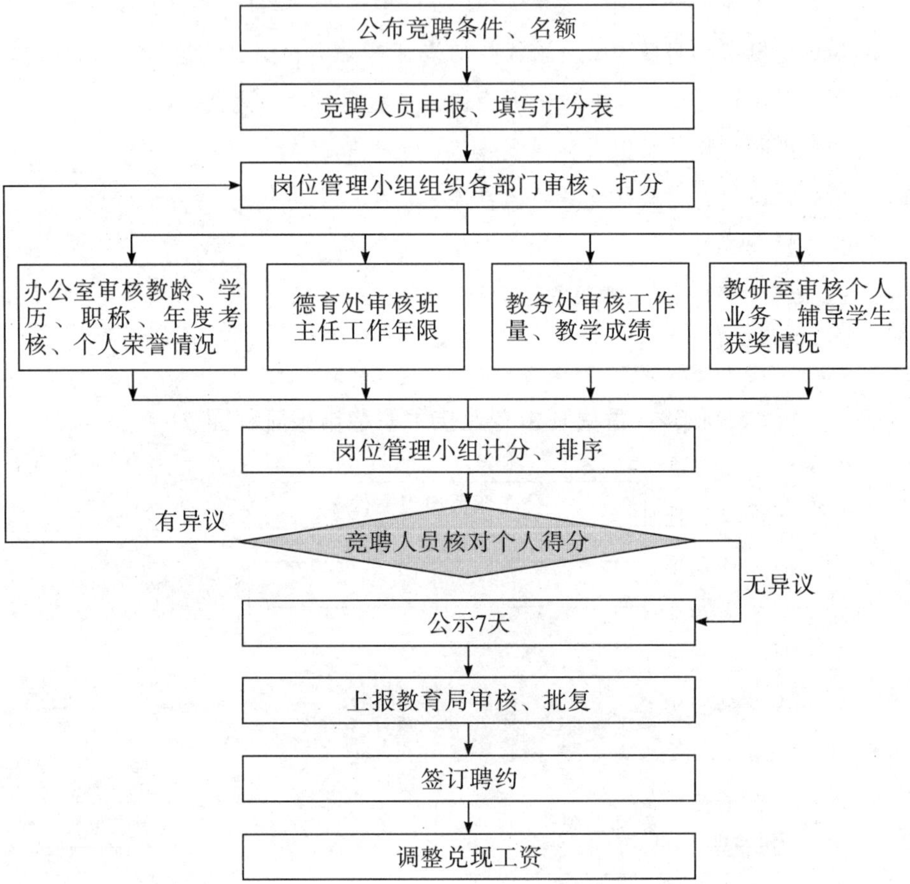

［附］

番禺附中岗位设置方案

根据《关于印发〈广州市事业单位岗位设置管理实施意见〉的通知》（穗人发〔2007〕13 号）、《关于印发〈广东省教育事业单位岗位设置管理指导意见〉的通知》（粤人社发〔2010〕105 号），结合《关于下达我区中小学 2008 学年度教职员编制等问题的通知》（番编〔2009〕39 号）和《广州市番禺区事业单位岗位设置管理实施办法》（番人社〔2010〕38 号）等文件精神及我校的实际情况，制定本方案。

一、指导思想

以邓小平理论、“三个代表”重要思想和党的十七大精神为指导，贯彻落实科学发展观，在事业单位推行聘用制度和岗位制度，实现由身份管理向岗位管理的转变，调动事业单位各类人员的积极性、创造性，促进社会教育事业的发展。

二、基本原则

按照科学发展观、精简效能的原则进行岗位设置。坚持按需设岗、竞争上岗、按岗聘用、合同管理；坚持公平平等、以人为本、依法办事；坚持责权明确、能上能下、岗变薪变。

三、主要任务

本单位属于财政核拨单位，主要职责是以专业技术提供社会公益服务，根据番编〔2009〕39号、番编〔2010〕16号、番编〔2010〕20号和穗人发〔2007〕13号，本单位设置管理岗位和专业技术岗位两类岗位。管理岗位指担负领导职责或管理任务的工作岗位。管理岗位的设置是为了增强学校运转效能、提高工作效率、提升管理水平的需要；专业技术岗位指从事专业技术工作，具有相应专业技术水平和能力要求的工作岗位。专业技术岗位的设置是为了体现专业技术工作的规律和特点，促进教育事业的发展与提高专业技术人员专业水平的需要。

四、实施范围

本单位在编在册的教职员。

五、组织领导

为加强学校岗位设置管理实施工作的组织领导，确保该项工作的顺利开展，成立广东第二师范学院番禺附属中学岗位设置管理实施工作领导小组（以下简称“领导小组”），组成人员如下：

组长：校长。

副组长：副校长。

成员：学校处室负责人、团委书记、女工代表、党员代表、教师代表。

领导小组以《广州市事业单位岗位设置管理实施意见》《关于下达我区中小学2008学年度教职员编制等问题的通知》《广州市番禺区事业单位岗位设置管理实施办法》（番人社〔2010〕38号）及相关配套政策文件为依据，负责宣传发动、组织学习，本单位人员信息的核准和录入，编制我校岗位设置方案和各种配套文件、政策咨询、解答，组织开展竞争上岗；按岗聘用及聘后管理；落实受聘人员待遇；受理人事争议，收集情况，总结汇报等工作。

六、编制、领导职数和现有人员情况

七、岗位设置

（一）管理岗位的等级和数量。

（二）专业技术岗位等级和数量。

（三）“双肩挑”配备原则、等级和数量。

八、组织实施

（一）开展政策文件的学习、宣传，广泛听取职工和专家、上级部门的意见。

学校自上而下，分级组织学习岗位设置管理的有关文件：《广州市番禺区事业单位岗位设置管理实施办法》（番人社〔2010〕38号）及我区机构编制文件。

（二）拟订岗位设置方案（2010年9月1日至2010年9月10日）。

1. 制定《广东第二师范学院番禺附属中学岗位设置方案》。

2. 上报《事业单位岗位设置审核表》。

3. 编写《广东第二师范学院番禺附属中学岗位说明书》。

（三）制定及讨论《岗位设置方案实施办法》。

学校根据核准的《岗位设置方案》，结合本单位实际，在广泛征求职工意见的基础上，制定本单位的《岗位设置实施办法》。《岗位设置实施办法》在学校教代会上讨论并通过，如经教代会通过的，在学校公示栏公示3天。

（四）组织岗位聘用。

开展岗位聘用工作。根据《岗位设置方案》和本单位的《岗位设置实施办法》，按照按需设岗、竞聘上岗、按岗聘用的原则，确定具体工作岗位，明确岗位等级，聘用工作人员，变更聘用合同。

岗位聘用基本程序：

1. 公布岗位及其职责、聘用条件、岗位工资级别等。

2. 在职人员递交应聘证明材料和计分表。

3. 组织对应聘人员的资格、条件进行审核。

4. 开展考核评分，并根据评分结果，择优提出拟聘人员名单。

5. 单位领导集体讨论决定受聘人员，并公示 3 个工作日。

待上级人事部门审核认定后，单位法定代表人与受聘人员签订聘用合同或变更合同内容，并办理工资兑现手续。

（五）总结认定。

学校完成岗位设置和岗位聘用后，向上级部门申请备案及提交资料。包括《事业单位岗位设置审核表》《岗位设置实施办法》《事业单位岗位聘用结果审核表》《事业单位各类岗位聘用人员情况表》以及工作总结。

例 6：番禺附中教职工评优工作运行流程图

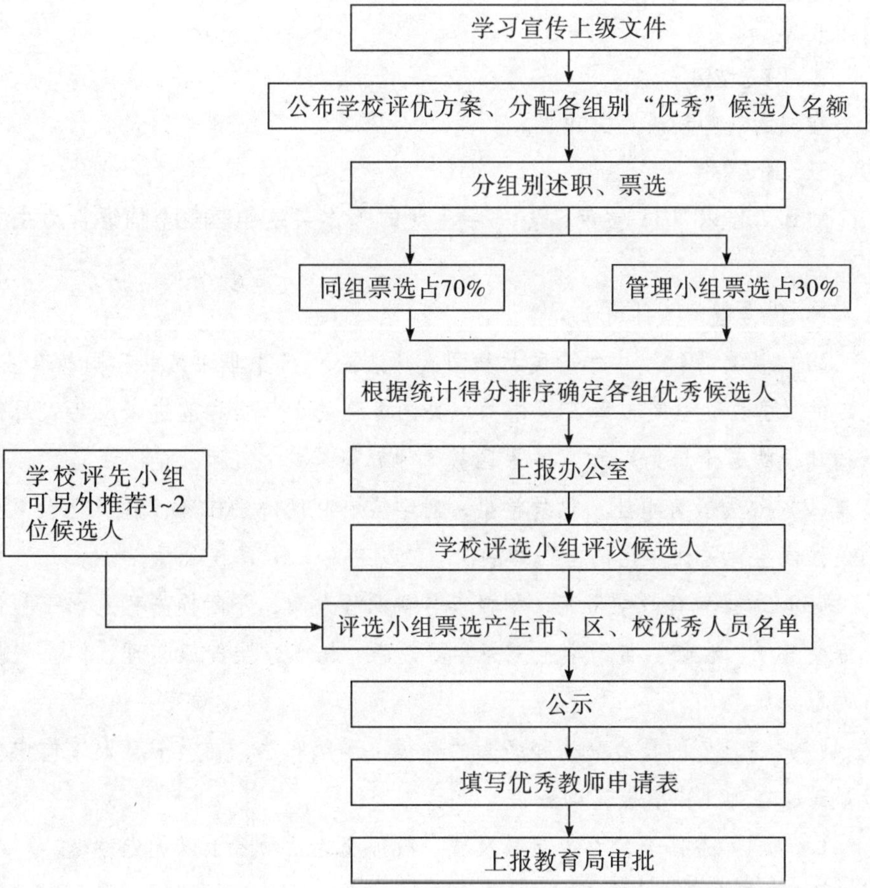

[附]

2013年番禺附中评选区、校优秀教师工作安排

根据《番禺区教育局关于评选2013年番禺区优秀教师（教育工作者）的通知》精神，经学校领导研究，现将我校2013年区、校优秀教师评选工作安排如下。

一、评选工作组织机构

组长：校长。

副组长：副校长。

成员：行政代表、工会代表、团代表、妇女代表、教代会代表、级长、科组长等。

二、评选范围

在职的教师和教育工作者。

三、评选条件

评选工作以2011学年、2012学年度的工作实绩和教师个体评价为主要依据。

1. 优秀教师条件：

(1) 认真履行《中华人民共和国教师法》和《中华人民共和国教育法》规定的义务，认真贯彻落实《中共中央国务院关于加强和改进未成年人思想道德建设的若干意见》和《番禺区教师师德规范》。

(2) 热爱教育事业，热爱学生，对学生有高度的责任感，教书育人，全面关注学生，关注学生的全面发展。

(3) 加强教育教学研究，积极参与新课程改革，不断提高育人水平和优化课堂教学，在切实帮助学生提高学习效率、培养学生健康心理、健全人格方面取得成效。

(4) 有良好的社会公德和高尚的师德，遵纪守法，在教书育人工作中成绩显著，在师生中有较高的威信。

(5) 同等条件下，参加支教及城乡教师交流活动者予以优先考虑。

2. 优秀教育工作者条件：

(1) 坚持党的基本路线，认真贯彻教育方针，积极开展教育教学改革和教育科研，富有改革创新精神。

（2）积极实践科学发展观，牢固树立素质教育观念，科学指导教育改革，努力为教育事业的健康发展创造良好的条件。

（3）认真实践“三个代表”重要思想，廉洁奉公，作风民主，依法治教，依法办事。

（4）积极做好管理、服务和后勤工作，想方设法为师生办实事、好事，言行堪为师生表率。在管理育人、服务育人方面成绩显著。

3. 评选工作严格执行“一票否决”的规定，下列人员不能参加评选：

（1）违反计划生育政策的。

（2）违反教师职业道德规范受处分的。

（3）在社会治安综合治理方面，有失职行为造成责任事故的，或严重违反财经纪律的单位负责人和有关人员。

（4）不服从工作安排或在工作中有失职行为的。

四、评选方法

1. 行政会议讨论候选人名额分配至年级、行政组、综合组。

2. 以年级/综合组/行政组为单位推荐候选人，上交学校评选小组。

各组别采取选票计分的办法推荐候选人：

（1）同组成员投票（管理领导小组不参与本轮投票），占70%分值。

此项得分计算方法：（所得票数/总投票人数）×70。

（2）本组管理领导小组投票，占30%分值。

此项得分计算方法：（所得票数/总投票人数）×30。

（注：年级管理领导小组由管理行政和级长组成；综合组管理领导小组由相关主管行政和综合组长组成；行政组管理领导小组由校级领导组成。领导小组投票范围包括领导小组成员在内的所有符合条件的成员）

（3）个人总分为前面两项分数相加，按总分高低和名额确定候选人名单上报学校评选小组。

3. 学校优秀教师评选小组讨论各候选人的情况，初步选出推荐为区、校优秀教师的名单，然后上报党政联席会议讨论。（候选人在各自组别的得分不作为领导组推荐区、校候选人的依据）

4. 学校党政联席会议确定推荐为区、校优秀教师的名单。

5. 评选小组的日常工作由学校办公室负责。

五、评选工作的时间安排（略）

六、几项说明

1. 毕业或调入学校不满一年的教师，没有特别大贡献的，今年不评区、校优秀教师，只有选举权。

2. 去年被评为市、区优秀教师，没有特别突出贡献的，今年一般不再评选。

3. 本方案解释权归评选工作领导小组。

例7：番禺附中年度考核工作运行流程图

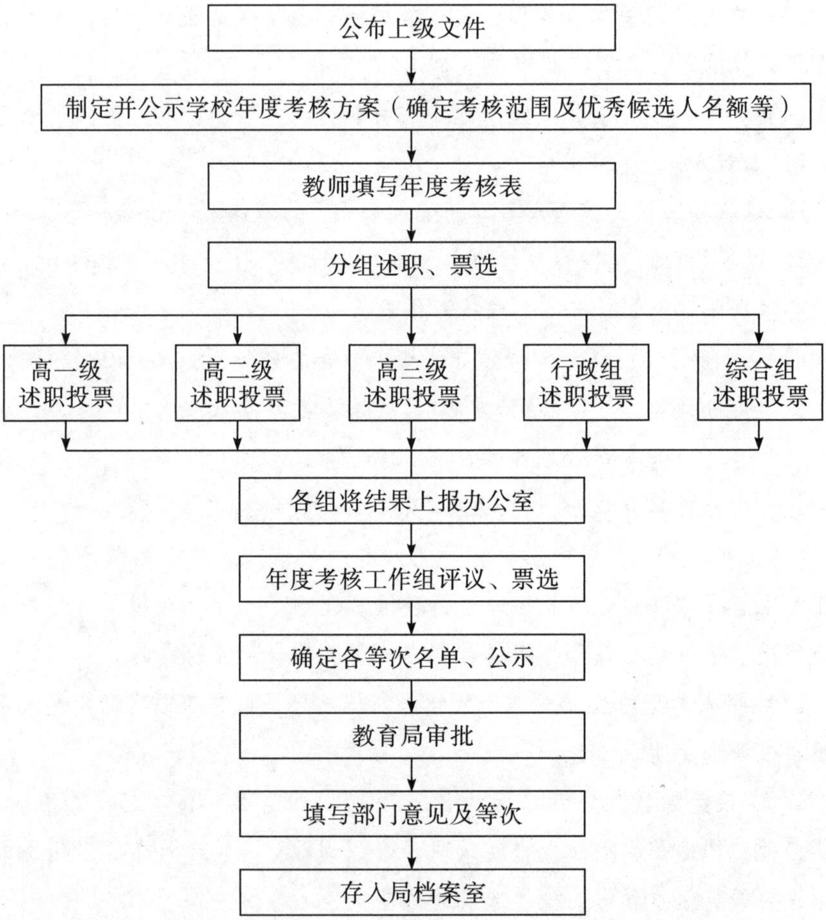

［附］

番禺附中2012年度考核工作方案

为认真贯彻执行番禺区教育局《关于做好2012年事业单位工作人员年度考核工作的通知》（番教文〔2012〕57号文）的精神，正确评价本单位教职工的德才表现和工作实绩，充分调动教职工积极性，并为教职工的聘任、奖惩、培训、解除、调整工作岗位及晋升职务等提供依据，现结合本校实际情况，对教职工2012年度考核工作制定以下方案：

一、考核工作小组

组长：学校党政主要领导。

副组长：学校党政副职。

组员：党、政、工、青、妇负责人，年级组长，科组长，科任老师和后期人员代表。

二、考核范围和对象

1．执行国家统一规定的事业单位工作人员工资标准的在编人员。

2．全年病假累计超过6个月，事假累计超过3个月，或全年病、事假累计超过5个月的，不参加年度考核。

3．新录用人员（毕业生），参加本年度考核，只写评语，不确定等次。

三、考核内容

年度考核内容包括德、能、勤、绩、廉五个方面，重点考核工作实绩。

德，是指思想政治素质及个人品德、职业道德、社会公德等方面的表现。

能，是指履行职责的业务素质和工作能力。

勤，是指出勤、责任心、工作态度、工作作风等方面的表现。

绩，是指完成工作的数量、质量、效率和所产生的效益。

廉，是指廉洁自律等方面的表现。

四、考核标准

（一）各等次基本标准

年度考核结果分为优秀、合格、基本合格、不合格四个等次。各等次的基本标准是：

1．优秀：德、能、勤、绩、廉表现突出，全面履行岗位职责、高质量完成聘用合同规定的工作任务，取得显著成绩。

2. 合格：德、能、勤、绩、廉表现较好，能够履行岗位职责、全面完成聘用合同规定的工作任务。

3. 基本合格：德、能、勤、绩、廉表现一般，基本履行岗位职责、基本完成聘用合同规定的工作任务。

4. 不合格：德、能、勤、绩、廉表现较差，不能履行岗位职责、基本完成聘用合同规定的工作任务，或者在工作中因严重失误、失职、贪腐等造成重大损失或者恶劣社会影响。

（二）以下几种情况不能评为年度考核优秀等次

1. 有违法违纪或违反《广州市番禺区教师违规违纪处分办法（试行)》的。

2. 无故不服从学校的工作安排的。

3. 旷工、旷课的。

4. 出现教育教学事故的。

5. 对学校财产造成损失或对学校声誉造成负面影响的。

五、名额分配（略）

六、考核程序

1. 教师到办公室共享文件夹下载《教职工年度考核登记表》，并认真填写。

2. 各组别上交优秀等次候选人名单。分组别总结述职、推荐考核优秀等次候选人名单（不能超过所分配的名额)。

3. 由学校考核小组投票选出向区教育局推荐的年度考核优秀老师（考核小组投票不考虑各组别的名额)。

4. 公示。

5. 将考核结果上报区教育局审批。

例 8：番禺附中公开招聘教师工作流程图

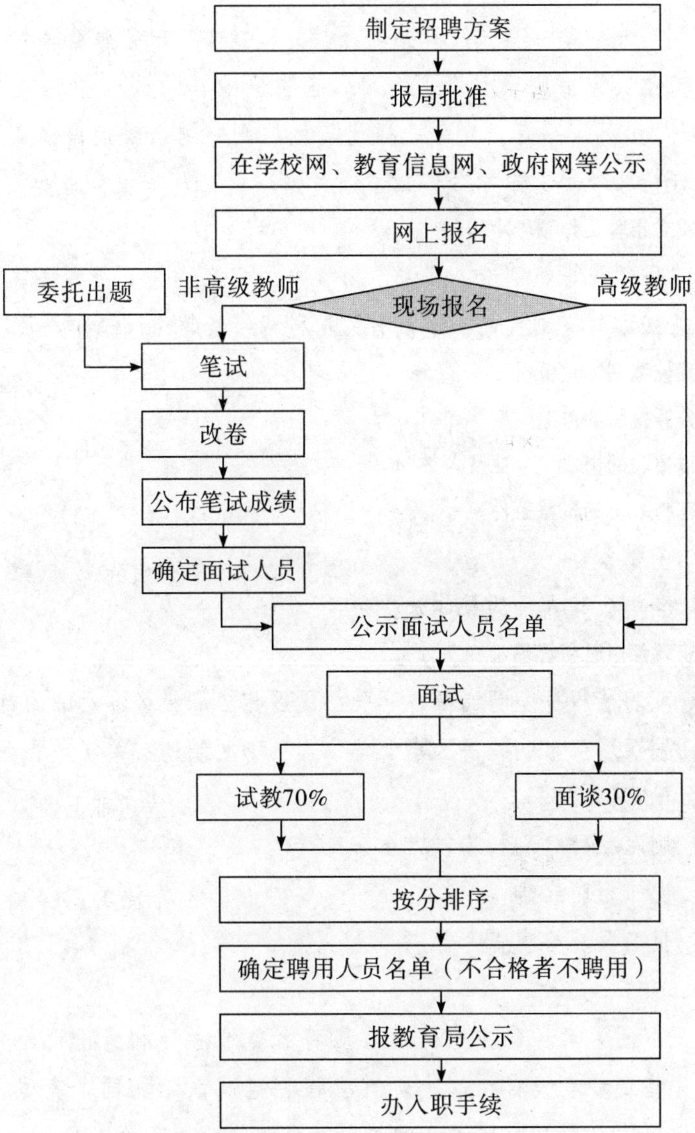

[附]

番禺附中公开招聘教师工作方案说明

根据《广东省事业单位公开招聘人员办法》《广东省事业单位公开招聘人员考察工作实施细则（试行）》《广东省事业单位公开招聘人员实施细则》，按照“公开、平等、竞争、择优”的原则，结合我校需求实际，制定向社会公开招聘教师工作方案。

一、成立招聘工作领导小组

招聘工作领导小组下设办公室，由学校办公室主任兼任办公室主任，教导处主任兼任办公室副主任，学校有关学科科组长等组成工作人员。

二、我校编制核定情况

三、公开招聘的对象

四、拟招聘的岗位、专业及人数

五、应聘人员的资格条件

（一）基本条件

（二）各类应聘人员的具体资格条件

六、获聘者待遇和管理

（一）获聘者根据受聘岗位，享受番禺区相应职级公办教师的待遇。

（二）按照广州市和番禺区事业单位人员聘用制的有关规定管理。

七、公开招聘的程序

（一）制定招聘计划和工作方案

（二）发布招聘广告

（三）报名及资格审查

（四）笔试

笔试采取闭卷考试的方式进行。应聘者凭准考证和身份证原件参加笔试。笔试不指定参考教材。本次所有应聘者笔试试卷相同。笔试内容主要为：教育界（含学科教学）关注的热点问题，包括教育教学理论、方式、方法和价值观等的认识和应用；教育学、心理学的知识和应用；教育法规常识。考试时间为120分钟，全卷满分100分。

（五）专业技能测试

音乐、美术、体育的应聘者需先进行专业技能测试。

（六）面试

面试以试教（或试讲、说课）和面谈的形式进行。

（七）体检

（八）考核

学校对体检合格者进行考核。考核主要包括思想政治表现、道德品质、业务能力、工作实绩等情况。考核方式采用信函考察。

（九）确定拟聘人员

（十）办理接收手续

对确定拟聘用的各类教师，由区教育局按相应的规定和程序办理引进、接收和聘用手续。

八、招聘纪律要求

九、其他相关内容

第二节　德育管理

中国古代思想教育经典《礼记·大学》阐述了“修身、齐家、治国、平天下”的道理，其中特别强调了个人的道德修养和人的道德主体精神的弘扬，“修身”就是立德树人，可见中国强调道德教育的历史源远流长。

2014 年 3 月，教育部颁布的《关于全面深化课程改革，落实立德树人根本任务的意见》（教基二〔2014〕4 号）提出：“立德树人是发展中国特色社会主义教育事业的核心所在，是培养德智体美全面发展的社会主义建设者和接班人的本质要求。”“推动社会主义核心价值观进教材、进课堂、进头脑，着力培养学生高尚的道德情操、扎实的科学文化素质、健康的身心、良好的审美情趣，努力使学生具有中华文化底蕴、中国特色社会主义共同理想、国际视野，成为社会主义合格建设者和可靠接班人。”立德树人是教育的根本任务，是培养什么人、怎样培养人的根本问题。当前，我国的教育正面临着多元文化、多元价值观等各种思潮的挑战和冲击，要培养德、智、体、美、劳全面发展的社会主义建设者和接班人，使他们逐步确立正确的人生观、价值观、世界观，学校就必须把立德树人作为教育的根本任务，以社会主义核心价值体系教育为重点，以全员育人为基本要求，始终坚持把德育放在首位，使我们培养的人才既有高度的道德素养，又有建设社会主义的真实本领。

那么，什么是德育呢？德育就是教育工作者有目的、有计划、有针对性地对学生施加思想、政治、道德、法治、习惯、规范等方面的影响，并通过学生积极的认知、体验、内化与行为，形成社会所需要的品德的教育活动。帮助学生扣好人生的第一粒扣子，引导学生逐步树立正确的世界观、人生观、价值观，是当前中小学德育的重要内容。德育管理，可以理解为在实施德育过程中的各种保障性措施，如课程、环境、活动、制度等，这些措施运行是否流畅，将直接影响德育实施的效果。

随着改革开放的不断深入和社会主义市场经济的快速发展，学校德育工作的外部环境发生了根本的变化，面对不断开放的社会环境和一些负面因素的影响，德育工作应当由堵到疏，由管到导。随着德育工作开放性、民主性、活动性、合作性和内生性的特征日益明显，德育管理的途径和方法也要与时俱进，体现现代学校制度建设的鲜明特点。随着信息化、全球化时代的到来，以学生核心素养推进教育改革与发展已经成为当今世界教育领域的潮流，当前的教育工作实质是培养适应个人终身发展和社会发展所需要的必备品格和关键能力。因此，德育工作应以学生为主体，充分发挥学生在教育教学活动中的主体作用。学校通过有目标、有重点地开展各项教育教学主题活动，使学校德育在课堂中得以渗透，在细节中得以体现，在活动中得以发展，在家校联动中得以巩固。

一、德育工作的基本原则

1. *由灌输规范转向活动内化*

在德育方式上，随着德育对象的变化，传统的灌输规范的德育方式，成效越来越低，而以活动为载体，在活动中体验、在活动中内化、在内化后外显的德育方式，其效果越来越凸显，因此，主题活动、大型仪式成为越来越多学校的德育选择。

2. *由单兵作战转向全员德育*

在德育主体上，传统的依靠班主任单兵作战、包揽德育的模式已经逐步成为历史，尤其是在新高考改革和走班制的背景之下，不仅仅是班主任、心理教师，每一位教职员工甚至学生自身，都将成为德育的主体，成为学生发展指导的导师，全员育人、全程育人将真正成为学校的德育选择。

3. 由规范教育转向“三底”教育

在德育内容上，传统的窄化为安全教育、规范教育、礼貌礼仪教育的德育逐步被全方位的、体现核心素养和综合素质的德育内容取代，培养有“底线”、有“底色”和有“底蕴”的时代新人，应成为广大学校的德育选择。

二、德育工作的基本体系

1. 德育常规管理

涉及学习及生活纪律教育、道德品质教育、安全自救教育、行为规范养成教育、着装礼仪礼貌教育、通信工具管理等。这些德育常规的管理，应坚持以章为行，采取从学生中来到学生中去的工作方式，以班级公约和学生自治的方式，以流程图管理的形式，寻求践行的最佳策略和方法，将德育常规化为学生的行动自觉。

2. 德育课程体系

构建立体的、涵盖主题班会、专题教育、学校活动、年级活动、社会实践、公益活动等在内的学校德育课程体系，以结构化课程的方式，丰富德育的内容和形式。在课程的设计和实施上，可以形成流程图，便于操作和监控。

3. 德育队伍建设

包括狭义的德育队伍及广义的德育队伍，狭义的德育队伍一般指传统意义上的班主任老师和专职心理教师。鉴于全员德育和全程德育的新要求，广义的德育队伍涉及所有的教职员工，甚至外延到宿舍管理、学校保安人员等。

三、德育工作的转型期待

1. 学生自治，唤醒沉睡的主体自觉

在“学校治理体系和治理能力的现代化”这一目标之下，增强权利意识，搭建发展平台，发展学生组织，实现学生自治，唤醒沉睡的主体自觉，将成为转型期的德育新期待。

2. 家校共治，开启家校合作新时代

在“共治”话语下，重建家校合作关系，让传统的家校合作由点状走向系统，由片段走向长程，由单纯引进走向本土创生，家校合育的天地将会更加宽广。

3. 生涯规划，揭开学生发展新篇章

在新招考改革的大背景下，传统的德育势必迎来转型升级，跨部门、跨年级、跨时空的“学生发展指导”将成为学校教育的新话语，而生涯规划的设计与指导，将揭开学生发展指导和新招考改革的新篇章。

以下是我校德育处权力事项清单和德育管理中的一些工作流程图及相关方案。

德育处权力事项清单

单位： 填表时间：

<table>
<tr><td>岗位名称</td><td colspan="2">主任</td><td>所属部门</td><td>德育处</td><td>责任人姓名</td><td></td></tr>
<tr><td rowspan="6">权力事项</td><td>1</td><td colspan="5">制订德育工作计划，负责学校常规德育管理、学生宿舍管理、学生安全教育和学生日常行为规范工作</td></tr>
<tr><td>2</td><td colspan="5">指导级长、班主任做好年级、班级学生管理工作</td></tr>
<tr><td>3</td><td colspan="5">指导学生党团工作、社团工作和心理教育工作，组织学生社会实践活动等校内外活动</td></tr>
<tr><td>4</td><td colspan="5">协助校长选配、培训和考核班主任，督促、检查、指导班主任工作</td></tr>
<tr><td>5</td><td colspan="5">做好家长委员会工作、社区工作和学校治安工作</td></tr>
<tr><td>6</td><td colspan="5">完成校长和上级交办的其他任务</td></tr>
<tr><td colspan="2">岗位责任人签字</td><td colspan="2"></td><td>主管领导签字</td><td colspan="2"></td></tr>
</table>

例 1：番禺附中学生违纪处理工作流程图

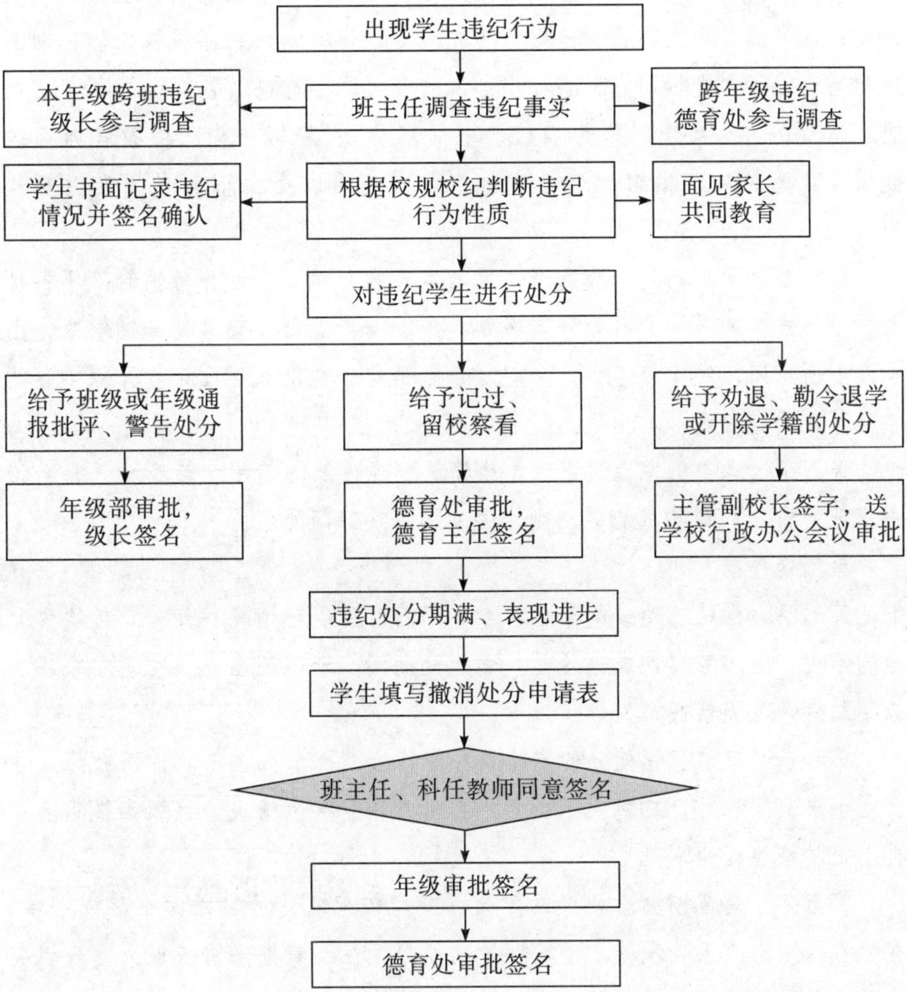

[附]

番禺附中学生处分程序和审批权限

第一条　学生的违纪行为发生后，由班主任、年级组于当天对违纪事实进行调查，调查后整理出详细的书面调查材料（包括违纪事实、性质、情节；学生对违纪行为确认的书面签名），根据所违纪学生的违纪事实、性质、情节和本人对所犯错误的认识态度，及时提出处理意见上报学校德育处。

第二条　给予违纪学生作班级或年级通报批评、警告的处分由年级部审批，级长签字；记过、留校察看由德育处审批，德育主任签字；给予违纪学生作劝退学、勒令退学或开除学籍的处分，由主管副校长签字，送学校行政办公会议审批。学生在宿舍违纪行为发生后，宿管人员在年级级长的协助下对学生违纪行为进行调查，整理出详细的书面调查材料（包括违纪事实、性质、情节；学生对违纪行为确认的书面签名）；停宿一周内由教官向年级提出处理意见的，报宿管老师审批；停宿一周以上由宿管老师交德育处审批。

第三条　学生的处分决定书，记入本人学籍档案，处分撤销时，不再计入学籍档案。如果毕业时处分未撤销，则缓发毕业证。直到处分期结束，由本人书面申请，经学校考察，决定是否撤销处分和发放毕业证。开除学籍的学生不发给毕业证书。

第四条　本条例主要适用于学生违反校规校纪的范围。若违反《社会治安管理处罚法》或构成犯罪，则由公安、司法部门处理。

撤销处分：

第五条　受纪律处分的学生，考察期满后可以申请撤销处分。再次受处分的学生，上述考察期成倍延时。受处分期间，表现突出以及受到学校或上级奖励者，可提前撤销处分。

第六条　申请撤销处分的学生填写申请表，征求班主任、科任教师（住宿生征求宿管教师）的意见后，年级部负责调查学生情况，年级审批签名后再上报学校德育处审批。

第七条　受留校察看处分的学生，其留校察看处分期限为半年或一年。在察看期间有改正表现的，可按期撤销处分。在察看期间进步很大，表现突出以及受到学校或上级奖励者，可提前撤销处分；若表现不好或再次违纪者给予勒令退学或开除学籍处分。

例 2：番禺附中学生请假工作流程图

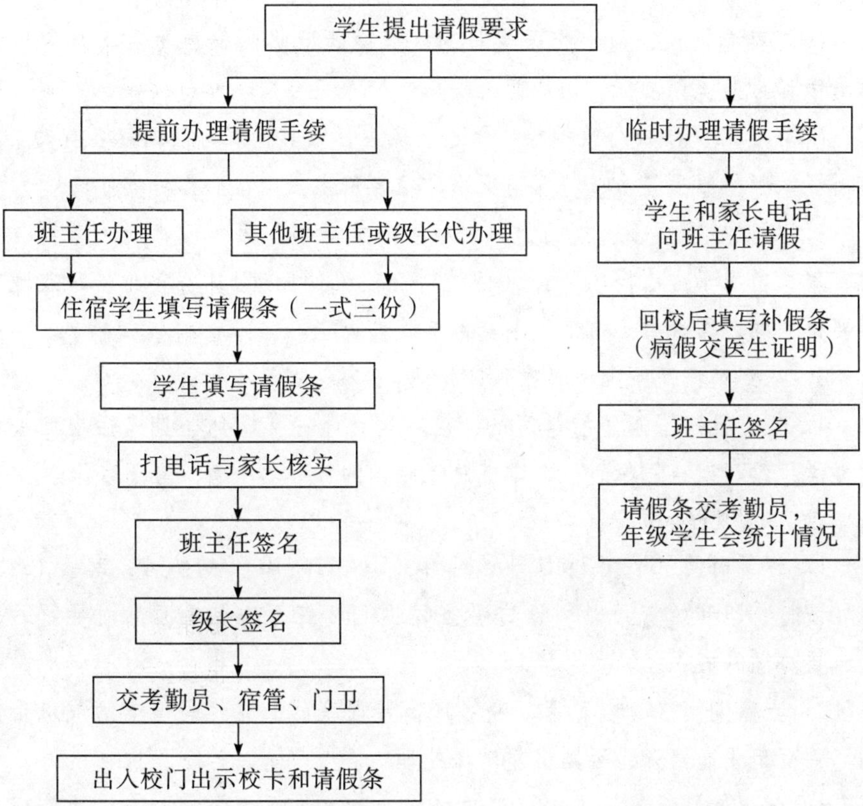

[附]

番禺附中学生考勤制度

根据《广东省教育厅关于中小学生学籍管理的实施细则（试行）》精神，学生要按时到校上课，遵守学校制度，不迟到，不早退，不旷课，凡因病因事不能上课者或者在校所有学生于学习时间因事假或病假进出校门、住宿生非学习时间（除周末放假外）因事假或病假进出学校门者都要填写请假条，规范办理请假手续。

一、对请假者的要求

1. 假条填写规范。

(1) 假条上应详细写清楚原因、请（补）何时至何时总共多少节课的假，落款有学生本人签名并注明班别、日期。

(2) 如请事假，在请假条上必须附有家长的签名或家长打电话给班主任证明。

(3) 病愈回校，须上交医生写的疾病诊断证明或药费发票（复印件），作为级部考勤统计依据，由级部汇总后交校医室存档。

(4) 签名（学校行政领导、级长、班主任或其他班主任的签名有效。其他科任教师一般不签名；特殊情况下，经与班主任确认后方可代签名）。

2. 走读生请假条一式两份，住宿生一式三份。第一份上交班考勤员登记，第二份用于进出校门凭证（回校时交门卫处保管），住宿生午睡或晚睡需要请假的，需将第三份请假条交到宿管办公室。

3. 未经请假而不上课者作旷课处理。

4. 有慢性病不能坚持学习的，应申请休学一年，休学期满后应回校办理复学手续。请事假超过一个学期总课时数的三分之一者，应予以休学。

二、考勤处理办法

1. 迟到时间：早读7:10开始统计；下午14:10开始统计，晚修18:55开始统计，即开始统计时间没进教室算迟到。有急病要看医生而导致迟到的，要办理补假手续。

2. 上课期间（含自习课、晚修）离开课室的，要经当值老师或班干部同意并登记才能离开，否则当作旷课处理。

3. 学生考勤情况每周由班汇总公布一次。每月由级部公布一次处理情况。每次迟到、早退或者无故缺勤者班主任要让其及时签名确认；一个月迟到3次以上由班主任电话告知家长；5次以上约见家长并写反思材料、由年级公开批评；迟到10次以上警告处分。每月清零计算，但如果多月累积重犯，根据情况加重处理。

4. 考勤情况由考勤员每天（早读、下午第一节、晚修）公布在黑板靠近前门的一侧（方便年级学生会干部登记或年级检查登记），考勤情况漏报的班级，在级务日志双倍扣分。

5. 因清洁、倒垃圾等迟到或上课期间无故离开课室的，适用本处理办法，即班集体和个人均要扣分和处理。

例 3：番禺附中学生申诉流程图

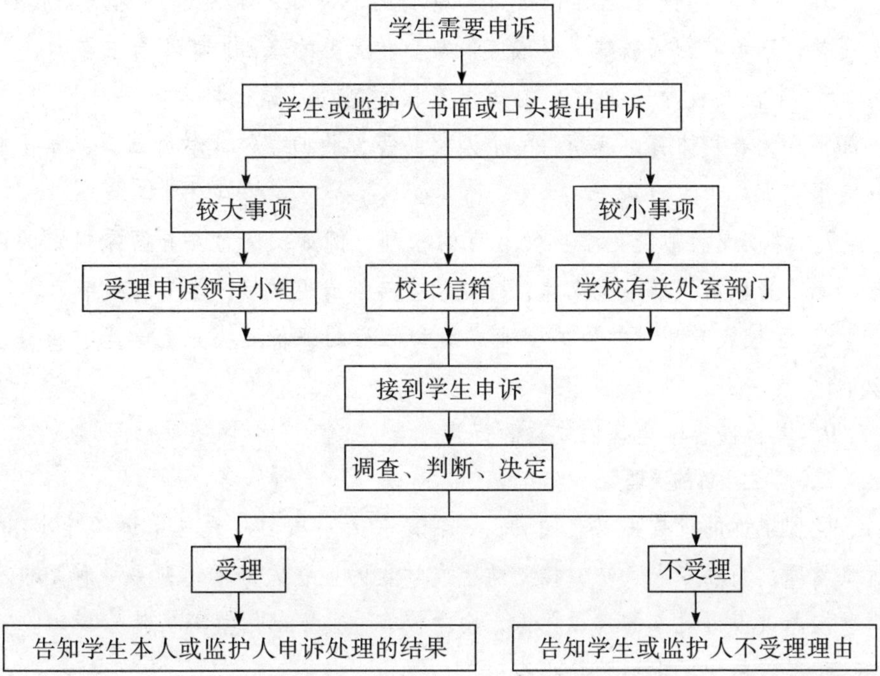

[附]

番禺附中学生申诉制度

为全面推进依法治校进程，建立完善的权益救济渠道，指导、协调学生申诉，切实维护全体学生的合法权益，保障学生身心健康，根据《中华人民共和国教育法》《未成年人保护法》等有关法律法规，结合学校实际情况，制定本制度。

一、学生申诉的范围

1. 学生对班主任、任课教师、学校有关处室部门做出的处理决定不服的。

2. 学生对学校有关处室部门做出的有关个人或集体的奖励决定，认为与事实不符或奖励不当的。

3. 学生认为教师在教育过程中有违职业道德，采取体罚或变相体罚以及其他侮辱学生人格，导致身心受伤害的。

4. 学生认为学校的管理、规章制度、教学设施等违背有关法律法规和上级文件精神，影响学生身心健康的。

5. 学生对学校侵犯其合法财产权利的，例如，学校违反规定乱收费、乱罚款，强迫其购买教辅材料或其他与教学无关的东西，学生有权申诉。

6. 学校或教师侵犯学生的知识产权，例如，强行将学生科技发明权、参加学科竞赛和体育比赛获得的个人奖品等，收归学校或教师所有，学生有权提出申诉。

7. 学校或教师侵犯学生受教育的权利，例如，擅自停开国家规定的课程，无正当理由不准学生上课，强迫学生转学或退学等，学生有权申诉。

8. 学校或教师对学生的学业成绩和品行的评价不公正，学生有权提出申诉。

9. 其他侵害学生合法权益的行为。

二、学生申诉的受理

受理申诉的机构可以有两种：一种是较大事项由“受理申诉领导小组”负责受理，明确专人负责，接受学生或学生的监护人的申诉；另一种是较小事项按照被申诉对象的隶属关系，由学校有关处室部门（德育处）受理。

番禺附中受理申诉领导小组：

组长：校长

副组长：副校长

成员：中层干部、德育线干部和各年级级长

三、学生申诉的程序

1. 申诉人可以通过“校长信箱”向学校提出申诉。申诉应当以书面形式提出，并由本人亲笔签名。申诉人可以是学生本人，也可以是学生的父母或其他监护人。

2. 学校对学生申诉的受理应认真对待，不可采取应付的态度，更不能阻碍、压制甚至剥夺学生的申诉权利。接到学生申诉，应在规定时限内做出受理或不受理的决定，并告知学生本人或监护人。

3. 学校对学生申诉的处理要合法、合理、公平、公正、公开、权责统一，在查清事实、分清是非的基础上，及时告知学生本人或监护人申诉处理的结果。

例4：番禺附中心理室心理辅导工作运行流程图

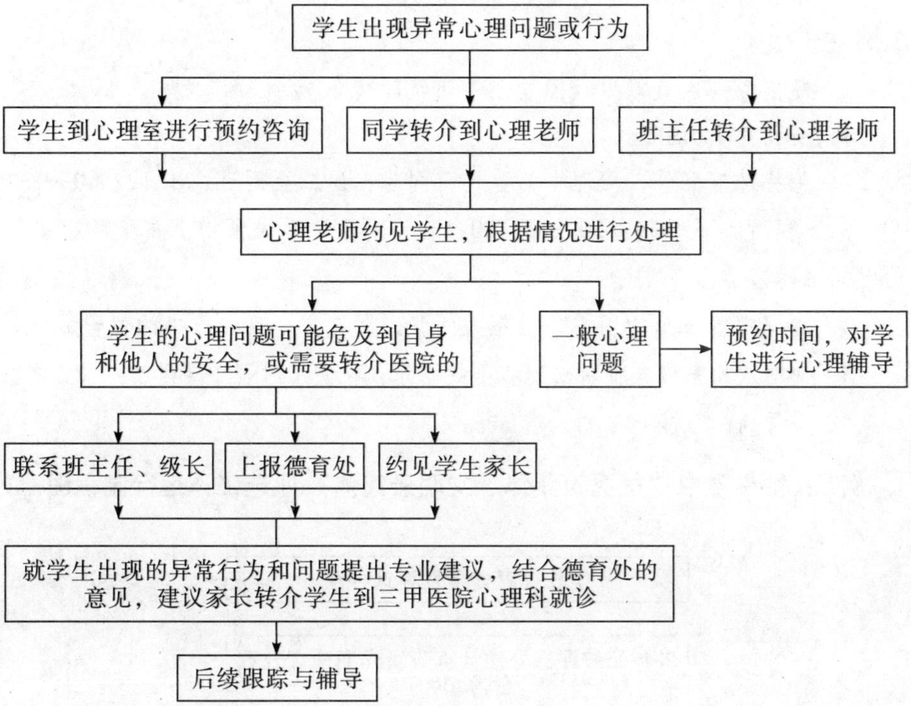

[附]

番禺附中心理室工作制度

一、宗旨

热情、真诚、耐心、保密。

二、心理咨询人员的角色规范

不是教导，是引导；不是训诫，是接纳；不是侦讯，是了解；不是遏止，是疏导；不是做作，是真诚；不是解答，是领悟。

三、心理咨询人员的道德准则

1. 为咨询对象绝对保密，未经本人同意，不对任何人泄露有关情况。

2. 实事求是地为咨询对象作出客观性诊断，不含任何个人的偏见与成见。

3. 热心接纳咨询对象，对来访者保持尊重、理解、信任的态度。

4. 对咨询对象反映的情况要认真分析，审慎研究，不做任何轻断的结论。

5. 咨询人员不得与咨询对象发生私人性的交往。

6. 对咨询对象要负责到底，跟踪观察，以保证学生的心理问题得到彻底解决。

7. 超出咨询人员能力范围的个案应及时转介。

四、来访者行为规范

1. 除特殊情况外，心理室的咨询时间为：周二至周五中午12：00—13：00，周三和周四下午16：50—18：00；咨询对象请事先预约，并尽可能按预约时间准时来访。

2. 心理室图书角的图书只供室内阅览，阅览完毕请按原来的位置放好。

3. 使用放松室应先征求心理教师的同意，在使用过程中要爱护一切设备。

4. 应保持心理室的安静与整洁。

例5：番禺附中“优秀班集体、文明班集体”评选工作运行流程图

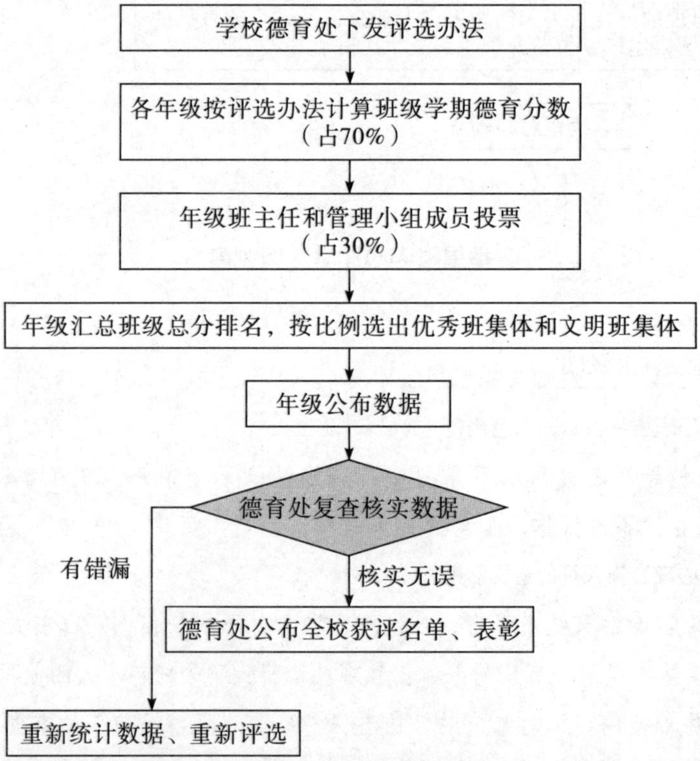

例 6：番禺附中团组织发展团员流程图

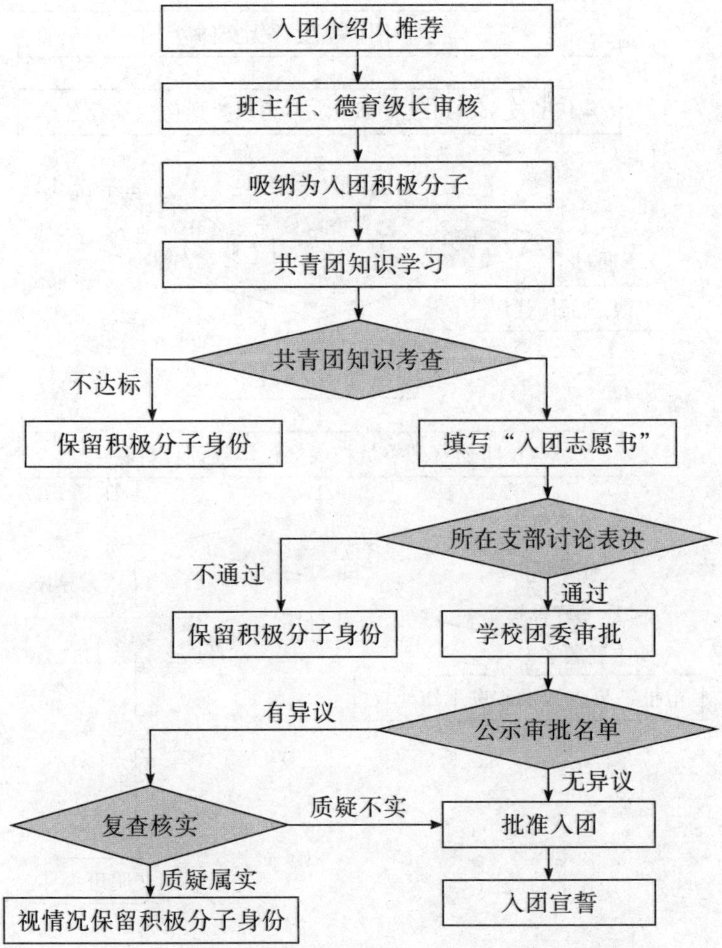

例7：番禺附中团组织“评优、评先”流程图

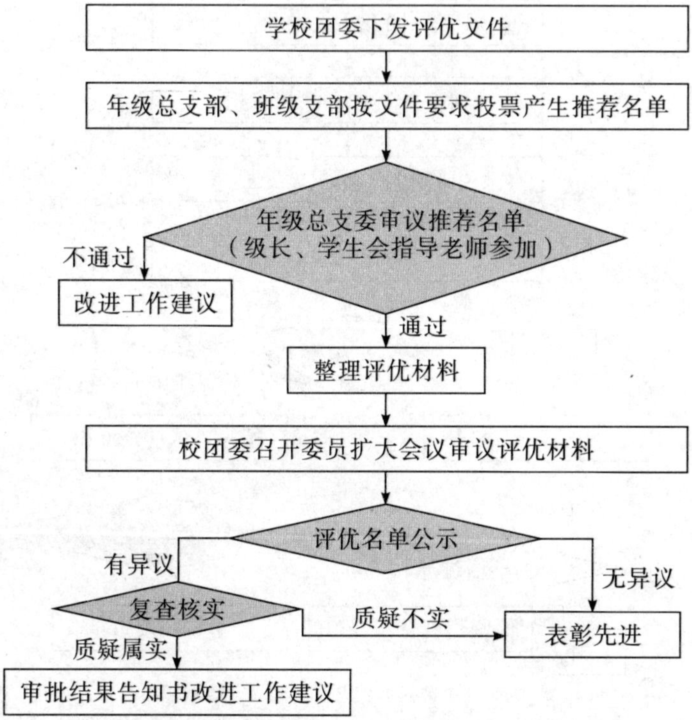

例 8：番禺附中学生党校报读审批流程图

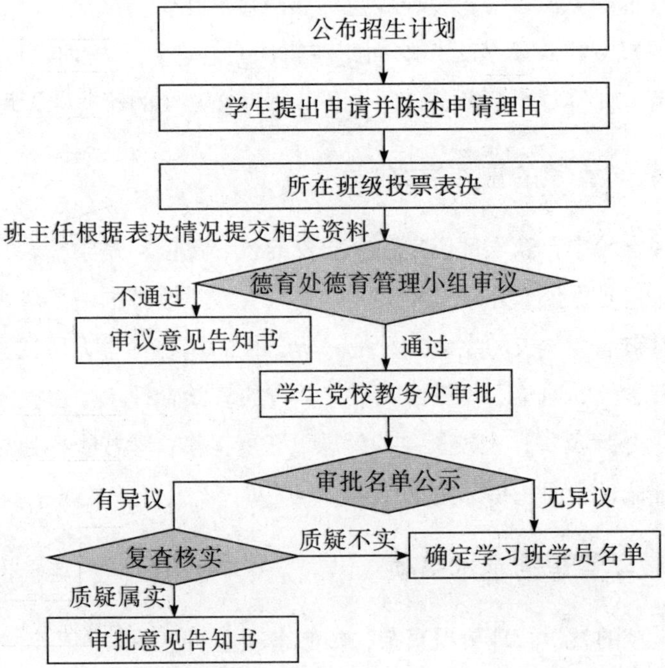

第三节　教学管理

《礼记·学记》中说道："玉不琢，不成器；人不学，不知道。是故，古之王者，建国君民，教学为先。"《南史·崔祖思传》中说道："自古开物成务，必以教学为先。"由此可见，自古以来，不管王侯建国，还是百姓立家，教学都有着不可取代的重要地位。

那么，什么是教学呢？教学是由教师与学生共同创生的一种教育活动，是在教师的组织、启发和引导下，学生有计划、有目的、有针对性地学习系统的基础知识、基本经验和基本技能，从而实现"发展智力，启迪智慧，陶冶人格，润泽生命"的培养人的活动。

由此可见，教学是教师对学生实施知识、经验、方法、能力的传授过程，而教学管理则是为教师的教和学生的学提供有效保障机制的一系列措施，具体包括计划管理、教学目标管理、教学过程管理、质量管理、教师管理、学生管理、教学档案管理等。

在岗位权力清单之下，必须对具体的工作事项进行流程化设计和管理，才会使管理过程更加科学，管理效益更加凸显。在普通高级中学，学校的教学管理部门权力涉及诸多工作块面，涉猎课堂、课程、培训、科研、人事、学籍、考务、评价等诸多环节，每个环节都存在必要的流程化管理。

一、教学管理的重要意义

在现代学校中，教学部门是一个学校的核心部门，是学校教育教学管理职能部门，也是保证人才培养质量、推进教育教学改革的重要管理部门。教学质量常常被喻为学校的生命线，是一所学校的核心竞争力所在，在一定程度上决定着学校的地位。一般情况下，学校的教学管理工作由教导处或者教务处（教学处）负责，在校长室的领导下开展工作；学校教导处或教务处主任由校长任命，全面主持部门工作。

二、教学管理的基本事项

现代学校的教学管理事项繁杂，核心事项主要包括以下几个块面：

1. 学籍管理、考务管理以及招生招聘

包括学生学籍的依法依规管理、作为国家定点考场的外部考试考务管理、学校内部考试的考务组织与管理、起始年级的招生与注册、新教师的需求预测与招聘工作等。

2. 课堂教学常规与教学质量监测体系

包括备课、上课、作业、考试组织、质量分析、学生对教师的满意度调查、学生座谈会、课堂调研、质量评价、质量问责等。

3. 课程三级体系构建与课程研发实施

什么样的课程培养什么样的人，学校教学部门应基于学校的办学理念和培养目标，科学构建国家课程、地方课程和校本特色课程组成的三位一体的学校课程体系，并对各类课程的实施进行管理、跟进和评估反馈。

4. 教师专业发展平台及评估评价体系

以“有理想信念、有道德情操、有扎实学识、有仁爱之心”为目标，建立教师专业发展平台及评估评价体系，锻造一支师德高尚、业务精湛的教师队伍，包括教师发展规划的引领，教师培训平台、学习平台、展示平台、竞技平台、分享平台以及评价平台等。

5. 人才培养模式与学习支持平台创建

根据不断变化的时代背景以及对人才培养的新要求，教学管理部门应结合学校的生源特点和技术优势，不断创新人才培养模式，不断优化学生的学习支持系统。

三、教学管理的未来走向

1. 新招考改革与走班制教学

新招考改革的时代即将到来，文综、理综这些词语将成为历史，去行政班、分层分科走班将成为学校课堂教学的新常态，如何过渡、如何管理，对教学部门是一个严峻的挑战。

2. 大数据优化教、学及管理

“互联网+”和大数据的时代，是挑战，更是机遇，因为它为理想中的差异化教学和个性化的学习提供了更多更可靠的技术支撑。

3. 核心素养指向的深度课堂

2016年，国家学生核心素养框架体系已经发布，传统的课堂教学将出现新的走向，基于核心素养指向的深度课堂将会成为未来课堂的目标追求。

4. 生涯规划与学生发展指导

伴随着新招考改革和核心素养对人才培养的新要求，生涯规划与学生发展指导将逐步进入教学管理部门的视野，并逐步上升为教学管理部门的核心业务。

以下是我校教务处权力事项清单和教学管理中的一些工作流程图及相关方案。

教务处权力事项清单

单位：　　　　　　　　　　　　　　　　　　填表时间：

岗位名称	主任	所属部门	教务处	责任人姓名	
权力事项	1	制订教学工作计划，负责教学工作的组织、实施和管理，落实教学常规，建立正常的教学秩序			
	2	负责教学质量目标的制订、管理及教学质量考核、总结表彰			
	3	负责学籍管理、教务管理、实验室、功能室的管理和体卫艺工作的指导			
	4	负责各类考试的考务工作			
	5	负责教学档案和教学资料的管理工作			
	6	完成校长和上级交办的其他任务			
岗位责任人签字		主管领导签字			

例1：番禺附中教师基本规范

一、教师备课规范

1. 坚持先备课再上课的原则，不允许上没有准备的课。

2. 备课方向：备学生、备教材、备导入、备资源、备教法、备学法、备情境、备问题、备作业、备差异，以实现有效教学为宗旨，在学科教学中渗透和深化素质教育。

3. 全体教师都要求使用手写教案，并写教学后记（教学反思）。不能用演示文稿代替手写教案。手写教案要体现三维教学目标、教学重点及难点的把握、导入环节、教师活动、学生活动、作业布置以及教学后记等环节。

三年以内教龄的青年教师，要有较为详尽的手写教案，教学目标、教学环节以及师生活动的表达要详尽、清晰。

4. 教师应根据授课效果及作业反馈情况对自己的教学预案（教学设计）进行适时调整、完善，以达到更好的效果，并写教学后记或反思。

5. 学校在坚持不定期抽查的同时，每学期进行两次备课情况的集中检查，分别在第十周和第二十周。

6. 青年教师汇报课、优秀教师示范课、研讨课、教坛新秀课，区、市公开课等均需详细电子版教学预案及演示文稿。

7. 集体备课是教学常规的重中之重，是学校教学质量的关键：

(1) 以集体备课为中心，实行备课组长负责制，定时间、定地点、定主题、定中心发言人（主备人），并将备课任务进行明确分工、落实。

(2) 备课组应即时填写《集体备课登记表》，最迟于下周一交回。各备课组按照指定的备课时间和地点开展集体备课，相关蹲点行政不定期开展备课检查。各备课组确保每周至少集体备课一次，如遇广州教研或其他类教研，则另择时间进行集体备课。

(3) 每次集体备课活动必须由教师亲笔签名，其他所有项目用笔手写，不得用电脑打印。

(4) 每次集体备课活动的时间至少要保证1小时以上。语文、数学、英语备课组的每次集体备课活动时间不得少于1.5小时（两节课）。

(5) 缺席备课组集体备课活动的，备课组长要进行登记，并注明原因。

(6) 非工作需要缺席备课组集体备课活动的教师，期末的综合评价将受到影响。

二、教师上课规范

1. 教师应按课程表上课，严禁无教案上课，上没有准备的课，否则将被视为教学事故。

2. 教师要按时到达课室，倡导提前3分钟候课，不得迟到，中途不得无故离开教室，不得提前下课，不拖堂，严禁占用两操时间讲课。若出现空堂、漏课现象，将被视为教学事故。

3. 无特殊原因，教师不能坐着上课。

4. 上课前，教师应检查学生出席人数，如发现有学生缺课，教师应做好记录，及时了解原因，并联系班主任，以防范意外事故的发生。

5. 上课期间，教师应将手机关机或调至静音状态，不得在课室内接听电话。

6. 教师不得在课室抽烟，否则视为教学事故。

7. 媒体设计实用、有效，绝不允许使用网上下载的不经修改、缺乏教学思想、脱离学情的教学课件。

8. 常识性错误将视为教学事故。

9. 教师要尊重学生人格，爱护学生，不得讥讽、侮辱学生，禁止体罚或变相体罚。

10. 对堂上趴桌、睡觉、注意力不集中的学生，教师有义务进行提醒、纠正并在课后追究原因并教育。

11. 发现学生身体不适，教师应允许学生去校医室看病，若症状严重，应第一时间联系班主任及值班行政人员。

12. 实验课、体育课的教师应对学生加强安全防范教育，严防教学事故的发生。

13. 教师应规范着装，不得穿着奇装异服（比如超短裤、不规范的牛仔裤等）进课室上课，不得穿拖鞋，不得穿着过于暴露的衣服。体育教师在上体育课时不得穿牛仔裤、皮鞋，不提倡染发。

14. 坚持正面教育、阳光教育，不得在学生中发表过于偏激、误导学生价值观的言论。

15. 物理、化学、生物课教师要开齐、开足实验课。根据课程标准的要求，认真组织学生参加必做的演示实验课和分组实验课，提前填写实验通知单，交实验员准备，及时填写实验记录。

16. 坚持讲练结合、精讲多练的原则。结束时，教师应布置适量、有效的课外作业。

17. 非教学需要，教师在上课时不得将窗帘全部拉上。

18. 合理处置课堂突发事件。

19. 下课时，教师应填写校务日志。

三、多媒体辅助教学使用制度

1. 每位教师均要掌握最基本的多媒体辅助教学课件的制作技术，发挥多媒体辅助教学信息量大、图文并茂、直观形象、生动有趣、交互性强等诸多优势，实现现代教育技术与学科教学的有机整合。

2. 坚持“有效教学”的方针，以“效益”高低作为多媒体选择是否恰当的取舍标准，反对排斥“多媒体”的行为，更反对“机灌”行为。

3. 教师要根据教学需要制作、整合有效的多媒体辅助教学课件，禁止直接使用从网络上下载的不符合学情、缺乏教学思想的课件，素材选择应典型、精要、节约，避免多媒体过多地剥夺学生的思维和思想。

4. 多媒体课件的设计应遵循教育教学规律，形象直观，生动有趣，突出重点，化繁为简，以便于学生理解知识。画面应简洁、清晰、色彩逼真、文字醒目，易于操作，界面友好，快慢适度、交互性强、声音悦耳。

5. 多媒体使用应与板书同步进行，发挥板书的即时性、结构性、持久性、生成性的优势。

6. 当较长时间不使用多媒体时，应将课室媒体平台关闭。

7. 教师应爱护电教平台，不私自安装程序软件，发现电脑故障，应及时通知主控室人员进行维修。

教育部规定，普通中小学实行三级课程管理，分别是国家课程、地方课程和校本课程。目前，各学校都根据自己的实际开发和实施具有本校特色的校本课程，以下是广东第二师范学院番禺附中的选修课程开发与实施的案例。

例2：番禺附中校本选修课程开发与运行方案

一、校本选修课程开发的重要性与必要性

加强校本选修课程的建设是深化普通高中课程改革的重点。根据《国家中长期教育改革和发展规划纲要（2010—2020年）》以及近年来教育部关于高考改革的有关指导意见，减少必修课比重，推进国家课程的校本化实施、加大校本选修课程的比例，为学生提供多元化的课程选择，将是高中学校未来发展的必然路径。

《广东第二师范学院番禺附属中学中长期发展规划（2010—2025年）》也指出，“推进校本课程开发，逐步构建由人文素养、科学精神、创新能力与国际视野四大板块构成的校本课程体系。”加强校本选修课程建设，构建各具特色的选修课程体系，是转变育人模式，实现学生自主选课、推进高中多样化、特色化的重大举措，对于促进学生个性发展、提升学生综合素养、拓展学生视野、培育学校特色、为国家和社会培养各类人才具有十分重大的意义。

随着课程开发与建设重要性的提升，名教师的标准也将发生重大变化。作为一位名教师，不仅仅是教育教学理念先进、教学成绩优异、科研功底扎实，能够指导学生开展问题研究和实践活动，而且能够开发出广受学生欢迎的选修课程，并成为他（她）的品牌或符号。今后，校本课程开发的能力将会纳入教师职称评聘的重要指标。

二、校本选修课程建设的基本原则

1. 以学生发展为本。根据学生兴趣和学科的专业特点，开发、开设丰富多样的校本选修课程。

2. 科学性、时代性。校本选修课程应贴近生活、贴近社会，反映学科最新的发展趋势。

3. 多样化、特色化。学校教师应立足本校文化传统、发挥自身教育教学优势和个性特长，开发建设多样化的校本选修课程，体现当地社会、经济、文化的独特性及差异性，培育学校课程特色。

4. 层次性、梯度性。校本选修课程应满足不同水平、不同兴趣和不同个性的学生选课需求。

三、校本选修课程的基本模块

按照类别和性质来分，校本选修课程可分为知识拓展、职业技能、兴趣特长、社会实践等四大类。

按照领域来分，可涉及语言、文学、科学与创新、人文、历史、经济、政治、文化、环境与可持续发展、美学、音乐、美术、体育、社会实践、学科竞赛、生活技能、人生规划、职业技能等诸多领域。

四、校本选修课程开发与建设目标

1. 2013—2014 学年：选修课程开发总量达 20 ~ 30 门，2 门精品课程。

2. 2014—2015 学年：选修课程开发总量达 40 ~ 50 门，5 门精品课程。

3. 2015—2016 学年：选修课程开发总量达 60 ~ 70 门，8 门精品课程；同时，加快信息化建设，借鉴先进经验，探索学生网络选修课程。

4. 2016—2017 学年：选修课程开发总量达 80 ~ 90 门，10 门精品课程。

五、我校已有的校本课程基础及选题参考

1. 2013—2014 学年已开发、开设的校本选修课程。

走近孔子、寻找墨子、朗诵艺术、李清照研究、红楼梦鉴赏、流利英语唱出来、看美剧学美语、硬笔书法、生活中的物理、化学与生活、美丽生命的奥秘、现代科技创造发明方法、军事大讲堂、动画世界、百家争鸣之法家漫谈、基督教文化、茶文化研究、生活中的经济学、投资与理财、我们的权利“法”做主、寻找乡土文化、篮球、运动舞蹈、歌曲中的美、舞蹈在我心、素描……

2. 本次校本选修课程开发选题参考。

服装设计、针线钩织、糕点制作、烹调厨艺、汽车原理、象棋与围棋、摄影、演讲与辩论、新闻写作、美术与人生、音乐鉴赏与创作、电影文学、圣经研究、生命科学、医学与急救常识、科技创新、跨文化理解、国际关系、环球旅行、地理探险、历史与人生、贬官文化、古典小说中的女性形象研究、社交礼仪……

六、校本课程选题生成方式

1. 任务分解：教研室根据课程开设的需要，根据学科特点，将校本选修课程的开发任务分解到相关科组，由科组长、备课组长组织落实课程开发。

2. 教研室提供校本选修课程的选题方向，供教师参考。

3. 教研室根据部分教师的专项、特长，进行非正式沟通，产生校本选修课题。

4. 暑假前布置，暑假内开发，新学期开始运行。

七、校本选修课程开发的具体要求及运行程序

1. 校本选修课程开发与建设指导思想。

(1) 打破年级壁垒——跨级。在选修课程的开发和建设上，教师属于学校，不属于年级。教师可以跨年级为学生开设校本选修课程、特色普修课程或专题讲座。

(2) 打破学科壁垒——跨界。教师可根据自己的研究专长、个性爱好等优势，开发开设自己的特色选修课，比如，数学教师也可以开设红楼梦研究，物理教师也可以开设历史大讲堂，等等。

2. 本次校本选修课程开发与建设的基本原则。

(1) 具备中学一级职称的教师须开发1门以上的校本选修课程；建议独立开发，也可合作开发（若合作开发，应不超过4位教师）。

(2) 鼓励其他教师参与校本课程的开发与申报。

3. 校本选修课程开发的具体要求与运行程序。

(1) 每门课程的授课课时（学时）：10～12个学时，每个学时80分钟(连续两节)。

(2) 校本选修课程的四要素：课程目标、课程内容、课程实施、课程评价。在课程申报时，开发者应从这四个方面进行阐述。

(3) 课题：可参考教研室提供的选题，也可根据自己的专长，创造性地产生新课题。

(4) 课程申报审核：课程开发者应于8月底填写"校本选修课程"审核表，于8月31日前提交学校教研室审核，决定是否可以向学生开放选课。

(5) 教研室、高一年级级部印发"第一学期校本选修课程菜单"，每门课程有200～300字的课程介绍，供学生了解课程的基本内容。

(6) 学校主控室设计、开放校本选修课选课网络后台，学生在网络上选报课程。

(7) 教研室、高一年级级部根据后台报名情况，决定课程开设的门类，决定是否对学生进行个别调剂。

(8) 开课。拟于9月份的第2或第3周启动校本选修课程。学生实行走班上课，由高一年级级部负责课程运行管理，授课教师进行课程评价。

(9) 上课时间：每周三下午第8～9节，授课周次总数10～12周次，其中最后一次为考核时间。遇学校重大事项或其他冲突，年级可调整授课周次，但要报教研室登记。

(10) 教师授课准备：课程目标阐述、选修课程每个课时的讲义资料、PPT演示文稿；条件成熟时，形成印刷版的校本选修教材。

八、选修课程开发、建设与运行协调机制

1. 教研室：负责选修课程开发与运行方案的拟定、课程开设时间安排以及课程开发培训等。

2. 学科组：负责落实学科内校本选修课程开发的任务分解、学科指导。

3. 年级组：负责校本选修课程的网络报名组织、宣传、名单汇总、上课地点编排以及课程监控管理。

九、校本选修课程的评价与考核

校本选修课程的修习实行学分认定制度。每位高一学生在高一阶段必须选修2门校本选修课程，每门课程经考核合格，获得2个学分。

校本选修课程的考核与评价要素涉及上课考勤、笔试成绩、过程性表现、考查性作业等环节，由授课教师把关，定出考核成绩。未达合格标准的，不能给予学分，不能获得毕业证书。

附件：2013—2014 学年番禺附中高一级校本选修课程审核评价表

课程名称：我们的权利“法”做主——校园常见侵权与维权的法律个案简析			
课程所属领域：思想政治学科（法律常识）			
任教教师		适合对象、人数	高一级学生 50 人
课程目标 （200 字左右）	随着国家民主法制建设的不断进步，人们的权利意识与法律意识都在逐步增强，而在当前我们校园的现实生活中，学生和教师的行为中经常出现一些“习以为常”却“浑然不觉”的侵权行为和事件，虽然绝大多数并不至于酿成严重后果，但知法、懂法、守法、用法的法律意识和权利意识的树立与实践都是必需的。通过本课程的学习，可以使学生明确校园常见的侵权行为的错误及维权的基本内容，从而形成依法自觉约束自己和维护权利的意识		
课程内容简介 （200 字左右）	本课程依据《校园事故侵权责任——法律适用与案例评析》（吴春岐、杨光磊主编）一书所列举的常见的校园事故侵权案例和有关法律，结合我们校园生活中更常见和可能被误解的各种案例进行了重新编排，继续采用“案件回放”“法律讲解”“专家提示”“法律链接”等方式把案例分析与法律解读相结合，对常见的校园侵权与维权行为和事件的法律责任进行了明晰的分析和论证，并在此基础上提出了具有实践指导意义的风险防范建议，对指导相关人员正确行使权利和维护合法权利具有重要的参考和指导价值		
课程内容框架 （包括评价）	第一章　校园常见侵权与维权个案中学生的权利 第一节　学生应树立维权意识 第二节　学生的基本权利 第三节　学生维权的法律依据 第二章　校园常见侵权与维权个案中学校的义务 第一节　学校的安全教育和保护义务 第二节　学校的安全注意义务		

续上表

课程内容框架（包括评价）	第三节　学校的通知和告知义务 第四节　学校的及时救助义务 第五节　学校提供安全的校园设施的义务 第六节　学校提供合格的药品、食品、饮用水等的义务 第三章　校园常见侵权与维权个案中侵权的构成要件 第一节　侵权责任的行为要件 第二节　损害结果的认定 第三节　因果关系的判断 第四节　无过错不构成侵权 第四章　校园常见侵权与维权个案中学校应当承担责任的情形 第一节　学校行政行为导致侵权 第二节　学校故意侵权担全责 第三节　学校过失侵权担责任 第四节　学校不能证明无过错而担责 第五节　学校承担替代责任 第六节　学校承担补充责任 第五章　校园侵权与维权个案中学校免责事由及减轻责任的情形 第一节　学校无过错可免责 第二节　不可抗力事由学校可免责 第三节　受害人同意学校可免责 第四节　受害人过错学校可减责 第五节　受害人故意学校可免责 第六章　校园常见侵权与维权个案中主要隐性侵权行为 第一节　变相体罚惹的祸 第二节　教师语言暴力 第三节　关注学生隐私权 第四节　学习活动的隐性伤害
课程评价（考核）方式	1. 平时作业（30%）：课堂活动的参与情况 2. 期末作业（50%）：对教师给定的案例进行限时分析（开卷考） 3. 拓展作业（20%）：运用课程知识，结合实际分析一个现实问题

续上表

学术委员会审核意见	意见： 签字：
学校审核意见	意见： 签字（盖章）：

例3：番禺附中学籍异动有关规定

根据广州市教育局《关于完善我市中小学生学籍管理办法的通知》及区教育局基础教育科有关文件要求，普通高中已达当年招生计划数的年级，原则上不能再接收转学学生。学校不得接收未经区教育局批准转入的转学学生。学生需要转出的，原学校要按规定及时办理转学手续，不得以任何理由拒绝或延期办理有关手续。

一、转入程序

学生及家长提出书面申请，提交教务处；教务处核对学生情况和学校学位情况后，签署意见交主管副校长审核；主管副校长阅批后上报校长审批；校长审批同意后，由教务处负责把学生编入相应年级，与相应年级管理组协商编入有缺额的班级学习、生活，并签订相关协议；同时，教务处按照上级规范程序办理转入手续，确保符合国家、省、市和区学籍管理要求。手续办理完毕，知照有关部门和年级，完善学校学籍数据。

二、转出程序

1. 回户籍所在地（外省）就读升学学生，学生及家长向学校提出书面申请；班主任、级长、年级管理小组签署意见，向教务处提交相关证明材料；教务处核对、签署建议后交主管副校长审核；主管副校长审核、签署意见后交校长审批。校长审批后由教务处按规范程序办理，并及时更新学校学籍数据，每学期汇总一次异动情况知照相关年级，并报校长室备案。

2. 高一级申请转职业类学校或转市内区外学校的学生，是属于正常异动学生，班主任、年级、教务处有义务把不同类别学校的学籍管理要求向学生以及家长介绍，学生及家长确认后必须提出书面申请，交年级及驻级主管领导加具意见，上报教务处、主管副校长和校长，由教务处按相关程序办理，每学期汇总一次异动情况。

3. 按照上级学籍管理有关文件，区内高中不允许转学。

三、学生休学、复学、出国、退学程序

1. 休学

学生因身体或心理等疾病原因在取得区级以上医院证明后，学生及家长向学校提出书面申请，向教务处提交相关证明材料，上报主管副校长和校长，由教务处按规范程序办理，并及时更新学校学籍数据。

2. 复学

已办理正常休学手续的学生在通过治疗、休养身体好转并取得医院相关证明后，学生及家长向学校提出书面申请，向教务处提交相关证明材料，上报主管副校长和校长，由教务处按规范程序办理，并及时更新学校学籍数据。

3. 出国

学生在办理出国手续前如需学校出具成绩证明时，学生及家长向班主任提出申请，并提供成绩证明版式；班主任根据学生每学期的实际成绩及学生平时各方面表现出具总评成绩；总评成绩交教务处审核后到办公室加盖公章。

学生在取得出国护照及国外录取通知书等材料情况下，学生及家长向学校提出书面申请，向教务处提交相关证明材料，上报主管副校长和校长，由教务处按规范程序办理，并及时更新学校学籍数据。

4. 退学

学生有退学意向时，班主任、级长及管理小组领导均要向学生了解学生退学的原因，进行教育帮扶，并及时联系家长。

学生在确定退学后，学生及家长向学校提出书面申请；班主任、级长、年级管理小组签署意见，向教务处提交相关证明材料；上报主管副校长和校长，由教务处按规范程序办理，并及时更新学校学籍数据。

以上异动情况每学期汇总一次知照相关年级，并报校长室备案。

四、需提交纸质材料的学籍异动类型和材料要求如下：

异动类型	所需材料（原件与复印件）
转学	转学申请表、户口簿等
出国	学生及监护人申请、护照和签证等
退学	学生及监护人申请
休学	学生及监护人申请和区（县）级以上医院证明
复学	学生及监护人申请和区（县）级以上医院证明

例4：番禺附中教师培训工作运行流程图

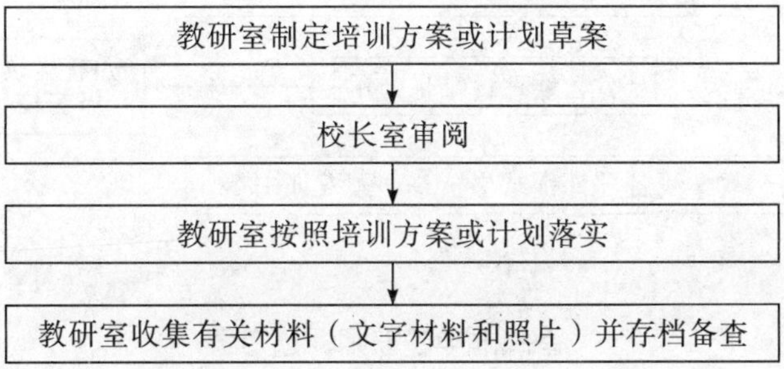

校内教师专项业务培训工作运行流程图

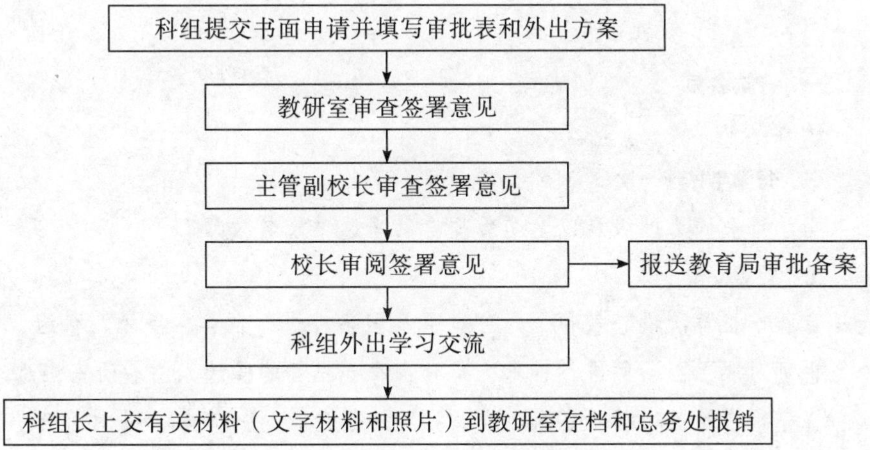

科组外出学习工作运行流程图

例5：番禺附中教学线评优评先工作流程图

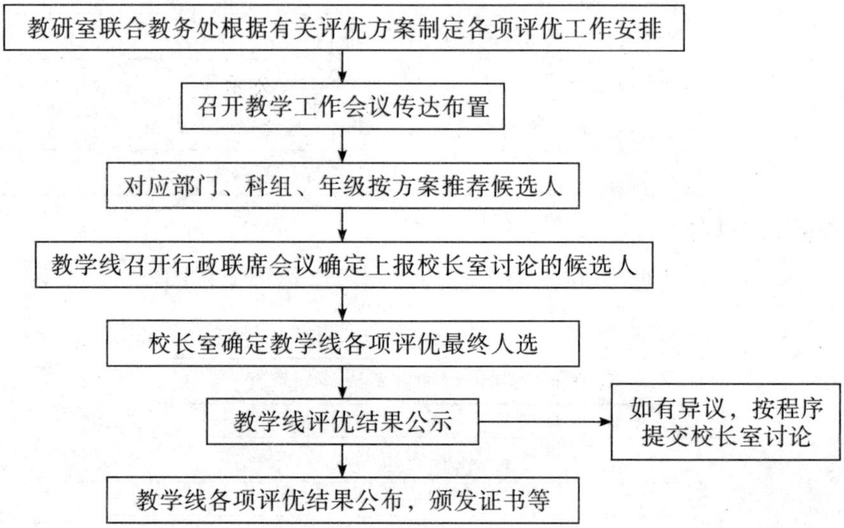

[附]

番禺附中名教师评选方案

为促进教师专业成长，发挥名教师的示范、辐射和带动作用，全面提高我校师资队伍的整体素质，进而提高学校的教育、教学质量，特制定本方案。

一、评选名额

10名以内。

二、每学年评选一次

当学年被评为区级及以上名教师自动当选学校名教师。

三、评选办法

自荐或推荐阶段。教师个人可对照入围条件进行自荐，年级、科组、各处室也可对照入围条件进行推荐，所有自荐和推荐的候选人由教研室汇总。

资格审核阶段。教研室对自荐和推荐的候选人进行审核，并对符合当学年入围条件的教师发放量化评分表，由候选人自评打分。

提交讨论阶段。教研室根据得分情况，将推荐名单提交教学线行政联席会议。

确定候选人阶段。教学线行政联席会议对教研室提交的名单进行讨论，经讨论确定学校名教师的候选人。

确定人选阶段。教学线行政联席会议将候选人名单报请校长办公室，由校长办公会议确定最终人选。

名单公示阶段。最终人选名单在校园网上进行公示（公示时间为3天），公示期间，教研室可接受实名提出的意见和建议并及时进行处理反馈；无异议，公示期结束，教研室公布评选结果。

四、入围条件

坚持四项基本原则，遵纪守法，认真贯彻国家的教育方针，具有良好的思想政治素质和师德修养，敬业爱岗，教书育人，为人师表。

具有本科或以上学历，具备中学一级教师以上职称。

从事教学工作8年以上，在本校工作5年以上，近5学年至少有一次高中循环教学。

教育教学业绩突出，考试科目教师所带班级的高考成绩或期末考试的平均分和优秀率均在同类学校或学校内同层次班级中名列前茅。非考试科目教师课堂教学效果好。

教学综合评价认同度高，获得学科组内教师和任教班级学生的普遍认同。

积极参与教育科学研究。近3学年有主持或参与市级以上课题。

积极撰写教学论文，参加业务竞赛。近2学年至少有1篇教育教学论文（课件、教学设计）获奖（市级以上）、发表或在学术会议上宣读；近2学年参加业务竞赛等至少获得1次市级及以上奖励。

积极培养青年教师，示范、带动备课组、科组建设。当学年至少上2次校级以上的示范课或研讨课；所在备课组高考成绩或期末考试的平均分和优秀率均在同类学校或学校内同层次班级中名列前茅。

五、奖励

1. 颁发荣誉证书。

2. 发放名教师津贴。

3. 下一学年度优先参加有关学术交流、考察学习和业务进修等活动。

六、其他

1. 本方案从2012年9月1日起生效。

2. 未尽事宜，由教学线行政联席会议合议决定。

3. 本方案的解释权、修改权属校长室。

七、量化评分表（略）

例 6：番禺附中科组长、备课组长学期绩效考核流程图

教研室根据学校考核方案制定考核工作安排

↓

召开教学工作会议传达布置

↓

科组长按方案进行自评、评价备课组长

↓

教研室汇总科组长、备课组长考核表格

↓

教学线行政联席会议讨论优秀和称职的初步考核意见交校长室审核

↓

校长室审核确定

↓

教研室公布考核结果

第四节　教育科研

20 世纪末，国家提出了“科教兴国”战略，坚持教育为本，把科技和教育摆在经济、社会发展的重要位置。随着社会的发展，国际竞争越来越表现为知识的竞争和人才的竞争。教育作为知识创新、传播和应用的主要基地，肩负着培养创新型人才和培育民族创新精神的特殊使命。而要完成这一光荣而艰巨的使命，首先要求教育自身的创新。科研兴教、科研兴校便是实现教育创新的必由之路，也是“科教兴国”战略对中小学的必然要求。

在现代学校中，中学教研室建设是基础教育改革和发展的需要。中学教研室的设置可以是独立、自成体系的，成为学校教育科研的专门机构；也可设置在教务处或教导处，成为隶属于教务处或教导处的一个专门从事教育科学研究的工作部门。不管如何设置，学校教研室都独立承担着学校的教育科研工作，成为学校以育人为主体，以教学、研究为两翼的“一体两翼”工作体系的重要组成部分。作为学校的独立管理部门或管理部门的组成部分，教研室担负着许多繁重而又具体的任务，如：制定学校教育科研工作计划，为学校有组织、有目的地开展教育科学研究指明方向；对学校课题实施全过程管理，使课题研究步入正规、系统、科学的研究轨道，进一步提高课题研究的质量；培养教师科研素质，以促进学校科研水平的整体提高；推广和应用教育研究成果，充分发挥教育研究成果的潜在价值；对教育科研工作的总结和提高，以进一步改善工作方法和健全工作制度等。

一、学校教育科研的重要意义

科研兴教、科研兴校是提升学校办学质量、推动学校跨越发展的必由之路。在素质教育的今天，科研能使从事素质教育的学校领导和教师正视并努力缩短自己与新时代要求的差距，不断提升自身的专业素养，使自己从“教书匠”成长为“教育家”；在倡导教育改革和发展的今天，科研能端正办学思想，全面贯彻教育方针，面向全体学生，全面提高教育教学质量，使学校形成办学特色，以全新的姿态奔向教育现代化。可见，教研室在中小学学校工作中占有十分重要的地位。

总之，教育科研质量的高低关系到学校办学效益的高低，是衡量教师队伍和科研能力的主要标志。作为学校教育科研活动的指挥者、组织者和实施者，中学教研室是提高办学效益的催化剂，是实施素质教育的重要保证，在推进中学教育科研、促进教育提高方面发挥着举足轻重的作用。

二、学校教育科研的主要事项

1. 常态教研与保障

包括备课组集体备课与二次备课，教研研讨课、交流课、示范课等观课议课活动，学科主题研修，命题、考试与评价研究，课堂教学实验的推进等。

2. 教育科研与管理

包括教育故事、教学经验的提炼与输出，教学案例、学术论文的撰写，各级各类科研课题的申报、研究、管理与过程跟踪，基于问题的主题式校本研修，教师教育科研培训，等等。

3. 成果转化与推广

将部分教师的高质量教育教学研究成果进行及时转化、输出，结集印刷出版，在年级、学科或备课组范围内交流传承、推广实验，甚至在更广的范围内进行输出、交流，以提升学校的美誉度和影响力。

以上每个事项都需要科学的流程加以框范，以实现规范管理。

以下是我校教研室权力事项清单和教研管理中的一些工作流程图及相关方案。

教研室权力事项清单

单位： 填表时间：

岗位名称	主任	所属部门	教研室	责任人姓名	
权力事项	1	学校各级各类课题管理协调工作			
	2	学校内教师教学业务的专项培训工作			
	3	科组外出交流学习的登记协调等工作			
	4	学校教研刊物的编辑出版工作			
	5	学校课型研讨等常规教研			
	6	科组、备课组开展教学教研沙龙活动的管理协调工作			
	7	教师参加上级各项教学教研业务培训工作			
	8	与教务处联合实施学校集体备课等各项教学常规的监督管理工作			
	9	与教务处联合实施科组长、备课组长的学期绩效考核工作			
	10	与教务处联合实施学校教学线各项评优工作			
岗位责任人签字		主管领导签字			

例 1：番禺附中学校课题工作运行流程图

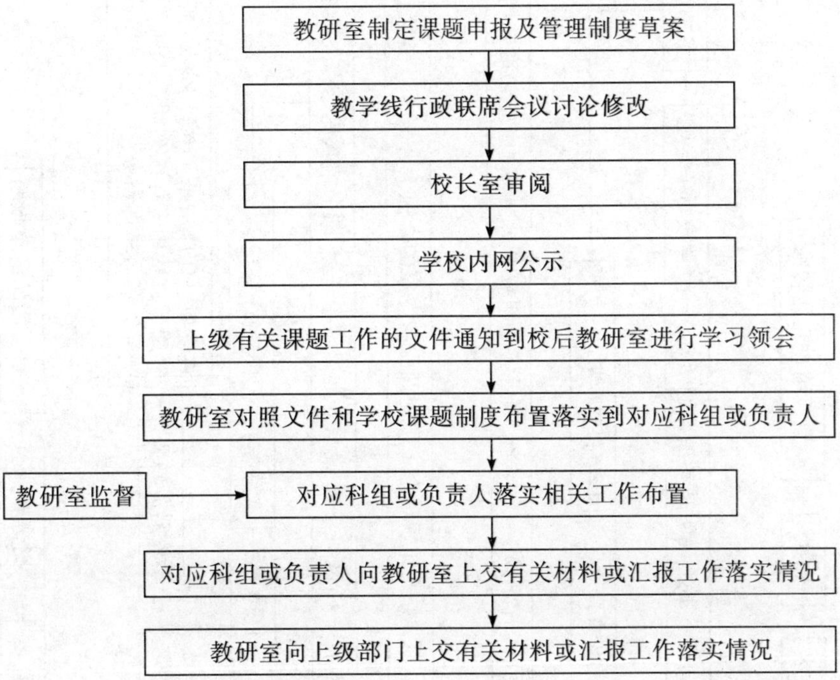

例2：番禺附中课题经费使用管理流程图

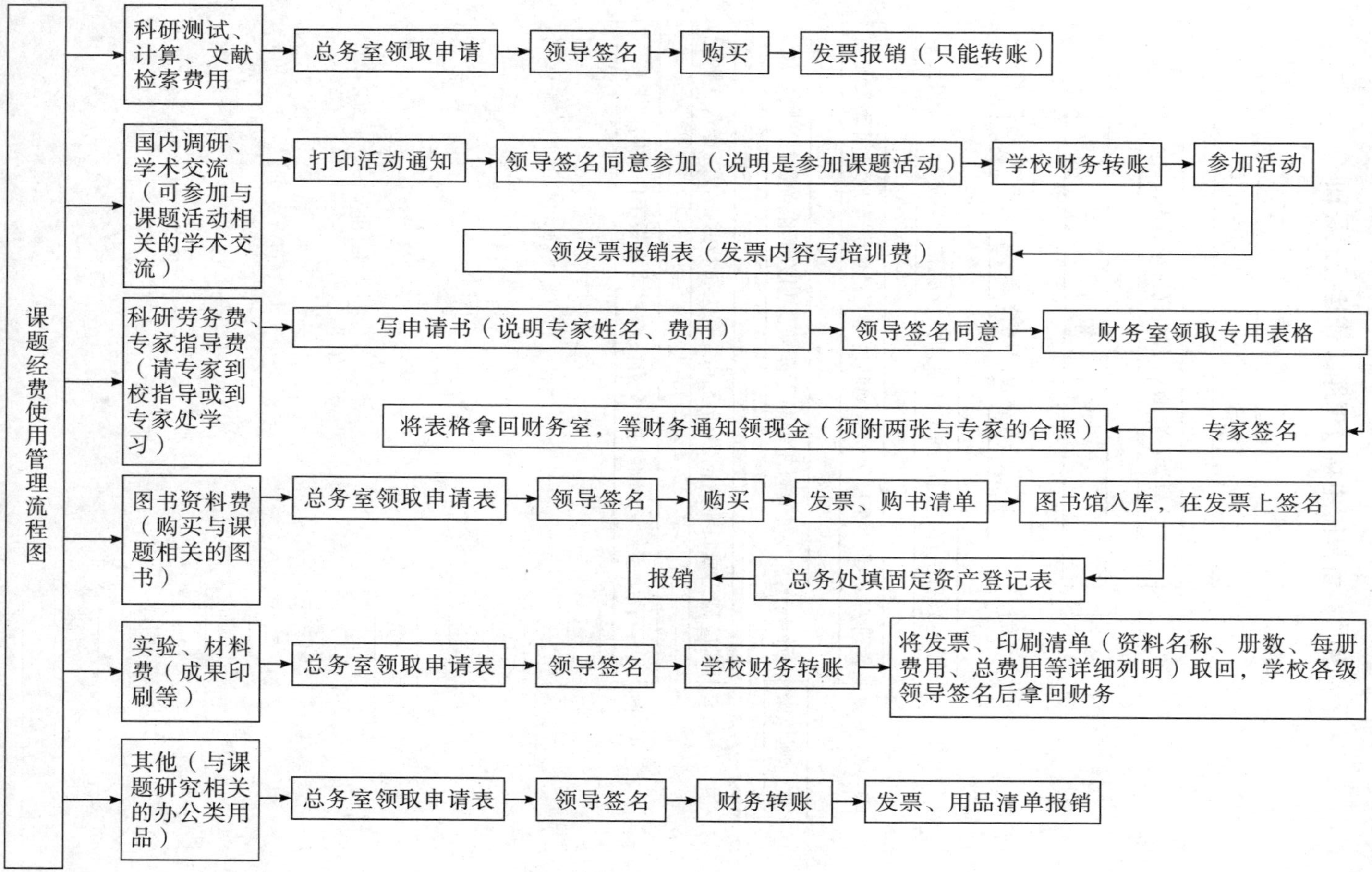

例 3：番禺附中教研刊物编辑出版运行流程图

教研室制订编辑出版计划
↓
校长室审阅
↓
教研室组织编辑材料
↓
印刷刊物
↓
教研室验收
↓
总务处报销

例 4：番禺附中常规教研工作运行流程图

教研室、教务处制订学期常规教研计划草稿
↓
教学线联席会议讨论修改
↓
召开教学工作会传达布置
↓
对应年级、科组、负责人落实
↓
对应年级、科组、负责人上交有关过程性材料（文字材料和照片）到教研室存档

例 5：番禺附中开展教学教研沙龙活动工作运行流程图

科组、备课组制定沙龙活动方案交教研室
↓
教研室与科组、备课组讨论修改
↓
科组、备课组按方案组织实施
↓
上交有关材料（文字材料和照片）到教研室存档 → 如涉及经费开支，按手续到总务处报销

例6：番禺附中教师参加各级各类教学教研业务培训工作流程图

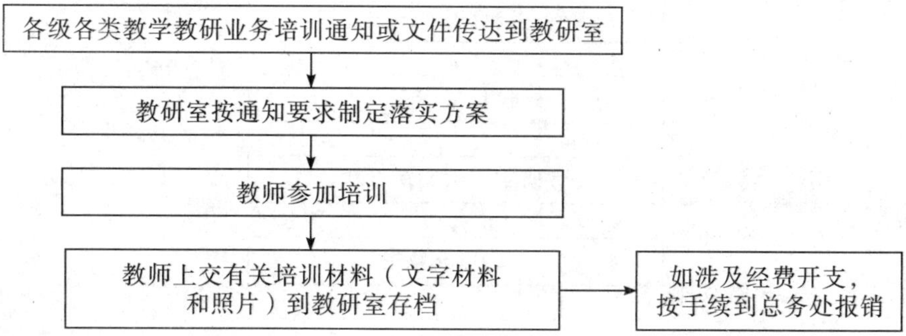

第五节　后勤服务

学校后勤服务涉及学校每个师生员工，与其切身利益息息相关，既是一项烦琐、辛苦的工作，也是一个单位的“门面”和“窗口”，其工作开展好坏直接影响职工的工作情绪、工作效率以及单位的形象与和谐。实践证明，没有有效的后勤工作作保障，其他工作就不可能顺利开展，甚至无法完成。

一、后勤服务的关键词

1．服务为本

学校的后勤管理应坚持以服务为本，以君子服务的理念，全心全意地为师生的安全服务、为教师的教和学生的学服务、为师生的生活服务。

2．用心至上

学校的后勤服务应坚持用心至上，竭尽所能让师生生存上安心、生活上放心、工作上舒心，从而使教师安心地教，学生安心地学，让学校真正成为教与学的乐园。

二、后勤管理的三大理念

1．阳光

后勤服务人员除了态度端正以外，还要树立阳光理念，坚持公开透明的基本准则，全面贯彻反腐倡廉方针。为此，后勤服务应强化制度建设，以防止发生权力风险为宗旨，不断完善学校后勤管理各项规章制度及操作细则，逐步规范权力运行机制和流程，尤其是在招投标、政府采购等环节，关注制度盲区，强化监控措施，全力构建全覆盖的完整监控链条，形成配置科学、程序严密、制约有效、阳光公开的权力运行监控机制，以促进学校后勤工作持续、健康地发展。

2. 绿色

“绿色发展”是国家五大发展理念之一，后勤服务应贯彻“绿色发展”理念，树立全新的资源观、低碳观，让绿色、低碳成为后勤服务人员及全体师生的共识。后勤服务应对学校现有资源进行摸查并全力整合，优化配置，厉行节约，减少浪费，在设施设备的添置、更新与行动推进上，充分彰显绿色管理观，让绿色管理和绿色环境共同成为学校的一道亮丽风景线。

3. 智能

在“互联网 +”和大数据时代，后勤管理部门应与时俱进，积极探索更加智能化的管理模式，为学校安全、教学和师生生活提供更加便利的服务。比如，探索智能化的服务平台，智能化的教学设施，智能化的管理平台等。

三、后勤管理的三大原则

1. 人本

人本原则有助于充分发挥后勤管理人员的工作潜能，让后勤人员也能获得实现人生价值的感受和体验。为了形成以“人”为核心的后勤管理流程，在后勤服务流程管理中，学校应特别关注各环节的高频高发问题、重要问题及其影响，引进后勤管理“问题库”，确保广大教职员工充分参与学校的流程管理，为后勤管理提供强大的智力资源。

后勤管理“问题库”的具体操作主要有以下两个步骤：第一，通过不定期访谈、座谈、问卷调查等方式，收集、整理师生广泛关注的问题，然后进行分类、筛选，拟订解决方案，形成具体层面的问题库。第二，对问题的解决情况进行跟踪、梳理，对暂时无法解决的问题进行整理、分析、调整为新的问题，重新纳入问题库。这不仅有利于激发全体教职员工参与的积极性，而且有助于形成总务后勤不断思考问题并总结经验的习惯。

2. 精细

“天下大事，必做于细”。后勤服务在后勤工作中必须把握“细”字，只有工作考虑得周全，细上加细，才能强化链接协作管理，使后勤工作得到师生员工的认可，提升学校整体办学效益。

精细化管理的原则，要求后勤管理部门严格落实“精、准、细、严”的四字精神。“精”，即追求精细，精致，追求最佳，最优。“准”，即准确，准时。“细”，即细致入微，把工作细化，管理细化，流程细化。“严”，主要体现在执行过程中，相关工作要做到制度化、流程化、表单化，要强调执行力。学校根据后勤服务涉及领域，进一步梳理、精选出最常用流程。确保后勤服务每一个工作步骤都有依据，有检查项目，有输出记录，环环相扣，逻辑严谨。组织教职员工了解流程，自觉按照规范走完流程，不走过场，不打折扣。

3．专业

无论是学校安保、学校环境、绿化美化、采购管理、食堂卫生，还是节能减排，都应该在职业化的基础上，体现专业化的原则。专业化是一种规范，是一种标准，更是学校品质和品牌的体现。学校保安的着装以及他的一言一行，在广大家长面前，就是学校形象的最佳展示；学校食堂卫生的标准化监控，各个环节均能体现专业化的要求；一些学校尝试引进了现代企业管理模式的“5S”管理法，即整理、整顿、清扫、清洁、素养，是一种专业化的管理理念和管理实践，对学校的办公室管理大有裨益。

遵循上述三大工作原则，必须建立后勤工作流程管理清单，健全权力运行程序化操作体系。在坚持流程管理的过程中，科学设计后勤人员管理、内部财务管理、基建（修缮）项目、物资设备采购等工作的流程管理，将监控机制融入相关环节，让事事有章可循，有制可依，确保后勤服务工作公开、透明、高效运行，使整个后勤管理中的权力运行形成一套完整的操作体系。

以下是我校总务处的权力清单登记表及主要后勤事务的工作流程图。

总务处权力清单登记表

单位：　　　　　　　　　　　　　　　　　　　　填表时间：

<table>
<tr><td>岗位名称</td><td colspan="2">主任</td><td>所属部门</td><td>总务处</td><td>责任人姓名</td><td></td></tr>
<tr><td rowspan="9">权力事项</td><td>1</td><td colspan="5">制定和落实学校后勤服务保障制度、负责后勤全面工作、财务管理、校产管理等工作</td></tr>
<tr><td>2</td><td colspan="5">负责学校物资采购、工程招标的工作</td></tr>
<tr><td>3</td><td colspan="5">小额经费审批工作</td></tr>
<tr><td>4</td><td colspan="5">外派校车的工作</td></tr>
<tr><td>5</td><td colspan="5">负责小型建设或维修；固定资产、流动资产管理工作</td></tr>
<tr><td>6</td><td colspan="5">完成校长和上级交办的其他任务</td></tr>
<tr><td></td><td colspan="5"></td></tr>
<tr><td></td><td colspan="5"></td></tr>
<tr><td></td><td colspan="5"></td></tr>
<tr><td colspan="2">岗位责任人签字</td><td colspan="2"></td><td>主管领导签字</td><td colspan="2"></td></tr>
</table>

例 1：番禺附中大型项目经费申请流程图

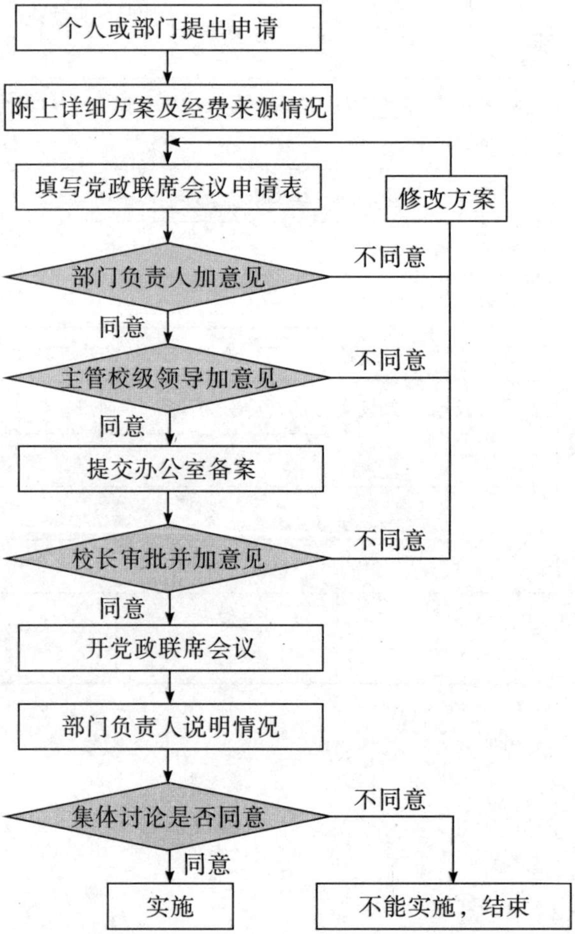

例 2：番禺附中大型采购项目工作流程图

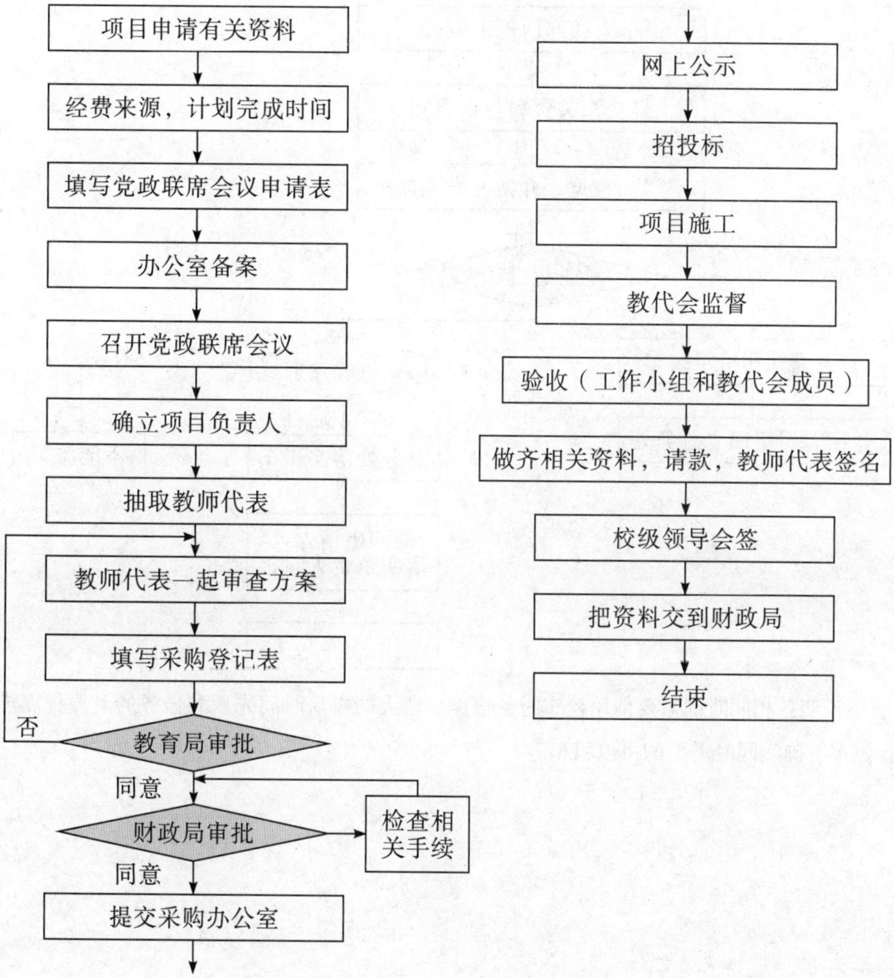

例 3：番禺附中申请车辆流程图

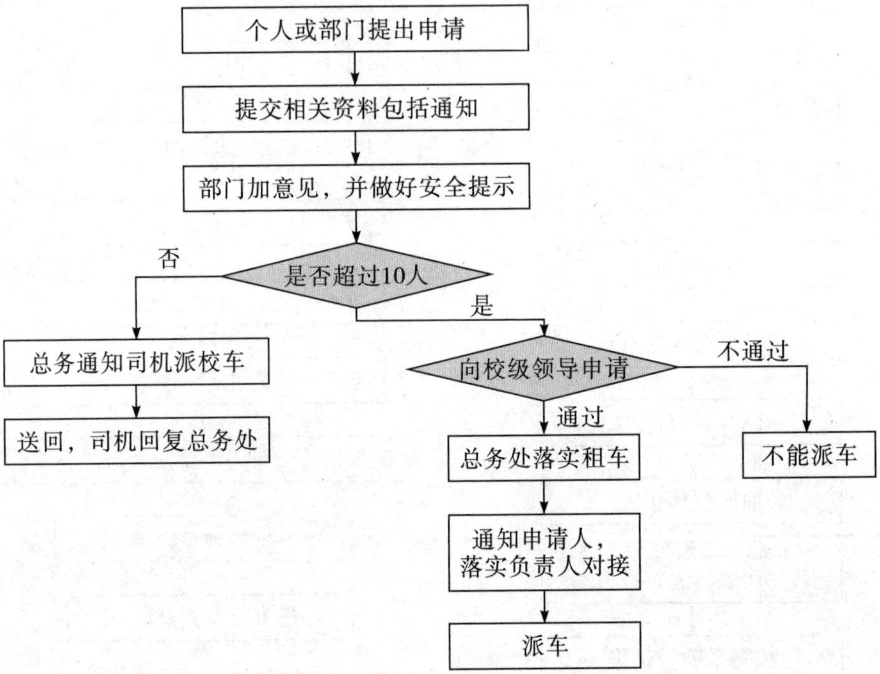

说明：相同时间需要使用校车时，根据申请人的申请时间先后和任务的重要程度进行派车。确实同时需要的可以租车。

例4：番禺附中经费申请流程图

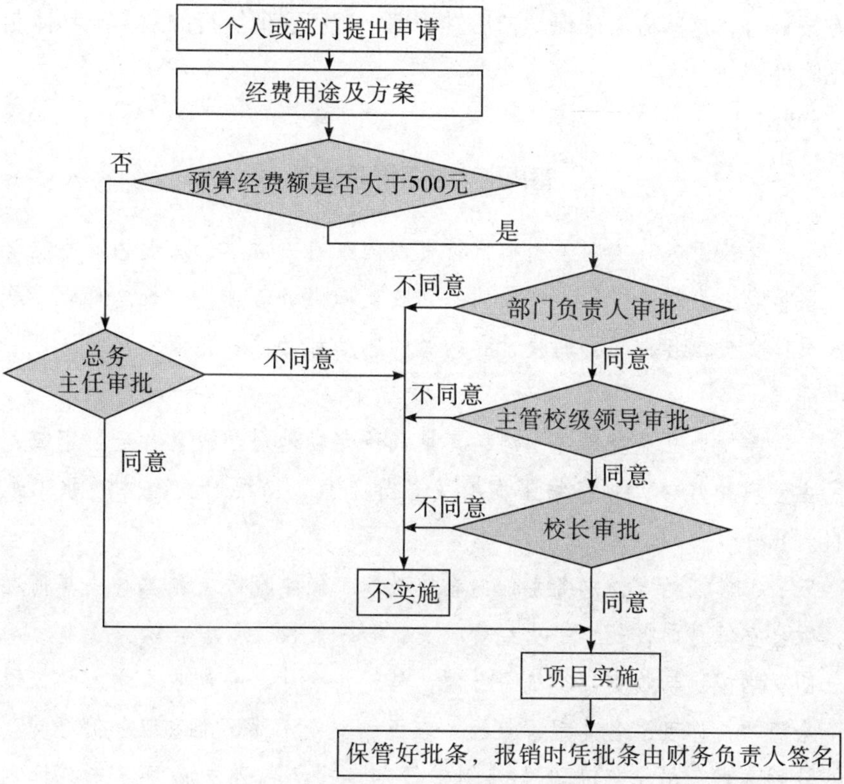

例5：番禺附中总务处维修流程图

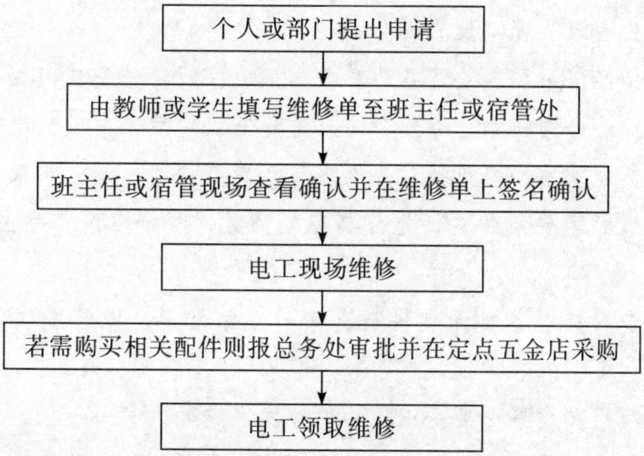

与此同时，学校制定了系列后勤管理的相关制度，如《番禺附中财务管理制度》《番禺附中加强财务管理的若干意见》《番禺附中学校后勤人员考核方案》等，这些方案确保学校后勤管理中流程管理执行的效率。具体制度详见附件。

[附1]

番禺附中财务管理制度

一、学校财务收支必须严格执行贯彻国家有关法律、法规和财务规章制度，坚持勤俭办学的方针。学校的一切收支归财务管理，校长总负责，总务主任具体负责，各种必要的收付和购买的物品都必须事先请示，经许可后方能办理。

二、学校成立监督领导小组，定期或不定期地对学校财务进行审查，实行民主管理和监督，并将结果向有关领导汇报，必要时向全体教职工进行汇报。

三、每学期始末，总务主任向全校教职工做学期收支预算和决算情况报告，财会室每月向校长作一次经费收支报告，使校长心中有数。

四、学校一切收支实行统一管理，杜绝小金库，一切收支均入学校财务账，未经学校许可，各处室、年级、班级、个人一律不准收取任何经费。坚持按计划办事，坚持经费开支计划审批制度，经费开支必须事先有计划报告，无计划报告不准办理，更不能报销，经费开支计划报告先由总务处初审，其计划审批办法是开支500元以内，由总务主任审批，500元以上由校长或校长办公会议研究审批。

五、一切经济活动，欢迎各处室参加，但应归口总务处向校长和行政会报告。一切经济合同应由总务处会同有关处室议定后，由校长或校长授权总务处签订，其他处室不得单独对外作出与经费有关的承诺，学校举行大型活动、系列训练等需要经费的，先与总务处商量，写好申请，再由校长审批，方可实施。

六、财会人员对各类开支要认真审核报销发票，做到手续完备（经手人、验收人、证明人、审批人签字），凡手续不完备的，财会室有权拒付。

七、各项报销发票必须是正规的税务发票或财政统一收据，凡是“白条子”一律不准代替发票报销，否则追究当事人责任。

八、根据《会计法》规定，财会人员对账目不明的数据可作询问或向领导汇报。凡不合理开支或提供假公济私等违纪发票，财会人员有权拒付，任何人不能对财会人员所履行的正常职责抵制或施加压力。

九、凡学校发出的奖品和基建款、维修款和书本费等一律有附件，否则财会室有权拒付。

十、关于外出公差和教研的经费报销的规定。

1. 外出人员凭上级通知，经校长同意，出差前到总务处进行费用测算(车船票、住宿、会务费等)，回校后再进行结账报销。禁止随意支付。

2. 外出人员购买了会议规定非买不可（规定性摊派的）物品须将物品交相应的保管人员，由保管人员签收后再履行报销手续。严格控制自行购买资料、书籍。

3. 广州教研只报销车费××元/人（不能用的士票)，无途中补助。

4. 学校有重要活动外出必须租用车辆时，由总务主任或校长审核同意后方能办理并结账。并要附上租车协议和申请报告。

5. 在广州市内零星车票报销时必须注明时间、人员、事由、数目。

6. 当月发票应当月报销。

7. 发票金额超 1 000 元的须转账或开支票。

十一、金额超过 5 万元的报销，要经过校长室成员会签才可以支付。

十二、关于购物的规定。

1. 各处室、各年级需要购物，须事先报告总务处，填写报告单，支出超过 500 元要由校长审核、批准方可购物。

2. 各处室所需物品的采购一律归口总务处，特殊情况和事项由办公室购买，其他任何处室不得擅自购物。

总务处可采取三种形式采购：

(1) 由总务处凭报告单购买。

(2) 由总务处会同需购物处室共同购买。

(3) 由总务处同意，由需购物处室购买。

3. 所需购买物品要货比三家，做到物美价廉和适用。数量适宜以免库存太久造成浪费。

4. 需要政府采购的物品必须先办齐手续，才能购买。

5. 购物一般由两人共同购买，按财务管理制度规定报账。

6. 超过500元的固定资产，报销时要复印发票给校产，并注明使用场室，以便做好财产登记。

十三、关于招待用餐的规定。

1. 本校内自开的各类会议一般不买水果，要买时须经主管领导批准才能购买。一小时内的校会学校一般不提供瓶装水。

2. 来客用餐实行先报告后登记再用餐的制度，经校长同意后总务处方能按财务制度和手续进行报销。在特殊的情况下，未先登记，回校后须迅速说明情况，补办登记手续。

3. 外出就餐时，不能随意签单。

［附2］

番禺附中加强财务管理的若干意见

为了完善现代学校制度建设，更好地落实学校财务管理制度，使学校能够健康、快速、和谐地发展，现特制定番禺附中财务管理的若干意见。

一、严格执行有关法律、法规、制度；所有行政领导和财务人员要加强学习，提高政治敏锐性和法律意识。

二、严格执行财务预算，坚持量入为出；勤俭办学，杜绝铺张浪费。

三、严格执行我校财务制度，所有项目必须先审批后实行。

四、所有项目要提前做好必要的准备工作，做好成本评估和核算。

五、所有项目的采购或建设都必须严格按照有关规定和相关程序执行，项目负责人要自觉接受监督。

六、工程质量必须监管到位，从项目开始确定方案、设计到开标再到实施都要监督人员（五位教代会代表）进行全程监督。

七、申请付款时严格按照合同执行，同时附上合同、中标通知书和监督人员意见。

八、报销的发票必须和采购物品一致，且一周内要付清，使用公务卡。

九、各处室所需物品统一由总务处采购，其他任何处室不得擅自购物。

十、本条例从××××年××月××日起开始实施。

［附3］

番禺附中学校后勤人员考核方案

为了加强后勤工作规范化、科学化管理，充分调动学校后勤人员的工作积极性，牢固树立服务意识，创造性地开展工作，确保学校各项任务的全面完成，特制定本考核方案，作为后勤人员量化考核的依据。

第一条　考核工作坚持客观公正、注重实绩、师生公认的原则，坚持考核结果与奖惩相结合的原则，考核对象为全体后勤人员。

第二条　考核内容主要包括德、能、勤、绩四个方面分等考核。

思想道德修养：主要从政治态度、工作态度和道德素养三个方面来考核。

政治态度：热爱党的教育事业，团结进取、为人师表，有敬业、奉献精神，能按学校安排积极参加各类政治学习。

工作态度：服从分配，大是大非观点鲜明，热爱本职工作，能秉公办事，不假公济私，工作踏实，能吃苦耐劳，勤勤恳恳。

道德素养：关心同志，不散布流言蜚语，不说不利于团结和工作的闲话，不制造矛盾，对人宽容，乐于助人，诚实守信，胸襟坦荡，顾全大局，勇于承担责任。

能：主要考核后勤人员的工作量和工作情况，按时保质保量完成本职工作，勇于承担责任，干一行爱一行精一行，独当一面，工作效率高。热爱本职工作，具有创造性，工作积极主动有条不紊，积极改进工作作风，具有进取精神，不轻易满足现状，提高服务质量，工作有计划，对本职工作的开展、完成有一定的超前意识，在第一时间解决问题，能坚持原则，按章办事，敢抓敢管，严于律己，无失职行为。

出勤：主要考核后勤人员的工作纪律，具体表现为严格遵守学校各项规章制度，不迟到不早退，坚守工作岗位，积极参加各类集体活动，大小会议不无故缺席、迟到、早退。

绩：主要考核后勤人员的工作质量与效益，具体表现为履行岗位职责，布置任务完成情况。

第三条　考核等次分为优秀、合格、基本合格、不合格四等，有下列情况之一的不能确定为优秀等次：

1. 本学期工作中有重大事故。

2. 在廉政、行风建设方面表现较差的。

3. 学期病、事假累计超过一个月的。

凡有以下情况之一者，明确为不合格：

1. 由于失职、渎职发生责任事故，造成经济损失。

2. 受记过以上处分尚未撤销或触犯刑律、受拘留以上刑事处罚。

3. 全年累计旷工3天以上。

第四条 考核的基本程序

1. 同行测评，每学期结束前召开全体后勤人员会议，全体后勤人员以无记名方式填写测评表。

2. 考核小组测评，由相关各处室代表组成。

3. 综合评价，测评中同行评价占总分的60%，管理小组占总分的40%。

4. 考核总分为100分。综合得分90~100分为优秀等次，70~89分为合格等次，60~69分为基本合格等次，59分及以下为不合格等次。

5. 考核结果

考核等次结果由学校领导集体审定后，通知给被考核者。被考核人如对考核结果有异议，要在考核结果与本人见面之日起一周内向学校考核工作领导小组申请复议。考核工作领导小组经调查核实，在15天内做出维持或改变原等次的决定，并以书面通知的形式通知其本人。测评结果作为评先评优奖惩的主要依据。

第五条 本方案自××××年××月××日起开始执行。

例6（案例1） 番禺附中C栋宿舍补漏改造工程交易操作流程

一、工程预算

工程预算资金24万元。属于施工单项合同投资估算10万元以上、不足100万元的小额建设工程，应按照《广州市小额工程建设工程交易管理办法》，采取在小额工程企业库中随机抽取法（摇珠法）进行交易。

二、操作流程

1. 将工程预算方案上交行政会议和党政联席会议讨论并备案。

2. 方案经行政会议和党政联席会议通过后，进行交易准备，包括图纸设计、工程造价概算等。

3. 依法组织编制和评审工程预算，并送财政评审部门审核。

4. 对财政评审部门的“评审结果确认表”进行审核，校长签字盖公章后交回财政评审部门，等待财政评审部门出“财政投资评审审核意见书”。

5. 将C栋宿舍补漏改造工程的规划及情况说明（包括用地和产权说明、工程涉及建筑面积说明等）、项目情况说明（包括资金来源及建设周期等）

盖公章后提交给教育局财建科审批。

6. 提交资料给招投标管理机构。包括项目的审批，核准资料，工程项目交易意向表，交易已经具备前置条件的证明材料，工程造价及预算情况，法律、法规、规章规定的其他材料。

7. 招投标管理机构接受交易。招投标管理机构在收到全部资料之日起3个工作日内，在“交易意向表”上出具意见。

8. 发布公告。按规定在交易中心网站发布公告。主要内容包括：工程项目名称，工程项目基本概况，发包价，报名人资格条件，报名时间、地点和办法，保证金交纳办法，交易时间、地点，联系方式和联系人等。公告时间为5个工作日。

9. 交易中心组织报名和交纳交易保证金工作。

10. 交易中心组织交易。在番禺区交易中心按照公告规定的时间和地点通过随机抽取法（摇珠法）依先后顺序确定3家承包候选人，并在网上公示3天。

11. 确定承包人。在确定第一承包候选人为承包人后，发出“工程发包通知书”，同时抄送项目监管部门。

12. 签订合同。学校与承包人按照合同示范文本签订合同，并按照“存档资料目录”顺序和要求，对交易材料实行“一项一档”管理，统一装订成册。

例7（案例2）　番禺附中办公用品采购流程

一、预算金额

预算金额20万元。属于“在2万元以上、政府采购起点（含）以下”的货物类采购。

二、采购方法

1. 成立采购工作小组。采购工作小组由5人组成，由校长任组长，小组成员必须包括工会主席和教代会成员。采购工作小组职责：根据单位需求，组织编制办公用品的采购方案并组织编制用户需求书。

2. 采购方案分别上交行政会议和党政联席会议讨论并备案。

3. 行政会议和党政联席会议都通过后，将用户需求书电子版通过番禺区教育局OA邮箱报送到区教育局教育装备招投标小组进行审核。

4. 审核通过后将采购确认书（一式一份）、用户需求书与政府采购登记表（一式两份）加盖单位公章后一起上报区教育局教育装备招投标小组加注意见并盖章。

5. 由采购工作小组自行邀请有相关资质的三家公司进行询价，采取同时现场报价的形式进行对比，按采购工作小组制定的选取原则选出一家中标公司，并做好现场报价的会议记录。采购工作小组将中标情况报送学校行政会议审核后与中标公司签订合同并实施。

6. 验收完毕后，将验收文档与采购合同一起交到区教育局教育装备招投标小组加盖确认章，然后办理支付手续。

[附]

政府采购起点以上采购流程：通用类项目（协议供货）

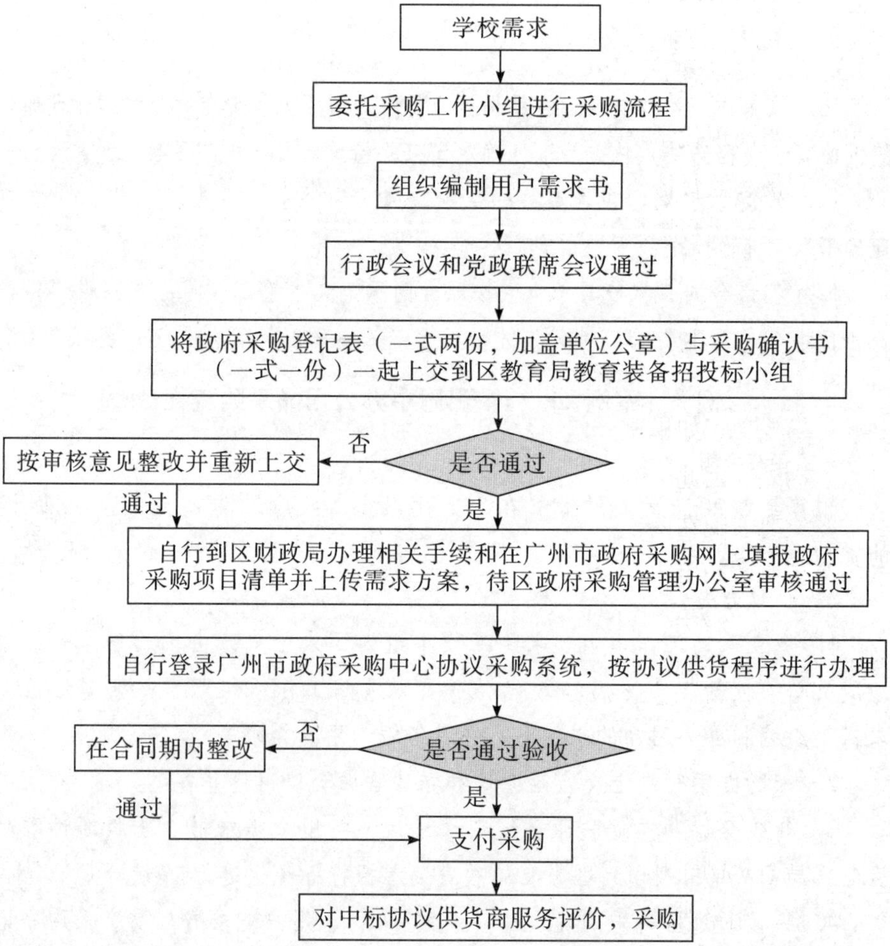

第五章 民主监督流程

现代学校的基本要素是民主、开放和多元，民主建设是引领区域发展的重要举措，特别是随着教育体制改革的不断深入，在教育改革进程的瓶颈期，现代学校的民主建设显得尤为重要，是现代学校制度建设的重要内容，也是学校权力正常运行的重要保障。因此，在学校管理中，构建科学、规范、高效的现代学校民主监督体系，形成决策、执行、监督三权制衡的管理框架，是当前现代学校制度建设的重要内容；现代学校在运行的过程中，建立权力制衡和监督体系，构建相关的权力制衡和监督机制，以及岗位问责机制，是学校实施权力运行和流程管理的重要保障和补充。

第一节 现代学校的权力制衡与监督体系

任何权力，如果离开了制衡与监督，必将导致失范与滥用，学校行政权力也不例外。因此，对校长及其他行政权力进行制约与监督势在必行。监督的目的主要表现在两个方面：一是遵纪守法保廉洁，二是科学高效促效能，促进学校决策的民主化，执行的规范化，监督的公开化。监督的目的，说到底，就是让“权力行使者”因为畏惧党纪国法的威慑而不敢腐败，到因为受制于权力制衡、制度制约而不能腐败，到最终因为受限于道德与自律而不想腐败。

在决策权、执行权与监督权相互制约的格局中，决策要“慎”，执行求“效”，监督在“廉”。因此建立结构合理、配置科学、程序严密、制约有效的权力运行机制，从决策和执行等环节加强对权力的监督，保证把学校赋予的权力真正用来为师生成长和学校发展服务。

一、决策系统的构成及职能

建议设立理事会作为学校的最高决策机构。理事会是学校的决策机构，其成员由举办者、学校、社区人士、学生家长等各方面的代表组成，根据学校自身要求，学校法人代表可以是理事长也可以是学校校长。理事会执行国家的政策法规和教育行政部门的决议决定，对学校的教育、教学、科研、行政、人事、财务和聘任校长等重要事项进行决策。理事会也可根据学校的章程，授予学校党政联席会议、校长办公会议在一定范围内行使决策权。理事会主要代表政府、社区、学生和家长的利益，是各方利益的代表。同时它也是平衡各方利益的中介机构。理事会实行集体决策和过半数的原则。理事会的建立可以改变目前政府或教育行政部门直接任命校长的做法，改由理事会遴选报政府审核任命。这一做法从组织上决定了校长对理事会负责，对教师和学生负责，对学生家长及社会负责。

二、执行系统的构成与职能

执行机构应由校长为首的一整套高效的职能部门组成，负责学校日常事务管理，是学校内部的各级行政机关。校长是学校日常教育、教学等工作的最高行政长官，全面主持学校经营管理工作，组织实施理事会的决议，其他专业性强的诸如教学管理、德育管理和后勤财务管理分别由分管的副校长负责。学校各处室主任、年级组长、教研组长、备课组长和班主任是相应线条在学校日常教育教学等工作的主要负责人，落实上一级校内行政部门的工作任务。校长实行理事会聘任制，依照章程赋予的职能和理事会授权开展工作，并对理事会负责。

三、监督系统的构成及职能

监督系统是学校高效有序运作的有力保障，设立监督机构的目的在于实现学校内部权力的分配与制衡。建议设立学校校务监督委员会作为学校的监督机构，校务监督委员会由学校党组织代表、工会代表、教师代表、学生家长代表等人员组成，主要职能是依照法律和章程对校长行使职权的活动进行监督，防止滥用职权，实现公开、公平、公正。除校务监督委员会外，在学校内部还要不断完善监督系统中的校务公开、民主监督、听证会、民主党派座谈会、干部考核等各项制度。

第二节　现代学校民主监督体系与机制的构建

一、民主监督的多元主体与客体

在现代学校制度背景下，学校的治理结构发生了很大变化，学校民主监督的主体与客体呈现多元化的特点。正确认识学校监督主体与监督客体的层次性，明确每个角色在学校监督活动中的地位和作用，完善学校的民主监督机制，要充分考虑学校利益相关方的合理诉求。

1. 监督的主体

（1）学校党支部。学校党组织对学校行政的重大决策有参与权，并行使监督权。学校党支部作为党的基层组织，要保证其在学校的政治核心地位，同时要使党员，特别是党员干部起模范带头作用，要监督党员干部和其他任何工作人员严格遵守国法政纪，严格遵守国家的财政经济法规和人事制度，不得侵占国家、集体和群众的利益，凸显学校党支部的战斗堡垒作用。

（2）学校理事会。理事会是学校的最高决策机构，全面负责学校的办学方向和目标定位。学校一般实行理事会领导下的校长负责制，理事会对学校经营与管理中的具体职能包括：制定、修改、通过学校章程和理事会章程；审议并批准学校发展规划；聘任和解聘校长；根据校长提名聘任和解聘中层及以上干部；审议并通过学校的预决算方案；通过学校机构设置、人员编制及工资标准；决定学校的分立、合并、终止等。成员一般由举办者代表、学校校长和社会知名人士组成。理事会的宗旨是加强学校与社会各界的联系和合作，吸引社会各界共同关心教育，增强学校活力，全面提升教育教学质量，为办好让人民满意的教育提供有力的人力资源支撑。

（3）教代会。教代会是在学校党组织的领导下，以其主人翁地位参与学校管理，行使民主管理和民主监督权，是全体教职工的群众性代表。教代会职权范围包括：定期听取校长的工作报告和学校的财务报告，审议学校发展规划和校长负责制任期目标责任书；对学校有关重大改革方案、财务预决算等，提出意见与建议；协助与支持校长做好学校的管理工作，并对学校的管理提出意见和建议；审议通过学校有关各项行政管理制度；审议决定与广大教职工切身利益相关的事项；评议监督本校行政管理人员的德、能、勤、绩、廉并提出奖罚任免建议。

（4）家长委员会。《国家中长期教育改革和发展规划纲要（2010—2020年）》（以下简称《纲要》）要求建立中小学家长委员会，以推进现代学校制度建设。《纲要》第13章内容为“建设现代学校制度”，其中提出：“适应中国国情和时代要求，建设依法办学、自主管理、民主监督、社会参与的现代学校制度，构建政府、学校、社会之间新型关系。”在该章第41条“完善中小学学校管理制度”中，专门提出“建立中小学家长委员会”。家长委员会是由家长代表成立的组织，家长委员会代表一般是8人左右，代表全体家长参与学校民主管理，支持和监督学校做好教育工作的群众性自治组织，作为家长与学校、家长与家长沟通的桥梁，关注学生的教育和发展。家长委员会的宗旨是：坚持家校沟通与合作，让家长充分参与学校管理，有效体现家长对学校教育教学工作的知情权、评议权、参与权和监督权；完善学校、家庭、社会三位一体的教育体系，营造良好的教育环境；为学校的发展和学生成长提供资源和帮助；深入推进素质教育，促进学生的全面发展。

（5）学校、社区、家长联席会议。学校、社区、家长三方联手是加强青少年思想道德建设系统工程的重要组成部分。学校、社区、家长三方或其中两方定期或不定期地召开联席会议，是加强其合作教育功能的重要途径之一。学校领导全方位地向来宾汇报学校教育教学各方面情况，并郑重向社会、家长承诺，主动接受社区、家长对学校工作的监督，真诚听取社区、家长们的真知灼见，这有利于进一步促进学校的可持续发展。

2．监督的客体

现代中学监督体系的监督客体既包括学校党政的“一把手”、党支部、辅助决策系统的各个部门，也包括执行系统的各职能处室、各年级组、各教研组、各备课组以及各班级的负责人。监督的客体与监督的主体有时角色可以互相转换，有时可以互相交错，有时可以互相包容。

二、民主监督的方式与类别

1. 按监督方式分类

（1）决策监督。如何对决策权进行监督？在所有的失误中，决策的失误是最大的失误；在所有的腐败中，决策腐败是最大的腐败。正确的决策，是工作取得成绩的前提。决策监督是一种高层次的监督，是一种源头监督，是一种有效监督，是各种监督的核心。建立科学民主的决策机制，一是要监督决策前的调研是否做到深入实际、深入基层、深入师生，二是要监督决策论证是否充分而全面，三是要监督决策程序是否合法依规，四是要对决策结果进行延伸监督。为方便在延伸监督过程中发现问题时进行责任追究，要对每个参与决策人员的意见做详细记录，并要求每个参与决策人员在决策结果上亲笔签名。加强决策监督，制约权力运行，是学校民主建设的重要方面，是关口前移的重要举措，是提高学校管理水平的重要内容。

（2）执行监督。在执行监督中，一是抓大放小，对重点项目、关键事项监督。监督机构的人力和财力有限，决定其只能对一些“敏感地带”进行重点监督，对非重点监督部门，则需要通过健全部门制度，深化党内监督，扩大党外监督，鼓励群众监督，引导舆论健康，确保监督的有效性，使群众真正起到监督作用。二是既要监督廉洁与否，也要监督效能如何。执行监督是学校民主监督体系的重要环节，对各项工作效能的有效监督，使学校各项工作有序、高效地开展，也是民主监督的效能体现。

（3）制度监督。要求各部门根据学校要求、结合自身特点制定并公开相关监督制度、工作流程，就是把“权力关进制度的笼子”，用制度管人，按流程、按制度办事。既方便上级领导的监督，也方便本部门群众的监督；既方便监督部门的监督，也方便社会舆论的监督。

（4）专项监督。监督部门应介入大额采购、工程建设等一些可能产生腐败的工作中进行“专项监督”，防止腐败现象出现。要注意处理好“到位”与“越位”问题。

（5）管理监督。强化上下级之间的监督，把监督真正地融入日常的管理工作之中，使相互之间的监督常态化。

（6）考核监督。把对干部的日常考核及年终考核作为监督的一个重要方面。考核指标体系要科学合理，既能对学校的干部从德、能、勤、绩、廉五个方面细化、量化后进行考核，又能有利于激发教职工的工作积极性、主动性和创造性。

（7）延伸监督。无论是对决策部门还是对执行部门的某项工作，过一段时间以后要对事项的预期目标进行评估、总结和反思，看其是否达到了预期的目标，如果没有达到，就要根据相关工作记录及署名查找原因，必要时应追究相应责任人的责任。

2. 按监督类别分类

（1）党内监督。《中国共产党党内监督条例（试行）》第三条明确指出："党内监督的重点对象是党的各级领导机关和领导干部，特别是各级领导班子主要负责人。"党内监督要强化上级对下级的监督，学校的党总支书记必须切实履行学校党总支对校长和副校长的监督职责，把监督工作，尤其是对党员干部的监督工作，作为管理工作的重要方面和环节。

（2）党外监督。一般来讲，民主党派成员爱国热情高、参与意识强、文化素质好，有知识分子的忧患意识。事实证明，在多次革命的危急关头，民主党派都给予了中国共产党热情的帮助。所以，充分发挥民主党派的监督作用，扩大党外监督的范围，在与腐败决战的当前形势下显得尤为重要。

（3）行政监督。由校务监督委员会牵头，对执行系统各个职能部门的规章制度是否健全进行监督，对执行过程进行监督。既要监督其廉洁与否，也要监督其效能高低，相互发现问题，相互补台，确保各项工作顺利实施。组织特聘监察员对重点工作进行专项监督、延伸监督并实施责任追究。

（4）经济监督。由校务监督委员会牵头，对学校财务、后勤、基建等部门的财务、业务情况进行监督。发现问题，由校务委员会调查并解决，定期向教代会报告。

（5）舆论监督。无论是传统的校刊、校园广播、电视，还是现代的互联网等媒体，不仅是学校宣传的需要，同时也应该成为反映群众心声的平台。尤其现在互联网技术迅猛发展，更要利用现代媒体时效性强、辐射面广、透明度高及威慑力大等优势，充分发挥舆论监督的强大作用。

（6）群众监督。搭建一个信息通畅、反应快捷的申诉平台。注重提高师生、群众的监督意识，鼓励师生、群众参与监督，有条件的学校，可以设举报奖励基金。监督客体要主动接受监督，同时对各诉求要及时反馈，使群众监督成为监督系统中最具生命力的部分。

三、民主监督机制的运作

民主管理是现代学校制度框架下的学校治理结构和制度建设的重要内容，是建设现代学校制度的基本要求。加强民主建设，健全监督机制，同时注重人文关怀，创设宽容、温馨、和谐、奋进的良好氛围，是建设现代学校制度的重要内容，也是贯彻以人为本，建设幸福学校的必然要求。

番禺附中是广东省基础教育综合改革试点单位，番禺区、广州市现代学校制度建设的典范。在现代学校制度建设的实践中，学校坚持推行民主监督参与机制，充分发挥党政联席会议、校长办公会议、行政扩大会议、教代会及党总支在决策中的民主监督作用，最大限度地实现决策的科学性、民主性。同时，学校还注重发挥教代会、家长委员会以及学生会等二级组织在学校管理中的民主与监督功能，体现学校管理的开放性和民主性。为加强党的领导，学校设专职党总支书记，党总支下辖四个党支部。党总支书记按照有关规定产生，配合校长做好学校全面工作，充分发挥学校党总支的政治核心、监督保证和战斗堡垒作用。特别是学校建设和采购项目都有项目负责人，同时实施时必须在教代会代表中随机抽取五位代表全程参与和监督，学校一如既往地坚持校务公开，提升工作的透明度，使工作公开、公平、公正。

1. 教工代表大会

教工代表大会是学校实行民主管理的基本形式，是教职工行使民主管理的权力机构。凡与学校签订聘任聘用合同、具有聘任聘用关系的教职工，均可当选为教代会代表。教代会代表以教师为主体，教师代表不得低于代表总数的60%，由教职工直接选举产生，并应当根据学校实际，保证一定比例的青年教师和女教师代表。民族地区的学校和民族学校，少数民族代表应当占有一定比例。教代会主要侧重于协调学校内部关系，具体职权包括：审议学校制定的岗位责任制、考核制、奖惩制等涉及教职工利益的重要事项；评议、监督学校领导干部；听取校长工作报告；审议校长职权范围内的某些决议，如：学校章程草案、学校发展规划、教职工队伍建设、教育教学改革、校园建设以及其他重大改革和重大问题解决方案等。校长应充分尊重教工代表大会行使民主管理学校的权力，接受教工代表大会的监督。

例 1：番禺附中教工代表大会工作流程图

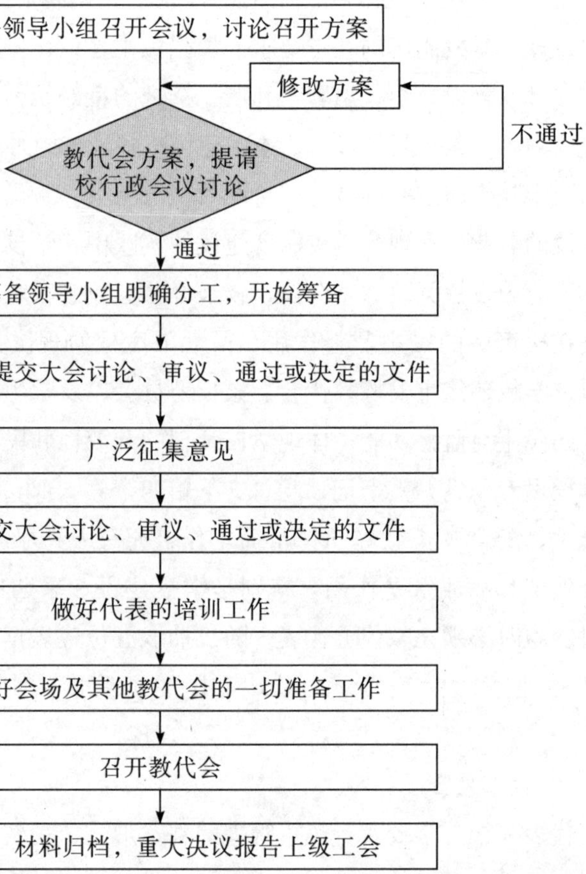

例 2：番禺附中工会开展活动申请流程图

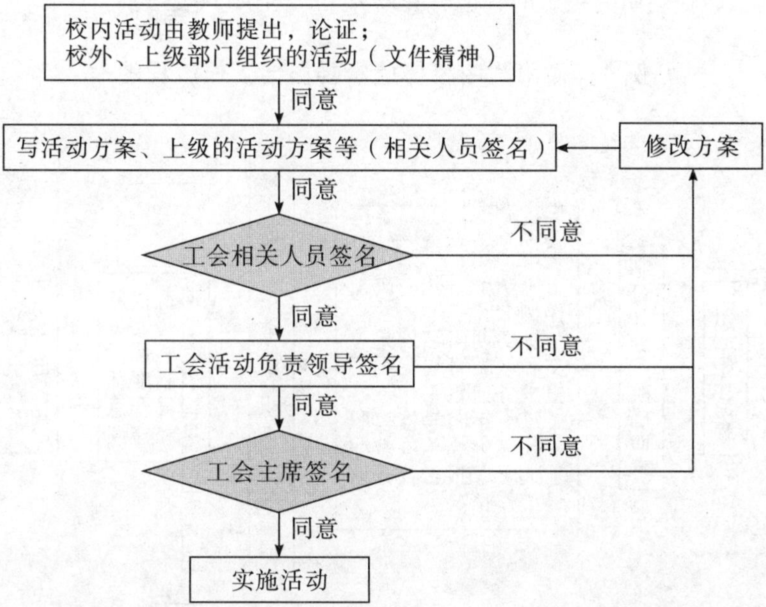

例 3：番禺附中工会经费申请流程图

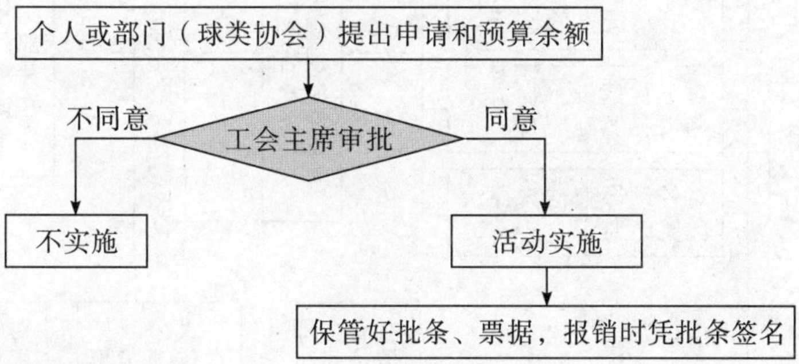

2. 校务监督委员会

校务监督委员会是由学校民主选举产生，在学校党委领导下对校级事务实施监督检查的校级民主监督组织，是学校管理中有关事项的参与者、建议者、审议者和监督者，向教代会负责并报告工作。校务监督委员会一般由 3～7 人组成，委员会主任原则上由学校纪检负责人或工会负责人担任，校务监督委员会成员应有 1～2 名熟悉财务工作的同志（非现职财务人员）。其工作职责包括：重大校务决策监督；财务监督；工程建设监督；重大事项监督以及对由教代会研究决定的其他有关校务工作的执行情况进行监督。

例 4：番禺附中校务监督委员会工作流程图

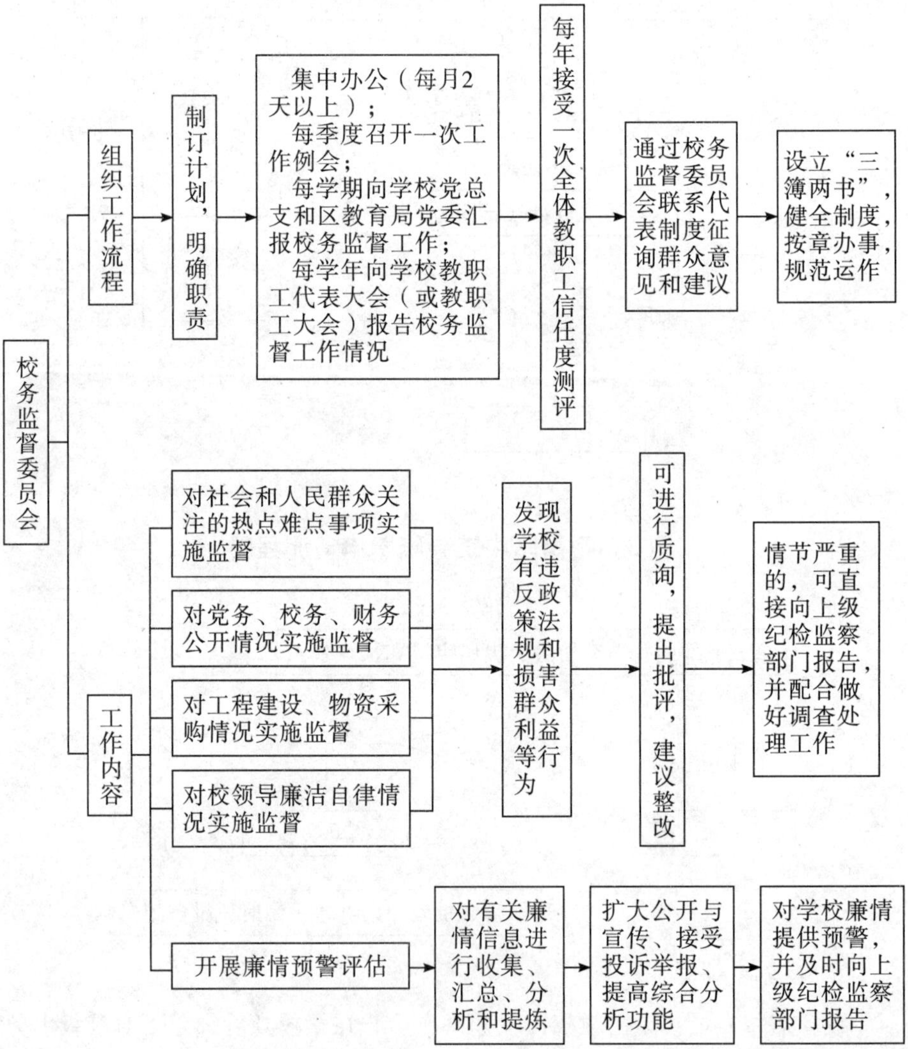

［附］

番禺附中校务监督委员会工作制度

根据穗监纪审〔2013〕14号文件《广州市中小学校监督委员会试点工作实施方案》要求，至2014年底，全市中小学要建立校务监督委员会，番禺附中通过校内民主选举，在学校党总支领导下，成立校级民主监督组织“番禺附中校务监督委员会”（下称委员会）。委员会对校级事务实施监督检查，是学校管理中有关事项的参与者、建议者、审议者和监督者，向教代会负责并报告工作。为进一步完善校务监督委员会工作，促进学校民主监督工作的科学化、制度化、规范化，结合学校的实际情况，特制定本制度。

一、总则

1. 学校校务监督委员会主任负责校务监督委员会各项工作部署，协同副主任研究制定工作计划，对委员进行分工，明确职责，检查督促工作落实。

2. 围绕校务监督委员会的工作任务，校务监督委员会每月至少集中办公两天以上；一般每季度召开一次工作例会，研究分析学校廉洁自律、校务监督和群众诉求等情况，提出解决问题的建议。必要时可随时召开会议。每学期至少一次向学校党总支和区教育局纪委报告校务监督工作情况；每学年至少一次向学校教职工代表大会（或教职工大会）报告校务监督工作情况。

3. 学校校务监督委员会要自觉接受学校班子成员和全体教职工的监督，每年接受一次全体教职工信任度测评。

4. 校务监督委员会征询意见和建议实行校务监督委员会成员联系代表制度，每个成员联系8～10名教职工代表。征询群众意见和建议以书面形式进行。每次征询意见、建议时，要填写征询意见书，加盖校务监督委员会印章（或学校公章代章）后发至代表，由代表独立自行填写，填写征询意见书，可以实名，也可匿名填写。

5. 校务监督委员会要设立工作台账，健全制度，按章办事，规范运作。坚持民主集中制原则，议事制度健全，成员分工明确，坚持重要问题集体讨论决定。建立健全工作档案资料，监督档案必须完整、规范。设立“三薄两书”，即会议记录簿、监督事项登记簿、意见收集登记簿，征询意见书、意见反馈整改建议书，保证监督工作开展的完整性。

二、工作内容

1. 对社会和人民群众关注的热点难点事项实施监督。

对学校执行招生工作政策、规定和纪律情况，学校学杂费、择校费、住宿费、伙食费、军训费、校外活动等收费（含应收费、服务性收费和代收费）项目、标准以及使用管理情况，执行教材教辅管理规定情况，执行校服款式、质量、数量等合同条款以及价格、发行等进行监督。发现学校有违反政策法规和损害群众利益等行为，可进行质询，提出批评，建议整改；情节严重的，可直接向上级纪检监察部门报告，并配合做好调查处理工作。

2. 对党务、校务、财务公开情况实施监督。

对学校重大问题决策、重要干部任免、重大投资项目决策、大额资金使用等“三重一大”事项是否按照规定程序进行实施监督。重点包括：教育收费的公示情况，捐资助学费用落实“收支两条线”情况，财务收支及“三公”经费、会议费、科研费等收支公示情况；涉及学校、教师、学生利益的重大事项、重大问题的决策过程和结果是否按照规定程序进行；人员聘用、职称评定、晋级晋职、评先评优、绩效奖惩和有关生活待遇的事项是否按照规定程序进行；招生考试、保送生和特长生推荐、奖学金评定发放、困难生减免学杂费等是否按照规定程序进行，是否进行公开。对应由学校教职工代表大会（或教职工大会）进行讨论决定的事项，学校不履行会议程序或擅自作出决定的事项，校务监督委员会应及时向学校班子提出整改建议，如学校无正当理由不采纳，可向上级纪检监察部门报告。

3. 对工程建设、物资采购情况实施监督。

对学校大宗物资采购（含学校后勤物品、食堂用品、学生生活用品采购等）和学校各种基建工程项目，从立项、招投标、质量验收到资金预决算及支付的公示情况，对学校资产盘点、移交及资产处置等是否按照规定程序进行实施监督。发现问题的，校务监督委员会应及时向学校班子提出整改建议，如学校无正当理由不采纳，可向上级纪检监察部门报告。

4. 对校领导廉洁自律情况实施监督。

对学校党员领导干部执行“十个严禁”，即：严禁用公款搞相互走访、送礼、宴请等拜年活动；严禁用公款吃喝、旅游和参与高消费娱乐健身活动及违规打高尔夫球；严禁出入私人会所、借培训中心奢侈浪费；严禁用公款购买赠送贺年卡及烟花爆竹等年货节礼；严禁用公款接待走亲访友、外出旅游等非公务活动；严禁利用婚丧喜庆敛财；严禁违规收受礼品、礼金和各种有价证券、支付凭证、商业预付卡、电子红包；严禁参与各种形式的赌博活动；严禁公车私用；严禁将相关费用转嫁给国有企业、民营企业等廉洁从业规定情况实施监督。发现苗头性倾向性问题，要及时提醒；情节严重的，可直接向上级纪检监察部门报告。

5. 开展廉情预警评估。

对有关廉情信息进行收集、汇总、分析和提炼，通过扩大公开与宣传、接受投诉举报、提高综合分析功能等手段，对学校廉情提供预警，并及时向上级纪检监察部门报告。

三、职责与权利

1. 校务监督委员会职责。

(1) 认真完成校务监督委员会应该监督的事项，包括学校重大问题决策、重要干部任免、重大投资项目决策、大额资金使用等“三重一大”事项是否按照规定程序进行，以及对其他需要监督的事项进行民主监督。

(2) 主动收集并认真受理教职工的工作意见和建议，及时向学校党总支反映教职工对校务管理工作的意见和建议。

(3) 支持和配合党总支、学校行政正确履行职责，协助做好有关工作。

(4) 积极参加学校党总支和上级主管部门等组织的有关活动。

(5) 模范遵守学校的规章制度。

(6) 坚持客观公正、实事求是反映问题的原则。

2. 校务监督委员会权利。

(1) 知情权。校务监督委员会成员可向学校和全体教职员工了解工作情况，可查阅与监督事项有关的文件资料，了解掌握校务的决策、管理及执行情况。

(2) 监督权。学校（校长）要主动接受校务监督委员会成员的监督。校务监督委员会成员应列席或参加学校“三重一大”事项的研究讨论。对学校“三重一大”事项，党务、校务、财务公开情况以及需要监督的其他事项的执行程序进行监督。

(3) 建议权。对学校党组织和行政部门的党务、校务等各项事务的公开有提出意见和建议的权利。

(4) 反映权。学校党总支和部门拒不听取校务监督委员会的建议，或发现有违规操作及腐败现象时，校务监督委员会成员有向上级纪检监察部门反映的权利。

四、工作纪律

1. 在国家法律、政策规定范围内开展监督工作，不得违反国家法律法规和政策规定、损害师生合法权益和要求学校领导班子违反法律法规开展工作。

2. 正确行使监督权，不得直接参与本单位决策、管理，不得干涉学校正常工作。

3. 按照分工做好职责内的工作，客观公正地开展监督活动，不得滥用监督权力或借监督之名故意刁难领导干部正常履职。

4. 廉洁自律，不得以权谋私、假公济私和收受被监督人的财物或插手工程建设。

5. 及时督促纠正发现的问题，重大问题向上级纪检监察部门报告，不得瞒报、谎报。

6. 遵守保密纪律规定，妥善保管好监督工作的各种资料，不得擅自公布监督事项中的问题或散布不实信息。

7. 及时妥善处理收集受理的问题、答复群众的质询，不得借故推脱、敷衍和激化矛盾或支持群众集体上访。

8. 带头遵守法律法规和本单位规章制度，做好廉政勤政的表率。

3. 学生会

学生会是代表学生的群众组织，是学校联系学生的桥梁和纽带，是学生参与民主管理的权力机构，是学校民主管理和民主监督的基本形式之一。学生会在校党总支和学校团委的指导下，围绕学校中心工作，以服务同学，促进全体学生全面发展为工作宗旨，依法依章独立开展工作，代表学生的利益、权利，并履行应尽的义务。

例 1：番禺附中学生会工作流程图

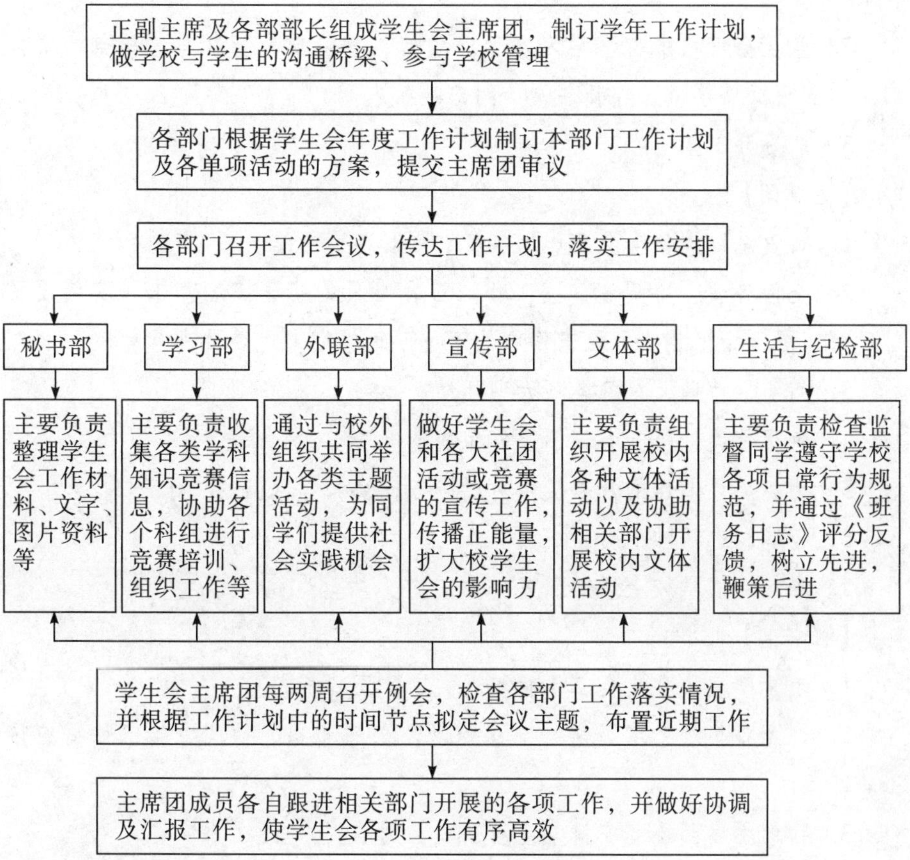

[附]

番禺附中学生会工作制度

广东第二师范学院番禺附中学生会是在学校党总支领导下、校团委的指导下，结合学生会组织自身实际情况，开展全校学生活动的学生组织。为了加强学生会自身队伍建设，提高自身形象和工作能力，以便更有效地开展各项活动，特制定本制度。

一、学生会干部职责条例

1. 学生会干部的工作原则：勤于工作，乐于奉献。

2. 学生会干部的工作态度：严以律己，宽以待人。

二、学生会机构设置

1. 学生会设委员21人，其中主席1人，副主席2人，部长6人，副部长12人。

2. 学生会设秘书部、学习部、外联部、宣传部、生活与纪检部、文体部，各部根据需要设正部长一人、副部长两人。

3. 职责分工。

【主席团】

1. 负责制订校学生会工作的年度计划和年度总结。

2. 全面管理、协调各部门工作，对各委员的工作态度和工作实绩要及时了解，勇于指出各委员在工作中的不足，每学期末对委员进行考核。

3. 组织、协调、统筹各项大型活动。

4. 负责督促、检查各部门工作完成情况。

5. 为各委员工作的开展提供后勤服务，协调各部门的工作分工。

6. 招募、选拔学生会新成员。

7. 如期完成学校上级部门安排的工作。

【秘书部】

1. 负责整理校学生会工作材料、文字、图片资料。

2. 注意收集校、年级学生会工作动态信息报道，协同宣传部做好宣传工作。

3. 协助主席团统筹安排学生会新成员的培训内容。

4. 每周汇总各部门检查结果。

【各部部长】

1. 负责完成本部门学期各单项活动的工作计划和工作总结。

2. 按照主席团布置的工作内容，结合本部门特点，开展主题鲜明、健康向上的活动。

3. 负责本部门干事的招聘、培训及工作安排。

4. 及时了解本部门干事的工作态度和工作完成情况，勇于指出干事在工作中的不足，并能协调干事间的关系。

5. 部长应熟悉学生会工作程序，能够协调本部门和其他部门之间的关系，尊重其他部门工作的独立性和工作成绩，在其他部门需要帮助时，应及时给予支持。

6. 按时完成主席团交办的工作任务。

【各部干事】

1. 干事应通过严格招聘程序进入学生会。

2. 积极主动并认真完成所在部门部长交办的各项工作。

3. 与其他部门干事团结互助。

4. 努力学习，积极工作，提升自我综合素质。

三、学生会例会制度

1. 例会每两周一次，开会地点及时间由秘书部于会前两天通知。

2. 学生会主席、各部部长出席会议，除此之外，根据例会主题，可安排相关部门干事参加。

3. 如接到临时工作任务，学生会主席应及时通知召开临时会议，学生会委员必须全部参加。

4. 每次例会由秘书处负责考勤并作详细会议记录。

5. 例会内容。

(1) 即将开展活动的部门由部长在会上以书面形式通报活动计划和具体活动方案。

(2) 已结束活动的部门由部长在会上以书面形式详细通报活动结果和经验总结。

(3) 会上各学生干部要全面地将活动过程中同学们反映的信息和问题及时反馈，充分交流，坚持学生干部的批评和自我批评。

(4) 学生会主席在听取各部活动通报后要做相关总结，吸取经验，指出不足，以便今后活动的开展。

(5) 各委员递交活动总结，对于工作中出现的问题要及时处理。

(6) 对于工作中难以解决的问题，由主席进行汇总并向团委询问，三天内给各部部长答复。

6. 例会纪律。

(1) 凡参会人员均要求记录会议内容。

(2) 会上有问题需举手请示，经允许后方可发言；他人发言时要给予尊重。

(3) 开会期间，不允许随便讲话，不允许随便外出。

(4) 违反以上三条中任意一条者，主席团有权对其提出口头警告，并由秘书处记录；被警告三次者取消全年评优资格。

四、学生会任用制度

1. 每学年开学前，学生会成立招聘委员会，准备召开新一届的干事招聘会。

2. 学生会任用基本要求为思想上积极要求上进，学习成绩优良，有较强的工作能力。

3. 加入学生会步骤：填写申请表—参加竞选—学生会工作实习考察—学习成绩、思想品德考察—正式录用。

4. 在任用过程中，学生会应坚持“机会均等，公平竞争”的原则，应聘同学如发现舞弊行为，可以匿名方式向招聘委员会检举，若检举属实，招聘委员会将公开处理。

五、学生会干部自律制度

1. 学生会干部在思想上应积极要求进步，自觉提高自己的思想政治素质，保持良好的精神风貌。

2. 学生会干部在工作中应起到模范带头作用，吃苦在前，不计得失。

3. 学生会干部应努力协调好与老师、同学的关系，遇事多征求老师的意见，广泛团结同学，多与同学沟通。

4. 学生会干部不应搞特殊化，不能以工作的名义占用上课时间，如果在工作中与相关人员发生矛盾，应保持良好心态，正确处理。

5. 学生会干部应妥善处理学习与工作之间的关系，学习目的明确，学习态度要端正，学习成绩要优良。

6. 学生会干部言行如果背离上述自律制度，应自觉检讨反省。如果在校内造成不良影响，学生会应对其做出开除处理。

六、奖惩制度

1. 对于能够出色完成工作任务且学习成绩优良的学生会干部，由校团委统一评定，于每学期期末给予一定的精神奖励，授予“优秀学生会干部”等称号。

2. 委员无故不参加会议，或不履行请假手续，或未经批准请假便不出席会议，予以点名批评并实施一定的惩罚。如累计达三次或给学生会工作造成损失，则解除其职务，不再聘用。

例 2：番禺附中学生会干部选拔流程图

1. 学校团委根据“学生会干部选拔与任免制度”制定新一届学生会干部招新方案
2. 招新方案印发给各班（非毕业班），班主任向学生宣传
3. 学生自荐报名、班主任与级部推荐报名
4. 学生会根据报名情况组织报名学生笔试
5. 学生会根据笔试成绩进行第一轮筛选，确定面试名单并组织面试
6. 学生会根据笔试和面试成绩，确定新一届校团委、学生会干部候选名单
7. 新一届候选人名单公示全校
8. 学生会对新招干部候选人试用一个月并考核
9. 学生会根据试用考核结果选出新一届干部名单
10. 学生会召开全体干部大会，给新干部颁发聘书

例 3：番禺附中膳食管理委员会工作制度

番禺附中膳食管理委员会（以下简称“膳委会”）以“营养配餐、科学膳食、绿色健康”为学校饭堂管理目标，积极为师生服务，代表师生心声，维护全体师生利益。监督学校饭堂提供的饭菜质量、卫生情况、营养配餐、服务管理等工作，充分发挥桥梁与纽带的作用，营造良好的就餐环境，同时维护广大师生在校园消费中的权益，切实把学校饭堂办成“师生之家”。

为了进一步完善膳委会的工作内容，明确工作职责，更好地开展膳食委员会各项工作，特制定膳食委员会工作制度如下。

一、机构概况

（一）机构性质

膳委会是在学校指导下，具有相对独立性，以学生代表为主要组成人员的学校膳食监督机构。

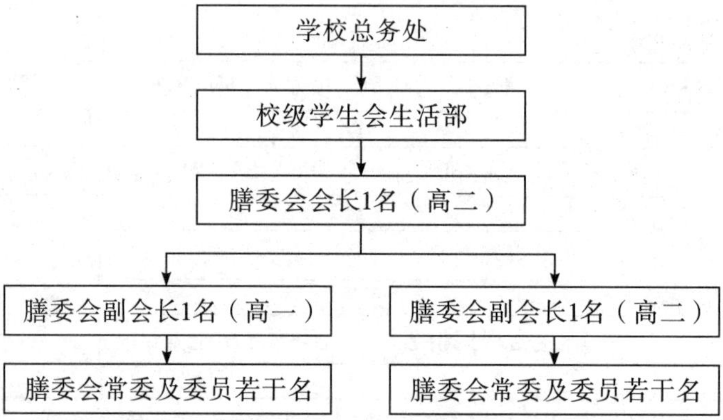

（二）人员资格

1. 敬业，乐于为师生服务。

2. 为人正直，处事公平，坚持原则，德高望重。

3. 沟通能力强，善于与各位委员、广大学生、学校饭堂及学校领导沟通、交涉。

（三）产生方式、人数、任期、备案

1. 产生方式：民主推荐。

2. 人数：每年级不少于20人，其中常任委员不少于3人。

3. 任期：实行任期制，每届一年（发放聘书），到期更换。

4. 备案：膳委会成员产生后，及时报校级学生会及学校总务处备案。

（四）人员分工

分年级管理，统筹工作由校级学生会生活部负责。

（五）工作宗旨

1. 代表学生、服务学生、做好学生膳食代言人。

2. 促进学校工作开展，加强学生食品安全与营养改善，保证国家政策实施。

（六）工作原则

1. 在学校指导下开展工作。

2. 依靠和发动学生、教师参与膳食管理，自觉维护师生利益。

3. 公正、公开评价学校饭堂工作，肯定成绩，有理有节地交涉存在的问题。

4. 依法依规维权。监督学校饭堂全面落实上级行政主管部门与学校对卫生、食品管理的相关要求，确保膳食质量与安全，提高学生体质。

二、人员职责分工

（一）会长职责

1. 向校团委、学生会生活部与总务处负责。

2. 组织召开膳食委员会的管理会议。

3. 监督会议决议执行情况。

4. 制定年度工作目标和月度工作计划。

（二）副会长及常任委员职责

1. 协助会长开展日常工作。

2. 收集各委员关于学校饭堂工作的意见和建议。

3. 跟踪会议决议的相关事项和学校饭堂的改善情况。

4. 组织调查学校饭堂经营过程中出现的各类异常状况。

（三）委员职责

1. 参与学校饭堂物料采购的市场调查。

2. 参与学校饭堂每周菜单菜谱的制定和讨论。

3. 监督学校饭堂工作人员的服务态度。

4. 监督学校饭堂饭菜加工过程的食品安全和卫生情况。

5. 完成会长及常委交代的工作。

6. 其他与膳食服务相关的工作。

7. 委员会成员有按时参加委员会内部各项活动、尽职尽责做好各项工作的义务。

三、膳委会具体工作职责

1. 学期初要制订好工作计划，学期中由校团委、学生会生活部检查计划的阶段落实情况，学期末要做工作总结。

2. 共同营造文明温馨的就餐环境。积极在学生中提倡艰苦朴素勤俭节约的传统，养成文明就餐习惯。对于就餐时浪费，损害公物的行为进行监督、批评、通报。

3. 根据季节、气候的变化，督促学校饭堂适时变换菜式品种，为师生制作色、香、味、美、健的饭菜。

4. 每季度组织开展一次最受学生欢迎的菜肴/食物评选活动，每学期开展一次优秀厨师、优秀服务员以及优秀膳委会委员的评比活动并颁发奖状与奖品。

5. 根据实际情况不定期组织卫生、服务态度、价格和质量的专项检查。监督学校饭堂做到保质保量、安全卫生，又防止浪费。检查项目如下：

(1) 饭菜花样品种、质量。

(2) 蔬菜类是否为当令时鲜蔬菜。

(3) 荤类、食用油安全；食品添加剂使用情况。

(4) 生熟食摆放。

(5) 餐具消毒保洁。

(6) 服务态度。

(7) 食品价格成本。

6. 深入学生之中了解收集学生对膳食工作的意见，提交膳委会会议讨论并提出建议，以书面形式向饭堂负责人及总务处汇报，督促学校饭堂和学校及时作出回复并妥善处理以便改进提升学校饭堂工作水平。

7. 通过定期或不定期的方式开展民意调查，举办学生和饭堂工作人员的座谈、交流等。积极开展宣传工作，利用各种宣传渠道，宣传学校饭堂管理规定和各项制度，对学生提出的问题和建议协助饭堂共同解决并予以答复，增加学校饭堂工作的透明度。

8. 对饭堂做出的成绩及时给予肯定，建立良好的相互沟通、相互促进的关系。

9. 膳委会成员在工作中要切实准确地向饭堂反映问题。在与饭堂交流时，尊重工作人员，虚心听取饭堂方面给予的意见及说明。

10. 及时对相关资料进行公示。膳食委员会要及时把相关资料对全校进行公示，膳食委员会的所有工作接受全校师生的共同监督，增加膳食委员会的工作透明度。

四、各项具体制度

1. 工作制度："膳委会"实行民主集中制的工作制度，日常事务由会长主持，重大决议须由委员会共同讨论决定。

2. 视察制度："膳委会"的学生委员可到学校饭堂视察、询问、调查了解有关问题。

3. 报告制度：委员通过视察或其他途径发现学校饭堂工作的问题，应及时向“膳委会”报告。“膳委会”应尽快就问题的处理情况进行反馈。一般情况下，书面报告应进行书面反馈，口头报告可进行口头或电话反馈，但都应记录在案。

4. 会议制度。

(1) 膳委会每学期期初期末各召开一次全体委员例会，期初布置安排本学期各组的工作；期末总结本学期工作开展情况。如遇特殊情况或大型活动，临时召集全体委员例会。

(2) 每月召开一次膳委会常委例会，主要收集和反映教师、学生、家长对学校饭堂的意见和建议，双方及时进行沟通，协商解决有关问题；对于无法解决的问题，膳委会常委应该把饭堂的困难和实际问题向提出意见或建议的有关人员传达，希望能够互相取得谅解。

(3) 每学期组织1~2次膳食座谈会，由膳委会代表不少于5人、学生代表不少于10人、学校总务处主管饭堂副主任、校级学生会生活部部长等参加。在召开膳食座谈会前，由膳食委员会确定本次膳食座谈会的主题、内容、时间及开会地点，并在膳食座谈会前一周对外公布本次座谈会的主题、内容、时间及开会地点。

(4) 每次会议或座谈会都必须做好人员签到以及会议记录，由会议召集人指定人员进行记录。

5. 换届制度：“膳委会”换届每年一次。每届都应在换届时做出工作总结报告，并做好交接工作。

6. 奖惩制度。

(1) 奖励：每学期进行一次优秀膳委会委员的评比，评比名额可占总委员数的40%。

(2) 处罚：对于屡不执行工作任务，不服从工作安排的委员，或者工作中出现重大失误造成不良影响的，经膳委会常委会会议讨论决定，可进行开除其膳委会委员资格处理。

第三节　岗位问责机制

现代学校制度的核心是学校依法依章自主管理，重点是完善社会参与和民主监督机制。在现代学校制度建设中，岗位职责的目标就是“可操作、可监控、可问责”。岗位问责制度的建立与完善，对于制度的权威具有保障作用，也是现代学校制度监督机制的重要补充。

一、岗位问责的对象

岗位问责的对象涉及未履行或未正确履行工作责任、造成不良影响和后果的负责人及全体教职工。岗位问责根据学校各部门负责人和教职工岗位职责进行，是对各部门负责人和教职工由于故意或过失，不履行或不正确履行职责，以致影响学校工作，或者损害教职工或学生的合法权益，给学校造成不良影响和后果的行为，进行内部监督和责任追究。其中不履行职责，包括拒绝、放弃、推诿、不完全履行职责等情形；不正确履行职责，包括无合法依据以及不依照规定程序、规定权限和规定时限履行职责等情形。

二、岗位问责的内容

岗位问责包括行政问责和教职工问责，即学校管理人员（中层干部以上）和全体教职工（包括所有任课教师、合同制教学人员、班主任、合同制班主任、教辅人员和合同制工作人员）。具体问责内容有以下方面：一是对属职责范围内的事项推诿不办理或拖延办理的；二是不履行或不正确履行职责，造成不良影响的；三是无正当理由，在规定时限内未完成交办工作的；四是无正当理由，对家长和学生推诿拒不接待或态度生硬的；五是教育、教学质量明显下降或发生教育教学事故；六是学生出现安全事故，或造成学校财产重大损失的。

三、岗位问责的方式

党的十八大以来，习近平总书记反复强调，有权必有责、有责要担当、失责必追究。学校作为社会的重要组成部分，在实施岗位问责方面，要真正落实责任主体，改变“老妇人”习惯，敢于对在学校的建设和发展中失职失责典型问题严肃问责，把问责作为提高学校工作效能的重要举措。一般的岗位问责方式主要有：诫勉谈话；取消当年评优树先资格；责令做出书面检查；责令公开道歉；通报批评；调整工作岗位；停职检查；劝其辞职；建议辞退；等等。

四、岗位问责的办法

（1）通信问责。全体教职工，特别是中层以上干部应 24 小时保持通信畅通（上课时间除外）。若因主观原因不能保证及时联系，造成学校工作贻误或者重大事故发生的，应对责任人进行问责。

（2）安全责任问责。学校校长、分管安全工作的副职领导或中层干部、班主任以及相关的教职员工应随时掌握本校、本班的安全情况。在学校日常管理中，如有违反安全责任制度的，将对相关部门责任人进行问责：因违反相关安全责任制度，发生安全事故，未造成严重后果的，应责令做出书面检查、通报批评、取消当年评优评先资格；造成严重后果的，停职检查、行政或纪律处分、劝其引咎辞职、责令辞职直至免职。

（3）工作作风、行为问责。教师在职期间应恪尽职守，积极、大胆地创新工作方法，提高工作效率。若工作平庸，无所作为，引起教职工或群众不满，则对有关负责人进行问责。

（4）违规收费问责。学校相关部门应严格按照政府相关部门制定的政策进行收费，若违规收费则对责任人进行问责：自下文之日起，出现违规收费者，当立即免职。违规收取的费用必须在一周内全部清退。

（5）完成任务问责。对未能按时按质完成学校交办工作的部门负责人或相关工作人员进行问责：第一次由部门负责人或分管的校级领导诫勉谈话，第二次责令做出书面检查，第三次通报批评。

（6）班主任问责。班主任要认真履行班主任工作职责，对不认真履行工作的，第一次由德育处诫勉谈话，第二次取消当月考核优秀等次，第三次取消当年评优资格、责令做出书面检查、通报批评直至调整工作岗位，有重大失责的停职检查。班主任在管理学生过程中，遇到重大问题的要及时和德育处联系，由德育处协助处理，因没有和德育处协助处理并出现重大失误的由相关班主任承担责任。班主任要认真管理好本班的校产，每学期由总务处清理交给各班，学期结束由总务处清点，人为损坏和遗失部分则由各班负责承担维修和赔偿。各班班主任应认真负责本班所属的卫生管理，不认真清理的由学校值班教师通知班主任，并对责任人进行问责。

（7）教学质量问责。教务处应制定提高教学质量的相应措施，充分调动教职员工工作积极性，努力完成学校下达的教学目标。对未完成教学质量的教师，按学校教学质量考核要求进行问责。

（8）食品安全问责。食堂后勤工作人员应认真履行好岗位职责，严把食品安全质量关，做到防患于未然，若因个人工作失职造成的损失由个人承担主要责任。

（9）有下列情形之一的，应当从重问责：①一年内出现2次以上被问责的；②在问责过程中，干扰、阻碍、不配合调查的；③打击、报复、陷害有关人员的。

（10）有下列情形之一的可免予问责：①因下级以及有关人员弄虚作假，致使难以做出正确判断，造成未能正确履行职责的。②因适用的法律、法规、规章和学校内部管理制度未做出具体、详细、明确规定或要求，无法认定责任的。③因不可抗拒因素难以履行职责的。

五、岗位问责的程序

（1）经初步核实，反映的情况存在，向学校提出书面建议，由学校决定启动问责程序。问题严重的由学校及有关部门组成调查组进行调查。被调查的责任人应当配合调查，阻挠或干预调查工作的，调查组可以按照有关规定，提请学校对其进行暂时停职处理。

（2）调查组应当听取被调查责任人的陈述和申辩，并进行核实，如其成立，应当采纳，不得因被调查人申辩而从重问责。调查组一般应在10个工作日内完成调查工作，情况复杂的，经过批准，可延长5个工作日，并向学校提交包括问责情形的具体事实、基本结论和问责建议等内容的书面调查报告。

（3）调查终结后，由学校做出行政问责决定。问责决定书应当自做出之日起10个工作日内送出，并告知被问责人享有的权利，对不服学校问责的人员可向上级教育主管部门申诉，申诉期间不停止执行对被问责人的行政问责决定。

例：番禺附中教职工问责流程图

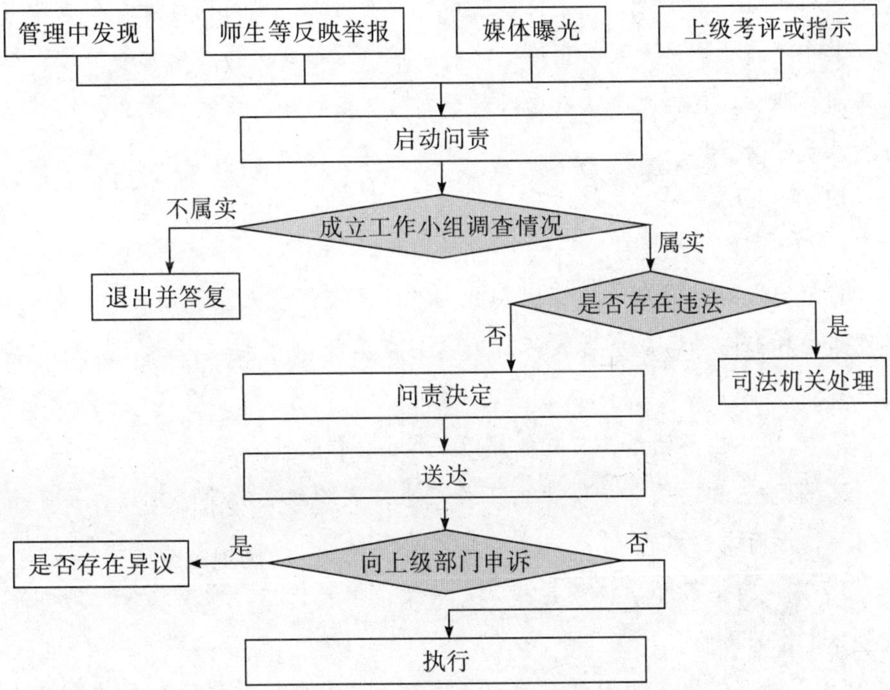

[附]

番禺附中教职工问责制度

为完善“可操作、可监控、可问责”的现代学校制度建设，进一步构建学校教职工监督体系，强化教职工的责任意识，严肃学校工作纪律，转变工作作风，提高工作效率，落实工作职责，结合本校实际，特制定本问责制度。

一、问责对象

不履行或不正确履行工作责任、造成不良影响和后果的全体教职工。

二、问责原则

1. 权责统一、实事求是的原则。

2. 追究责任与改进工作相结合的原则。

3. 教育与惩处相结合的原则。

三、问责内容

教职工问责制根据教职工岗位职责进行，是对教职工由于故意或者过失，不履行或者不正确履行职责，以致影响学校工作，或者损害教职工或学生的合法权益，给学校造成不良影响和后果的行为，进行内部监督和责任追究。其中不履行职责，包括拒绝、放弃、推诿、不完全履行职责等情形；不正确履行职责，包括无合法依据以及不依照规定程序、规定权限和规定时限履行职责等情形。

四、问责分类

（一）行政问责

行政问责的对象为学校管理人员，包括学校行政人员、级长、科组长、备课组长和部门、场室负责人等。问责对象有下列情形之一者，应追究其责任。

1. 部门内闹不团结，与其他部门工作不协作。

2. 职责内和学校领导交办的工作任务，因拒绝、放弃、推诿、不完全履行等情形而未完成的。

3. 未执行上级和学校领导指示、决策，擅自作主，影响政令畅通和学校整体工作部署的。

4. 对教职工提出的申报、建议不办理、不答复，造成不良影响和工作损失的。

5. 因工作失职、渎职，影响校园稳定，出现失火、盗窃、食物中毒等事故的。对上瞒报、虚报、迟报突发事件和事故的。

6. 在发生各种自然灾害、重大突发事件等事关师生生命财产安危的紧急时刻，拖延懈怠，推诿塞责，造成后果和恶劣影响的。

7. 违反财经纪律，私设小金库，截留挪用资金的或违反阳光报告、阳光收费规定，擅自招收学生或乱收费的。

8. 在工程建设、物资设备采购中，出现问题，造成损失的。

9. 在人事调配、职称评聘、科研项目评审、评优等工作中，不按程序，违规操作，造成不良后果的。

10. 应追究责任的其他事项。

（二）班主任问责

班主任问责对象为所有班主任，包括代理班主任。问责对象有下列情形之一者，应追究其责任。

1. 品行不良、体罚学生、侮辱学生，影响较坏的。

2. 计划、总结、评语、表格不符合规范要求或不按时上交的。

3. 班里后进生、问题生情况不了解掌握，歧视后进生，无进行问题生教育谈话和后进生转化工作的。

4. 不善于团结科任教师，无联系、沟通，当着学生的面对科任教师或其他学科随意评头论足或蔑视、贬低的。

5. 班容班貌不美观整洁，升旗、课间操、眼保健操、班级卫生和黑板报等不符合要求的。

6. 不按时召开班干会议和班会，不认真组织开展班级活动的。

7. 未完成家访任务，家长对班主任教育工作不满意的。

8. 安全教育及措施不力，班里出现不安全行为，并造成不良影响的。

9. 在学生中乱收费的（学生、家长投诉且情况属实）。

10. 应追究责任的其他事项。

（三）科任教师问责

科任教师的问责对象为所有任课教师。问责对象有下列情形之一者，应追究其责任。

1. 职业道德水平不高，存在体罚和变相体罚学生现象的。

2. 违反社会公德或其他与自己身份不相符的行为，在社会上造成不良影响的。

3. 在质量抽测、督导评估、视导等重要活动中出现考核质量严重不达标，给学校声誉带来严重影响的。

4. 因处理不当引起学生、家长上诉、上访的。

5. 在教学工作中经常迟到、早退，一学期累计旷课3节以上的。

6. 不认真履行职位职责，对学校做出的决定或安排的工作拒不执行或执行不力，给工作造成损失的。

7. 随意调课，乱办班、组织或变相组织订购教辅资料等办学行为不规范的。

8. 上课时发生安全、卫生等责任事故的。

9. 在学校中闹纠纷，不团结，在教职工中造成不良影响的。

10. 应追究责任的其他事项。

（四）教辅后勤人员问责

问责对象为全校教辅人员（包括合同制工作人员）。问责对象有下列情形之一者，应追究其责任。

1. 上班拖拉松散，经常迟到，领导检查两次不在岗的。

2. 学校师生到各科室报投服务，而报投部门未履行职责，或未及时采取有效措施，对教学及其他工作造成一定影响的。

3. 未认真履行职责，对师生报投服务的事项，无正当理由拖延不办或未给予明确答复的。

4. 因工作瑕疵，造成师生反复投诉服务的。

5. 因工作人员失职、推诿扯皮、行为失当等，影响教学及其他工作的。

6. 对要求限期解决有关后勤服务事项，未按期完成，且事先未说明情况，对教学工作造成影响的。

7. 因不主动检查，及时采取有效措施，或处置不当，造成安全事故的。

8. 在后勤服务工作中失职、渎职，造成后果和影响的。

9. 应追究责任的其他事项。

五、问责方式

1. 诫勉谈话。

2. 取消当年评优评先、职称晋升资格。

3. 责令做出书面检查。

4. 责令公开道歉。

5. 通报批评。

6. 经济赔偿。

7. 行政处分。

8. 调整工作岗位。

9. 涉嫌犯罪的，移交司法机关处理。

六、问责办法

1. 安全责任问责。各安全责任人应随时掌握所负责的安全情况。若有违反安全责任制度的，对相关部门责任人进行问责：瞒报安全事故，未造成严重后果的，责令作出书面检查、通报批评；造成严重后果的，停职检查、劝其引咎辞职、责令辞职直至免职。

2. 工作作风、行为问责。教师在职期间应恪尽职守，积极、大胆地创新工作方法，提高工作效率。若工作时间表现懒散，引起教职工或群众不满的，对有关负责人进行问责。

3. 违规收费问责。各班应严格按照相关规定收费，若违规收费则对责任人进行问责：出现违规收费者，立即免职。违规收取的费用必须在一周内全部清退。

4. 完成任务问责。对未能按时按质完成学校交办工作的部门负责人进行问责：第一次由分管的校级领导诫勉谈话；第二次责令作出书面检查；第三次通报批评。

5. 班主任要认真履行班主任工作职责，对不认真履行工作的，第一次由德育处诫勉谈话；第二次取消当月绩效奖励，第三次取消当年评优资格、责令作出书面检查、通报批评直至调整工作岗位，有重大失责的停职检查。

6. 班主任和教师在管理学生过程中，遇到重大问题的要及时和主管部门联系，由主管部门协助处理，没有和主管部门协助处理并出现重大失误由班主任和教师承担责任。

7. 在各级各类检查中发现管理漏洞情节严重的，对责任人进行问责。

8. 教学质量问责。对未完成教学质量距离较大或负面影响较大的教师进行问责。

9. 有下列情形之一的，应当从重问责：(1) 一年内出现2次以上被问责的；(2) 在问责过程中，干扰、阻碍、不配合调查的；(3) 打击、报复、陷害有关人员的。

10. 有下列情形之一的可免予问责：

(1) 因下级以及有关人员弄虚作假，致使难以作出正确判断，造成未能正确履行职责的。

(2) 因适用的法律、法规、规章和学校内部管理制度未作出具体、详细、明确规定或要求，无法认定责任的。

(3) 因不可抗拒因素难以履行职责的。

七、问责程序

1. 启动问责。

出现问责问题或有反映、举报，经初步核实，情况基本属实，由主管部门或校长室决定启动问责程序，并成立3人或以上的工作小组。校长室可根据下列情况启动问责程序：

（1）师生、家长和其他组织向学校提出的附有相关证据材料的举报。

（2）上级主管部门在学校专项考核评比中提供的学校工作出现重大失误的材料。

（3）上级机关的指示或建议。

（4）新闻媒体曝光的材料。

2. 调查情况。

（1）重大问题由学校及有关部门组成调查组进行调查。被调查的责任人应当配合调查。阻挠或干预调查工作的，调查组可以按照有关规定，提请学校暂停其工作。

（2）调查组应当听取被调查的责任人的陈述和申辩，并进行核实，如其成立，应当采纳。不得因被调查人申辩而从重问责。

（3）调查组一般应在10个工作日内完成调查工作，并向学校提交书面调查报告。情况复杂的，经过批准，可延长5个工作日。调查报告包括问责情形的具体事实、基本结论和问责建议。

3. 作出决定。

调查终结后，由学校作出行政问责决定。问责决定书应当自作出之日起10个工作日内送出，并告知被问责人享有的权利，对不服学校问责的人员自收到处理意见起7日内可向上级教育主管部门申诉，申诉期间不停止执行。

八、问责制的解释与实施

本制度由校长室负责解释，自下发之日起施行。

第六章　社会参与流程

与社会的互动机制是现代学校制度的重要组成部分，旨在建立公众参与学校管理和学校服务公众的机制，使学校回归社会，是现代学校实现开放、多元发展的内在要求。现代学校制度不应把现代基础教育的学校孤立于国民终身教育之外，而应把它视为国民终身教育体系中一个有机的、上下衔接的重要阶段。现代学校注重社会参与，回归社会，是为了社会大教育的发展。因此，“社会参与”就自然成为现代学校制度建设的四个基本原则之一。

社会参与是指现代学校与社会各种组织和个人的相互支持，主要表现在学校和社区的互动上：社区或中小学利用自己的可用于教育的各种资源给予对方必要的支持、援助、监督，或根据对方的合理建议对自己所实施的教育进行必要的调整。家庭对学校教育有知情权、选择权和参与权。在现代学校制度的框架下，社区中的组织和个人参与学校的管理，绝不是“点缀”或形式，而是真正的有效参与。这一机制的建立，将有利于构建学校与社区相互支持的学习型社会体系。学校推倒自己的“围墙”，进一步向社会（社区）开放，为学习者和社会（社区）提供多层次、多样化的教育服务，使教育资源得到充分运用。而与此同时，学校也得到社区的大力支持，将社区资源为我所用，使教育资源丰富、多元，更有效地推动学校发展。探索家庭、学校、社区的多方有效互动机制，将是现代学校制度建设的永恒课题。

“教育治理”这一话语的闪亮登场，催化了社会参与的价值，并为更高水平的社会参与指明了方向。2013 年 11 月，党的十八届三中全会正式提出“推进国家治理体系和治理能力的现代化”。2014 年，时任教育部部长袁贵仁在全国教育工作会议上做了题为《深化教育领域综合改革，加快推进教育治理体系和治理能力的现代化》的讲话，至此，“教育治理”成为今后教育领域的重要政策话语。“治理”的典型特征，就是多元主体参与的共同治理，即“共治”。在现代教育治理中，必须让家长、社区、非营利组织、其他公民等各种社会力量参与到学校管理中来，这对于公共教育服务的有效供给和公平保障以及提高政府教育管理的有效性具有重要意义。

在“十三五”乃至更长远的时期，多元主体共同参与，共谋学校社区发展将成为中学教育的一道靓丽风景线。这些主体除了理事会、家长委员会、所在街区，还可以是政府有关部门、街道办、媒体、校友、衔接学段的小学、初中、同层次的国内外友好学校姊妹学校、高等院校、科研院所等，他们可以通过各种有效形式与学校形成互动，进行信息交换，甚至部分参与到决策、监督、评价等环节，对学校和社区的共同发展起着不可替代的作用。

第一节　家校多元合作：家校联动与流程管理

我们已经研究得相当清楚，即学校、家庭和社区对学习的重视，以及他们结成伙伴关系共同合作，最能激励儿童。……这些参与形式不是偶然出现的，甚至不是在邀请下出现的，而是由于外在策略性的干预而出现的。

——迈克尔·富兰

赢得家庭和社区的积极参与，是现代学校制度建设的应有之义。“家长委员会是代表最广大学生家长根本利益的团体，是通过家长推荐选举成立的学校议事组织机构，是具有不同层次、不同阶层的家长代表的组织”。家长委员会一般可分为学校家长委员会、年级家长委员会和班级家长委员会。家长委员会的建设以及完善，对推进现代学校治理体系和治理能力的现代化有着重要意义，是构建现代学校制度的重要内容。

一、家长委员会的基本职责

教育部在《教育部关于建立中小学幼儿园家长委员会的指导意见》（以下简称《意见》）中明确要求有条件的公办和民办中小学和幼儿园都应建立家长委员会。家长委员会需重点做好德育、保障学生安全健康、推动减轻中小学生课业负担、化解家校矛盾等工作。

《意见》指出，各地要明确家长委员会的基本职责，家长委员会应在学校的指导下履行以下职责：

1. 参与学校管理

对学校工作计划和重要决策，特别是事关学生和家长切身利益的事项提出意见和建议。对学校教育教学和管理工作予以支持，积极配合。对学校开展的教育教学活动进行监督，提出合理的意见和建议，帮助学校改进工作。

2. 参与教育工作

家长结合自身实际，发挥优势，积极参与到学校课堂和教育活动中：发挥家长的专业优势，为学校教育教学活动提供支持；发挥家长的资源优势，为学生开展校外活动提供教育资源和志愿服务；发挥家长自我教育的优势，交流宣传正确的教育理念和科学的教育方法。

3. 沟通学校与家庭

听取并转达家长对学校工作的意见和建议。向家长通报学校近期的重要工作和准备采取的重要举措。听取并转达学校对家长的希望和要求，向学校及时反映家长的意愿，促进学校和家庭的相互理解。

二、家长委员会建设在推进学校治理能力现代化中的积极意义

1. 建立家长委员会是学校民主管理的当然诉求

首先，从现代学校管理的角度看，扩大学校的管理主体，不仅要充分发挥教代会的作用，还应把家长作为学校管理主体纳入进来，形成一个多元主体管理学校的格局。其次，从家长角度来看，作为家庭教育的主体，家长不希望被排斥在学校围墙之外，他们希望家庭教育与学校教育能够有效地结合起来。因此，一些有意愿、有能力参与学校管理的家长，期望在子女教育、学校发展等方面能够得到更多的发言权。

2. 有利于促进经验分享，整合社会资源，促进学校发展

学生家长通过家长委员得到的不仅有来自学校方面的专业性指导，还有来自家长之间的交流和经验分享，这有利于家长提高自身教育子女的水平和能力，也给了家长一个教育孩子的参考和借鉴。

同时，学生家长来自不同领域的不同行业，他们拥有不一样的专业学识，不一样的社会资源，促进学校教育更加立体和有效，对学校的发展无疑是一笔宝贵的资源。一般来说，家长委员会的委员具有广泛的代表性，能够

代表不同层次家长的意见，这些丰富的教育资源，值得学校主动加以开采。比如，有的家长是法院法官或交通警察，有的家长是大学教授、科研人员，有的家长是心理医生或外科医生，有的家长是银行职员或者人大代表，学校完全可以创造条件、搭建平台，邀请这些家长参与学校的校本课程或者实践活动，整合资源，促进学校发展。

3. 家长委员会的建设有利于促成学校—家长共治模式

家长委员会建设的目的是使家长参与学校教育和管理，从而形成学校和家庭的治理共同体。家长作为一支社会力量的同时，也是学校发展和改革的利益相关者，家长通过家委会参与学校改革，可以成为助推学校发展的强大动力。

4. 家长委员会的建设有利于推进学校依法办学

科学、规范的制度有赖于法律法规对多元利益主体的约束和规范。而家长委员会的建设，必须有与之相关的章程和法规明确家长、学校各自的权利、责任和义务，形成完备的权责体系。在这种情况下，学校必须在法律法规限定的范围内行使职权，学校活动组织的行为和活动还要受到家长的监督和约束，从而进一步推进学校依法办学、依法治校。

5. 家长委员会是学校品牌维护的重要窗口和黄金广告

《史记·张仪列传》云："众口铄金，积毁销骨"，原指众口所责，虽坚如铁石之物，亦告熔化；毁谤不止，令人难以生存，而遭毁灭。后喻舆论作用极大，众口一词，积非成是；流言可畏，能颠倒是非，置人于死地。一间学校少则数百位家长，多则几千名家长，学校的品牌、特色以及卓越的办学理念和办学绩效，通过他们的口，可以实现众口铄金、一传十、十传百的免费广告效应。反之，一桩小小的负面冲突事件，通过家长的口，可能就会收到"积毁销骨"的反面效果，严重损害学校的口碑，并对学校新生招生工作带来负面的连环效应。

例 1：番禺附中家长参与学校管理平台设计

家长参与学校管理平台

- 电子信息平台：家长通过学校网站、微信公众号、家长微信群、QQ群、家校通等电子平台了解和参与学校管理
- 家校活动平台：家长通过家长会、家长学堂、学校开放日、学生成人礼、颁奖礼、毕业礼、主题亲子活动、文化艺术节等活动平台参与学校日常管理
- 家长组织平台：家长通过家长委员会、社区人士和家长观摩团、校务委员会等组织参与和监督学校管理工作
- 助力学校发展平台：家长通过设立家长委员会奖学基金、开设特色课程、讲座、指导学生社团、提供学生社会实践资源、参与“为学校发展献策”活动等形式助力学校发展

↓

通过各种有效形式与学校形成互动，进行信息交换，甚至部分参与到决策、监督、评价等环节，对学校和社区的共同发展起着不可替代的作用

例 2：番禺附中家长学堂筹备工作流程

通过家长会、家长意见征集单等方式，了解家长培训需求

↓

整理需求，确定当期家长学堂主题和讲座时间

↓

确定家庭教育专家，并沟通、邀请

↓

发布家长学堂通知信息（微信平台、校园网、一封信、家长群）

↓

家长学堂会务准备（会场、音响、参会家长人数估算、交通）

↓

专家接待、活动主持、互动、会场服务

↓

活动结束：交通指挥疏导

↓

家长意见建议反馈与整理

↓

微信平台新闻信息发布

例3：番禺附中大型家校活动（家长会）筹备流程筛查自检表

序号	是否完成	工作板块	需筹备的具体工作事项	责任人
1		会议决策	商定家长会议时间、地点，并与校长室、其他部门、年级沟通，避免时间、地点发生冲突	
2		沟通家长	拟定、审核、印发家长会通知单（盖章），由学生带回家；发送短信致家长的手机，提醒家长会召开的时间、地点、形式与注意事项	
3		后勤保障	总务处、物业管理公司做好校园卫生保障、家长车辆停放的场地安排；德育处与公共汽车公司沟通，增加公交线路服务；联系交警部门做好交通疏导工作；电教设备组做好场室设备保障及拍照、摄像工作	
4		教师参会	年级落实科任老师到班责任，科任老师发言内容提前与班主任沟通，由班主任统筹安排	
5		领导嘉宾	确定参会的校级领导和部门负责人，落实家委会代表主席台就座，并做好发言、颁奖等沟通准备工作	
6		会场布置	做好校园各大电子屏幕的播放内容，家长会会场标题、主席台布置、座位安排，音响、投影设备等各项准备工作	
7		议程审定	家长会会议议程及科学性审定；会议主持人及主持稿审定；发言人发言内容要点协调（尽量避免重复）；学生发言人选定及发言稿把关；发言人发言时间会前提醒及现场调控	
8		颁奖细节	奖状、奖品准备（按学校财务审批程序或家长委员会奖学基金管理办法提前办理）；领奖学生顺序及程序彩排	

续上表

序号	是否完成	工作板块	需筹备的具体工作事项	责任人
9		会议流程	①编辑家长会书面资料（年级层面：家庭教育资料、家校沟通函；学生致父母的一封信、年级工作要点与家长意见征询书，其他自编自选资料） ②班主任在家长会上的讲话（规定动作：集中表达、落实年级的理念与工作，用 PPT 演示；自选动作：根据班级特点及班主任风格自行设计） ③各班根据自身特点采用合适的形式开展班级家长会	
10		教室布置	班级教室家长会布置（黑板主题设计、班级卫生、矿泉水）；学生干部会场服务	
11		会场清场	会议结束后，安排有序撤场，做好场室设备复原及卫生清洁工作	
12		欢送家长	当天值班行政、年级管理组部分成员到学校大门口指挥家长车辆有序离校	
13		总结提升	班主任做好缺席家长的跟进工作；家长会情况小结（填表）；年级对家长会的筹备与效果进行及时小结、提升	
14		资讯发布	撰写家长会新闻通稿（图文并茂、标题版），在学校微信平台和学校校园网发布	

[附]

番禺附中家长委员会章程

第一章　总　　则

第一条　番禺附中学生家长及社会人士依据《中华人民共和国教育法》第四条“全社会应当关心和支持教育事业的发展”的规定，自愿成立群众性组织——番禺附中家长委员会。

第二条　家长委员会的宗旨：团结全校学生家长，充分发挥家长对学校教育教学工作的参谋、监督作用，把学校教育与家庭教育有机结合起来，促进学校教育改革，提高教育质量。

第三条　家长委员会的主要任务：

1. 广泛收集家长对学校及年级的意见和要求，做好沟通协调工作。

2. 关心、了解学校及年级工作，对学校及年级的办学方向、教育质量、教师工作、行政管理等方面提出建设性意见，做出适当的评价，实行必要的监督。

3. 设立奖学金并建立健全奖学金评审组织机制。

第二章　委　　员

第四条　家长委员会成员，必须具备下列条件：

1. 关心教育事业，乐于奉献公益事业，威信较高，有一定的组织能力和文化素养。

2. 懂得一定的教育规律，关心学校，能为学校工作出主意、提意见。

3. 具有较丰富的家庭教育理论，或在子女教育中，有较成功的经验。

第五条　家长委员会组织办法：家长委员会委员由各班主任根据实际情况推荐或家长自荐，由家长大会选举组成家长委员会。

第三章　组织机构

第六条　家长委员会设主任一名，副主任若干名，秘书长一名，副秘书长两名，会计一名，出纳一名，其他委员若干名。

（一）家长委员会主任职责

1. 定期与学校保持联系。

2. 制定家长委员会工作计划和奖学基金制度。

3. 主持家长委员会工作和主持家长会议。

（二）家长委员会秘书长职责

1. 在家长委员会主任的领导下，协助处理委员会的事务。

2. 负责委员会成员之间的联络。

（三）家长委员会会计和出纳职责

管理好家长委员会经费和奖学基金

（四）家长委员会委员职责

1. 广泛了解社会各界和家长的意见建议。

2. 向家长做好学校管理的解释工作。

3. 及时参加委员会的各项活动。

4. 监督落实家长委员会奖学基金。

第七条　家长委员会活动制度。

1. 家长委员会每学期召开两次各年级家长会议。

2. 家长委员会每学期活动两次，讨论工作、了解情况或做出评价等。

第四章　附　则

第八条　家长委员会办公室设在番禺附中家长来访接待室。

第九条　家长委员会通过秘书处或直接与学校联系工作。

第十条　家长委员会每届任期为三年，其间可根据情况进行增减委员。

第二节　高校深度参与：平台搭建与流程管理

一所学校的健康、优质和可持续发展，仅仅“低头拉车，脚踏实地”，靠学校班子成员的艰苦拼搏是远远不够的，还要“抬头看路，仰望星空”，充分发挥高等师范院校的专业引领作用，大至学校规划论证、学校文化体系，小至课程设置、课堂教学乃至教师专业发展等诸多领域，都离不开师范院校的智力支持。

高等师范教育是基础教育的基础，主动适应并积极引领基础教育的改革和发展，是高等师范院校的责任和义务。师范院校附属学校是高等师范院校的教育实践基地，有利于将高等师范院校的科研成果落地、开花、结果，并在实践中不断检验、升华。作为番禺区教育局与广东第二师范学院合作办学、共建共管的第一所区属公办大学附属中学，番禺附中有着先天的高校参与优势，始终保持着与智力后盾的良性互动：番禺区政府掌管着“钱袋”，负责学校的硬件建设、教师工资、人事编制等项目；广东第二师范学院掌管着“脑袋”，把番禺附中纳入学院办学的整体布局，发挥自身的理论、专业和资源优势，为番禺附中的内部管理、教育教学改革以及办学水平的提升提供智力支持。

一、搭建制度平台，加强顶层设计

一套好制度，才会造就一所好学校。因此，学校的发展需要强大的智力后盾，加强顶层设计。番禺附中充分利用“院地合作、共建共管、管办分离”的办学体制，牵手广东第二师范学院专家团队，搭建学校运行和发展的总体框架。

顶层设计的首要步骤是搭建学校管理的基本框架。番禺附中在现代学校制度建设方面先行先试，为高等师范院校与地方政府合作办学提供标本和示范，构建政府、学校、社会之间的伙伴关系，实现政府职能从原来的宏观、中观、微观管理转变为宏观调控。经过几年的不懈努力，番禺附中已经初步构建现代学校制度的民主决策机制、管理责任机制、监督制衡机制、参与合作机制、平等竞争机制，规范、人本、民主、开放的管理理念深入人心，“依法办学、自主管理、民主监督、社会参与”的现代学校制度雏形初显。

顶层设计之二是制定学校章程和发展规划。一所学校的章程和发展规划属于重大的顶层设计，政策性和专业性非常强，仅仅依靠学校领导班子和行政人员是无法实现的，在一定程度上，必须借助高等院校专家团队的智力支持。为保障番禺附中的优质、快速、可持续发展，广东第二师范学院成立章程和规划研制小组，根据国家有关政策法规和合作办学有关协议，结合番禺附中的历史与现实，制定了《广东第二师范学院番禺附属中学章程》和《广东第二师范学院番禺附属中学中长期规划（2010—2025 年）》，搭建了学校依法办学、自主管理的基本纲领，成为引领番禺附中实现可持续发展和内涵发展的行动指南，为体制创新指引方向，保驾护航。

二、搭建课程平台，助力师生成长

一所优质、持续发展的学校，理应建立一套适合本校教师实际的专业发展平台体系，以及依托学校办学理念及核心素养的学校大课程体系，然后借助高等院校的专业优势，充分发挥他们在教师成长中的理念提升、专业引领作用以及学生全面发展中的综合素养提升作用。近几年，番禺附中围绕行政队伍、教师队伍建设以及特色课程的实际情况和现实需求，与广东第二师范学院多次项目合作。

1. 量身定做，为教师专业发展制定培训课程

根据教育教学发展的新形势，番禺附中依托广东第二师范学院的培训优势，适时邀请专家、学者来校为广大教师做专题报告，不断为教师更新教育教学理念，为教师教育教学行动的改进提供方向保证和智力支持。培训课程内容涉及学校章程、规划解读、中小学教师专业发展标准解读、有效教学、教师专业发展的新路径、幸福教师、论文撰写与科研课题申报、教育法与学生管理的法律限度、阅读指导等，此外还特别制定行政干部和级长、学科组长、骨干教师、德育科研项目等专项培训。

2. 校本开发，为学生素养提升制定特色课程

为了顺应时代发展对人才培养的要求，落实立德树人根本任务，番禺附中依托大学资源，大力开发校本特色课程，制定了“美丽人生”系列特色课程。“美丽人生”系列特色课程以礼艺教育、心灵教育、科学教育、人文教育、人生教育及天下教育为模块，践行素质教育理念，塑造学生美的语言、美的举止、美的心灵、美的人生。与广东第二师范学院合作，开展普惠性国际理解通识教育和国际文化活动周。通过“美丽人生”特色课程、艺术教育专修课程、美育学科渗透课程、校本选修课程、活动课程以及环境课程等完备的课程体系，丰厚学生艺术底蕴、张扬学生个性、满足不同潜质学生进一步发展的需要，提高学生综合素质。

三、搭建科研平台，实现强师兴校

1. 树立终身学习理念

新的教育观念认为，终身学习是当代教师成长和发展的必由之路。番禺附中以备课组为单位，组建学习共同体。教师把个体的、松散的、随意的学习行为变成组织行为，建立“教师沙龙”学习机制，更新、深化和进一步充实已经获得的知识，使自己更好地融入和适应快速发展的知识经济时代。随着教师阅读视野的拓宽，教师研究教育教学的深度和广度也有所提升，奠定了学校具有持久学习力、不断保持生机和活力的基础，有利于学校的可持续

发展和总体目标的实现。

2．成立学校学术委员会

番禺附中依托广东第二师范学院强大的科研力量，成立了由大学科研专家、学校科研团队组成的学术委员会。为培养教师科研意识，提升教师科研能力，打造教师科研队伍，番禺附中以“科研”为平台，鼓励教师参加科研课题活动，积极引导教师走“科研型”和“学者型”道路，坚持“科研兴校”战略，实现强师兴校。

3．推动课堂教学改革

作为番禺区人民政府教育管理体制改革试点的窗口，番禺附中解放思想，先行先试，依托高校资源，于 2012 年正式全面启动以“小组合作、先学后导”为特征的基于学生能力培养的参与式课堂教学改革，并且探索出了一种既能发挥教师的主导作用又能充分体现学生认知主体作用的新型教学模式——“233”模式。番禺附中依托广东第二师范学院的专家团队，实施大学院系与高中学科双挂钩，建立对口指导机制，围绕课堂教学改革，在集体备课、学案编制、作业研究、小组建设、评价机制等方面进行系统思考和规范，课堂教学生态健康发展，教育教学质量不断攀升。此外，广东第二师范学院作为广东省中小学校长培训中心所在地和全省中小学教师培训重点基地，有着丰富的培训资源和名校长、名教师工作室资源。在近几年来，番禺附中与广东第二师范学院积极互动，多次开展高中数学与高师数学课堂教学衔接与研讨活动。借助高效课堂协同创新基地学校，积极开展合作学习与新高考背景下有效课堂教学研讨活动。经过努力，2012 年以来，番禺附中连年获得广州市高考评奖工作一等奖，实现了教育教学质量的大幅度提升。

例1：番禺附中借力广东第二师范学院开展专项培训项目申报流程

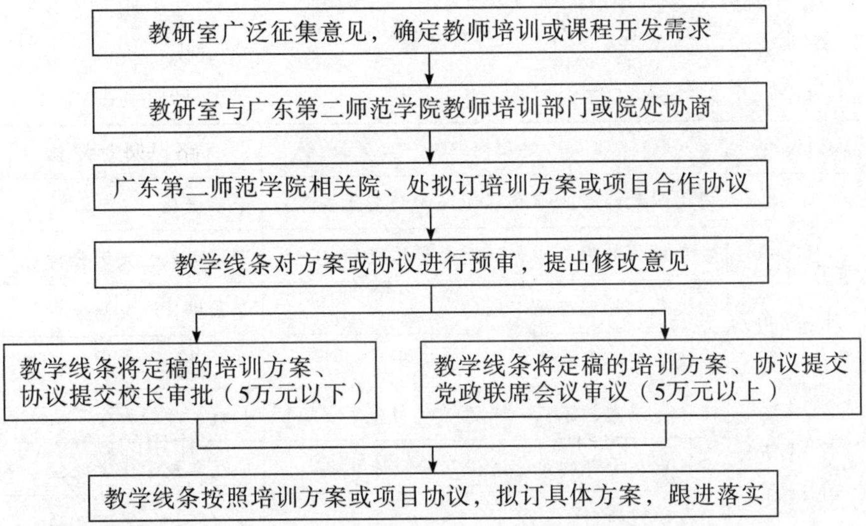

［附］

2013年广东第二师范学院番禺附中行政干部、级长培训方案

为贯彻落实国家和省中长期教育改革和发展规划纲要，培养和造就一支具有较高综合素质的专业化教育管理中层干部力量，促进附中的教育教学管理水平，特制定本方案。

一、培训目标

坚持以科学发展观为指导，以提高学校中层干部适应新形势、应对新局面、解决新问题的能力为目的，重点提升中层干部在学校教育教学中的管理水平和执行力，努力培养一批具有较高综合素养和教育理论水平，具有较高的执行力、善于管理、作风优良的学校领导力量和中坚力量。

二、培训对象

广东第二师范学院番禺附中全体行政干部、级长共计25名。

三、培训内容和时间

培训内容包括理论研修、名校巡访、岗位行动实践与研究三个部分。

理论研修：7月份进行，为期四天，包括八个专题讲座，以及交流分享、体验反思活动。

名校巡访：9月份进行，拟于第三周开始，先后分两批进行，赴省外名校观摩学习，撰写学校改进方案。

岗位行动实践与研究：在专家指导下，结合岗位工作，进行行动研究。

结业汇报、结业典礼：10月份进行。

具体如下表：

培训模块	培训内容	培训方式
集中研修 （7月上中旬） 7月9日 7月10日 7月13日 7月14日	中小学教师专业标准解读（面向全体教师）	专家讲座
	做幸福的教育工作者（面向全体教师）	专家讲座、案例分析
	学校危机管理与媒体应对	专家讲座、案例分析
	学校管理的基本流程与效能提升	专家讲座、案例分析
	三课：课堂、课程、课题（面向全体教师）	一线名师经验分享
	学校中层干部的角色定位及其修炼策略	一线学校管理者经验分享
	学校规划研讨	分组研讨，交流互动
	团队建设活动：团队沟通管理、时间管理	团队活动、体验反思
名校巡访 （9月）	赴省外名校观摩学习，撰写学校改进方案 第一批：9月11—15日 第二批：9月23—27日	实践考察 交流反思 自主学习
岗位行动研究 （7—9月）	在专家指导下，结合岗位工作，进行行动研究	专家指导、行动研究
结业（10月）	学员结业汇报、结业典礼	

四、组织管理

设立班主任，实行班主任负责人。班主任主要职责：建立班委会，严格考勤，促进良好班风的形成；推动学员之间的研讨，了解学员的学习状况，组织文体活动，丰富学员生活。学员要按时报到，按时上课下课，按时离校，有事请假，不得无故缺课，不论何种原因，凡请假超过学时三分之一者，不能结业。学员应认真听课，加强自学，积极参与研讨，遵守课堂纪律，高质量地完成作业。

五、培训经费

详见经费预算表（略）

六、考核结业

考核评价采取过程考核与成效评估相结合的方式，考核合格后颁发培训结业证书。

（一）过程考核

1. 考勤。

培训学习期间，严格考勤，对学员的出勤情况进行登记，缺勤1/3者不得结业，不发结业证书。

2. 研修日志。

撰写"研修日志"，详细记录各项培训活动安排、学习观摩的收获和体会。

3. 学校改进方案。

围绕本校实际，结合岗位工作，反思总结，设计一个岗位相关工作改进方案，要符合自身学校实际情况与发展阶段的要求，围绕某一个或几个领域问题进行研究，具有可操作性、能在岗位上开展实践研究。

4. 结业汇报。

学员完成全部培训内容后，反思总结，进行结业汇报，专家现场点评指导。

（二）成效评估

培训完成时，专家组通过以下方面来综合评估培训效果：

1. 参训学员问卷调查。

2. 参训学员岗位行动实践表现及成效。

3. 结业汇报结果。

例 2：番禺附中学校学术委员会组织架构与职责图

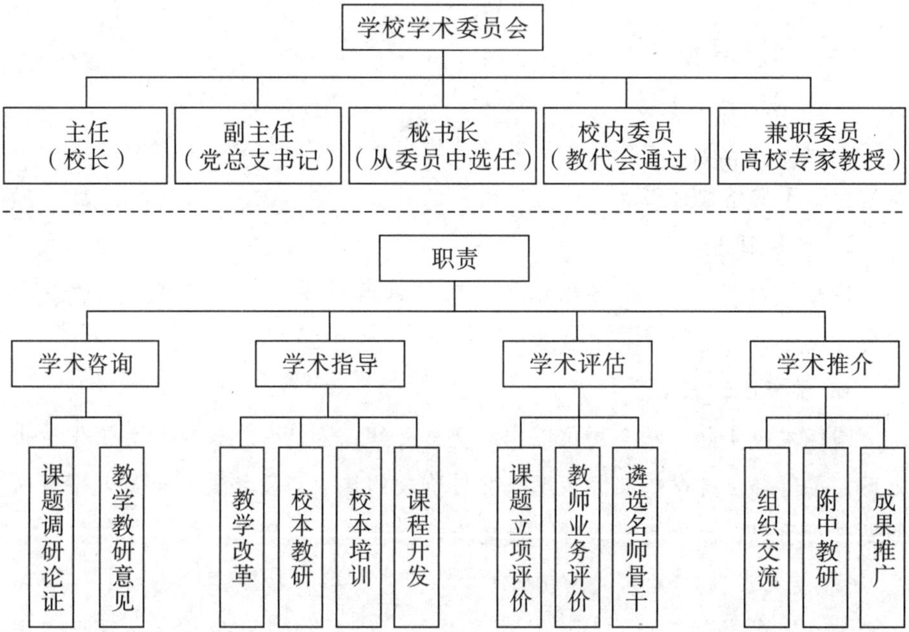

［附］

番禺附中学术委员会章程

第一章　总　　则

第一条　为充分发挥学术委员会在学校实施科研兴校战略中的作用，保障学术自由，培育严谨的治学态度和浓郁的学术氛围，加强学术管理，促进学术交流，推进课堂教学改革，提升教师专业素养，特制定本章程。

第二条　学术委员会是为学校的教育、教学、教科研工作提供智力支持的最高层次的学术性研究与评议机构，是教师学术自治组织。委员会对校长办公会议负责，受校长室直接领导，接受党总支和教代会监督，与有关处、室相互配合开展工作。

第二章　委员资格条件与义务

第三条　学术委员会由师德好、教学业绩卓越、教学业务能力强、学术水平高、在学科教研教改和科研中能起指导、带动和示范作用、受学生欢迎、同行好评的高级教师、省市区名师、学科带头人等骨干教师组成。

第三章　组　　织

第四条　学术委员会由9~11人组成，任期三年，可连选连任。委员会设主任1名，由校长担任；副主任1名，由党总支书记担任；秘书长1人，由主任在当选的委员中选任；委员若干，由主任提名候选人，教代会表决通过。学术委员会的日常办事机构设在教研室，学术委员会的日常工作由教研室负责组织实施。

根据工作需要，学术委员会主任有权聘请校外专家顾问或兼职委员，也可淘汰不称职的学术委员。学术委员会可根据短期学术工作需要设立临时工作小组。

第四章　职　　责

第五条　学术委员会的职责。

1. 学术咨询：参与学校发展、课程改革、教师专业发展规划等重大课题的调研和论证，为学校改革和发展提供学术支持；对学校教学教研工作的规划与执行提供咨询意见。

2. 学术指导：为学校深化教学改革、优化学科教学、推进校本教研、校本培训以及开发校本课程提供建设性建议、操作性论证、过程性指导和终结性评价；为提高教师学术水平提供理论学习、实践反思的具体指导，帮助教师提高研究意识和研究水平，提升论文撰写和课题研究的质量；营造浓郁的学术氛围。

3. 学术评估：对教科研课题进行立项评估、过程评价、成果鉴定；对教师论文等教科研成果进行评估、鉴定；对待引进的教师和聘用期满的教师作出教学业务评价；对申报晋升职称的教师作出教学业务评价；对教学效果偏低、满意度调查偏低或家长、学生投诉较集中的教师作出教学业务诊断；对竞聘上岗的教师作出业务评价；担任校内各类教学业务比赛的评委；遴选学校名师、学科带头人、教学能手、优秀青年教师；修订教科研及业务竞赛奖励条例。

4. 学术推介：组织教师论坛、学术沙龙活动；组织课题研究成果交流会以及优秀论文交流会；负责教师教研刊物《附中教研》的审稿与编辑；推动教师课题研究、论文撰写等方面的优秀成果的发表；推动、促进对外学术交流和科研合作。

第五章　规　　则

第六条　学术委员会实行例会制、专题会议制。例会每学期召开1～2次，2/3委员出席方能举行。专题会议根据工作需要举行，可吸收委员会以外与会议有关的教师参加。

第七条　学术委员会应加强自身学术建设，保持独立性，坚持学术自律，恪守学术道德，保证学术纯洁，捍卫学术委员会的声誉，凭借学术良知和科学理性的态度作出公正而客观的判断。

第八条　学术委员会应积极开展活动，保证工作正常进行和连续性。

第九条　学术委员会应教育委员珍惜自身荣誉和委员会荣誉，努力学习，进一步提高业务水平和科研水平，积极参与学术活动，定期提交学术成果，提升自己在区、市学术领域的知名度和美誉度，为全体员工作出表率。

第十条　学术委员会审议和评议的事项所形成的决议，应由人数超过2/3的委员无记名投票决定。全体委员应遵守议事规则，保守委员会秘密。

第六章　附　　则

第十一条　学校给予学术委员会一定的活动经费，纳入财务预算，确保委员会各项活动的正常开展。

第十二条　本章程未尽事宜，由学术委员会另行议定。

第十三条　本章程的解释权在学术委员会。

第十四条　本章程经学校教代会审议通过方可生效。

第三节　社会适度参与：方式选择与流程管理

教育共治是对传统教育管理方式的超越，多主体共同、适度参与将是社会参与的恒常态势。除了家长委员会、高等师范院校以外，政府相关部门、街道办事处、媒体、友好学校、校友会、非营利组织甚至部分企业等诸多主体均可适度参与到学校治理中来，分别发挥各自的作用，促进学校开放、多元发展。

一、政府相关部门

除了区（县）政府和区（县）教育局之外，还有许多政府相关部门与学校存在着千丝万缕的联系，必要之时，学校需要这些部门伸出援助之手，比如财政局、辖区派出所、辖区交警中队、城管大队、区安监局、区气象局等。因此，学校保持与上述部门的主动性、常态性互动，在一定程度上会润化学校与这些部门的关系，有利于学校的健康发展。

番禺附中处于城乡接合部，校园周边环境复杂，门前有不少小商店、物流公司，校门前的螺山路校道上不时停满了物流公司的大货车，安全隐患时刻存在。作为一所寄宿制学校，每逢大型活动或周末、节假日的放学、返校时段，近三千名学生几乎在同一时段集散，仅仅靠分年级错峰是远远不够的。因此，每到关键时刻，学校请求交警一中队的干警提供帮助，分时段疏导交通，并不定期对校门口乱停乱放的物流车进行清理整饬，乱停乱放的现象明显改善。

二、街道办事处

番禺附中虽然是一所区属学校，但作为学校所在地，取得东环街道办事处的支持和帮助，尤其是辖区派出所和治安队的帮助，无疑对学校的持续发展尤为重要。比如，与学校周边村居的良性沟通，校道两旁的环境与安保，食品安全与周边环境安全，等等。

三、相关媒体

学校在努力经营好公共微信平台和校园网站、抓好宣传窗口的同时，保持与区域报社、电视台的良性互动也是十分必要的。

1. 及时宣传、深度宣传

每逢重大活动，学校都主动邀请区域报社或电视台来校进行采访、报道，传播学校成绩与活力，传递学校发展的正能量，并通过微信平台、校园网，形成立体的宣传网络。

2. 传递真相，化解危机

当学校出现危机事件时，学校在拒绝劣质小道媒体的同时，应建立新闻发言制度，及时、主动地与相关媒体沟通，将真相和态度及时、坚定地传播出去，抓住主动权，扭转被动局面。

四、衔接学校、生源学校与友好学校

作为一所高中学段的学校，不应该把自己孤立起来，而应与初中学段衔接学校、初中生源入口学校、联合体内其他附属学校以及自己缔结姊妹关系的境内外学校保持定期、持续的循环互动。这种互动可以建立在学校整体层面，也可以建立在部门条块层面，既可以建立在教师交流层面，更可以建立在学生活动层面。对优化学校管理，提升教育教学质量都有重要作用。

五、校友会

当下的毕业生资源和长久的校友资源，都是一所学校不可多得的宝贵财富。随着时间的推移，它们都将成为学校历史和学校文化不可或缺的一部分。而优秀毕业生和卓越校友，将成为对学生进行励志教育的活教材。设立校友回校日，每逢五年或十年，学校开展庆祝活动，增强校友的归属感和成功感。同时利用校友资源进一步拓展和丰富学校教育资源。

六、学区督学、人大代表、政协委员

学校可邀请学区督学、属地人大代表或政协委员来校座谈、交流，向他们汇报学校近期发展取得的成绩以及遇到的瓶颈，主动接受监督。并为学校发展瓶颈的解决提出自己的意见和建议，必要时，形成议案，促成问题的解决。

例：番禺附中社区人士和家长观摩团参与流程

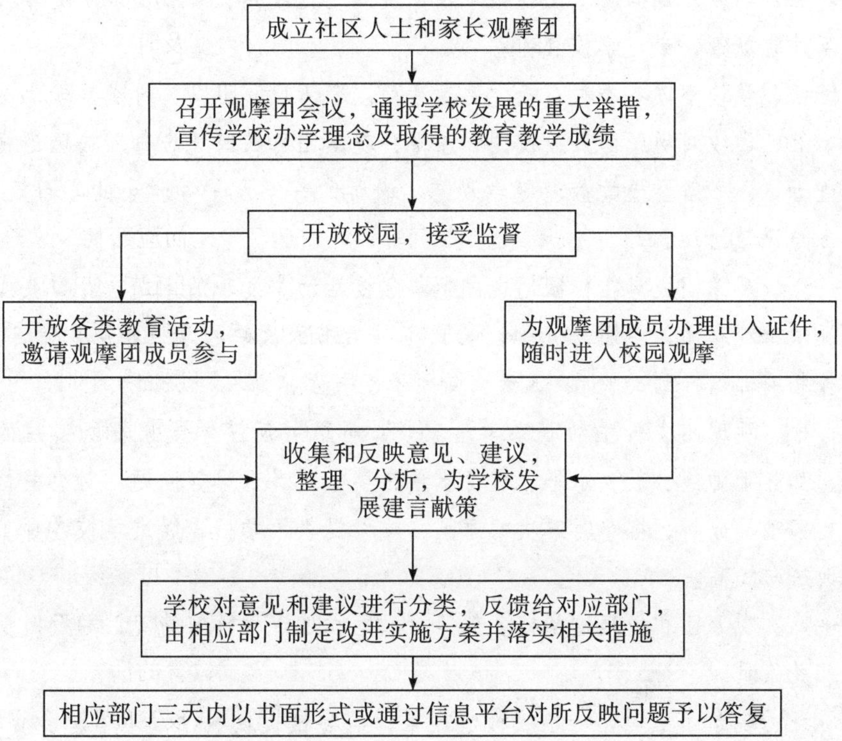

[附]

番禺附中社区人士和家长观摩团工作制度

依据教育部《2003—2007 年教育振兴行动计划》文件精神，积极开展现代学校制度建设的探索实践，探索家庭、学校、社区三方的有效互动机制，是现代学校制度建设的永恒课题。为更好地推动社会参与，实现家庭、社区和学校的良性互动，更大限度地让社会、家长了解学校办学情况，并成为学校教育的真正参与者，番禺附中成立了社区人士和家长观摩团（下称“观摩团”），结合学校的实际情况，特制定本制度。

一、观摩团由学校所属辖区（镇街）主管文教的领导、人大代表、政协委员、学校法制副校长、企业代表以及各年级家委会推选的家长代表等多方人员组成。

二、观摩团设团长一名，副团长两名。观摩团成员任期三年，其中辖区主管文教领导随任职变动，家长代表随学生毕业升学而调整。

三、学校定期向观摩团通报学校发展的重大举措，观摩团成员为学校的发展建言献策，参与学校管理。

四、学校举办各类教育教学主题活动，邀请观摩团成员到校参与。

五、学校对观摩团开放校园和课堂，观摩团可随时凭证进入校园巡视和随堂听课，了解学校的教育教学动态、教师的教学水平和学生的学习状态，并参与评教活动。

六、观摩团成员在校园巡视和参与学校活动中发现的问题，可口头或书面反映给观摩团，由团长（副团长）汇总后书面反映给学校相应主管部门。学校相关部门接到反映后，3 天内必须予以书面答复。

七、观摩团成员主动联系学生家长，听取并反映学生家长所关注的问题，如教师师德、教育水平、教育质量、学生发展水平等问题，对有关信息进行归纳、分析，把急需解决的意见、建议提供给学校，促进学校各项工作的改进与提高。

八、观摩团积极跟进学校各部门对意见和建议的落实情况，并及时反馈给相关人员。

九、观摩团主动宣传学校教学成果，向学校提供教学改革信息和资源，形成全社会尊师重教舆论的氛围。

番禺附中通过家长委员会、社区人士及家长观摩团等平台向社会开放，接受社会的监督，同时也通过这些平台，充分利用社会资源，解决学校体制束缚下的教育资源不足问题。如在社区公益机构组织下，举办大型亲子活动“共同托起明天的太阳”；家委会成员为学生开展高中生普法讲座活动；交警大队宣传科警员每学期为学生开展交通安全教育活动；东环街消防队消防员对师生进行消防安全知识讲座及消防设备试用培训、安全逃生训练；中心医院急救科医护人员为师生开展急救常识及技能培训；东环街道办为学生参与社会实践和志愿服务活动提供丰富的资源等，以上的这些借助家委会及社区资源实施的教育活动，有效地填补了学校教育的空白，丰富了学校教育内容，也为现代学校探索多元合作的新路径指明了方向。

第四节　学校危机应对：危机化解与流程管理

一、学校危机类型

学校危机具有多样性，学界有多种分类方法。本人较为认同将学校危机分为两大类：外源性危机和内源性危机。其中，外源性危机包括由自然灾害造成的危机和社会性灾害造成的危机。自然性灾害造成的危机来自于地质灾害、气象灾害及其次生灾害，如地震、泥石流、台风、暴雨洪涝等。社会性灾害造成的危机来自于火灾、房屋倒塌、设施故障、食物中毒、传染性疾病流行等。

内源性危机包括管理决策危机、信誉形象危机和人力资源危机。其中，管理决策危机主要来自于学校管理者决策失当、管理疏忽、执行偏差等，如学校短期或长期政策出现巨大的漏洞而导致学校发生安全事故、学校未制定长远规划以合理保障师生权益而引发教师罢课、学生集体抗议等。决策失当可能经过长期潜伏积累造成校内矛盾集聚、激化，酿成重大危机。信誉形象危机是指学校信誉和形象遭到直接或间接损害的危机，比如，学校条件未具备而仓促扩招、学校教学质量急速下滑，导致学校丧失社会认可度及舆论支持等，也可能由学校丑闻出现造成，比如学校管理者违法犯罪、乱收费、学生非正常死亡、个别教师缺乏师德且教学质量低下导致大批家长投诉上访等。人力资源危机是指因学校关键岗位人员或优秀教师辞职、伤病甚至死亡而使得人力资源流失造成重大影响的危机。

二、危机处理与媒体应对

面对猝不及防的危机，学校能够妥善应对媒体，甚至已经成为决定整个事故处理是否成功的关键因素之一。在处理危机的过程中，媒体对事件的报道会直接影响大众对危机事件的关注程度和主流看法。不恰当的新闻报道，常常遮蔽真相，甚至将问题扩大化，造成难以补救的伤害。因此，就学校而言，关键在于如何通过自己的努力，将危机事件转“危”为“机”。

具体而言，作为校方，在危机发生后与媒体接触时，应该特别注意以下几个方面的问题：

1. 评估研判，明确态度

及时分析问题，选择应对姿态。学校首先应该成立危机应对小组，对于事件成因、责任方、媒体情况有大致的了解，并进行初步的危机评估。应从客观角度分析危机的主要责任方。如果校方负有处理应对不当的责任或者主要责任人为校方人员，校方就应该以低姿态入手，诚恳理性地去解决问题，重在改正的举措，如上述分类中的安全事故、管教冲突、道德危机、管理责任等的问题；如果校方只负轻微责任或不负责任，则应将问题的重点放在澄清事态方面。

2. 科学选择信息平台

选择信息公布的途径方式。如果事态并不严重或影响较小，校方可以采取淡化处理的方式，采用不予报道或者适当延期报道的方式，待舆论压力过去，新闻点消失，如校园暴力事件和学生自我伤害，如果校方本身无过错，就应采取淡化处理的方式，尽量防止媒体对相关枝节新闻的挖掘；如果事态严重，不可能做到淡化处理，校方应及时在可靠、广泛的信息平台公布事实真相，避免媒体在真相不明的情况下进行前期舆论创作。需要强调的是，对于公布的信息量应仔细斟酌，切不可捏造事实，防止因之负上全责。

3. 专人发布，专业应对

学校应当建立重大事项新闻发言人制度，统一媒体应对渠道，由指定的发言人与媒体进行沟通。发言人要求沉着冷静、口才良好、善于沟通、人品可靠，这样才能在与媒体的接触当中取得共鸣，减少负面的报道。特别值得注意的是，学校的法人代表（一把手）并不适宜直接担任发言人，这样可以在发言人出现失误时由一把手出面补救。

4. 未雨绸缪，有备而来

学校发言人切忌仓促“应战”，贸然接受媒体记者的采访，而应事先对有关的内容进行充分的准备。学校发言人应当对包括事件的全部过程和细节、记者可能关注的问题及其应对、记者出现尚未有准确答案问题时的处置方案等各方面做好充分的准备，做到有备而来，才能从容应对。

5. 及时行动，立体沟通

危机事件发生后，作为校方，对于事件的处理应该有媒体可见的具体的方案，给予媒体和大众以校方正在积极有序地对发生的事件进行有效处理的信息，如相关责任人的处理、整改措施、问题的补救、及时的安全教育、心理辅导等。

6. 尊重学生，以人为本

学校在危机事件的媒体应对时，应当充分尊重学生，切实考虑学生的切身利益。对于学生，如果问题严重则应及时控制事态的负面影响，对于问题的处理应从主流价值观出发，不应做出过激的行动，而应认识到学校在处理事件中是以早日平息事态、以对学生影响最小为根本的。特别值得注意的是，按照《未成年人保护法》的有关规定，如果事件涉及未成年学生的隐私，学校有必要对其加以保护，不得泄露，同时也尽量避免媒体进一步挖掘。

7. 尊重事实，尊重媒体

危机及事件发生后，校方对于媒体的合理要求尽量配合，综合考虑时效性等因素配合公布信息，切不可与媒体发生冲突。对于媒体的采访要求可以根据具体情况安排采访时间，但不要拒绝。

总之，面对突如其来的学校危机，学校可以用下面的“五字诀”进行应对：

“查”：事件发生后，迅速开展调查，了解掌握具体细节。

“断”：分析研判事件性质，弄清主次矛盾，及时拿出解决方案。

“快”：解决问题的动作一定要快，调查要快、回复要快、处理要快，以尽快控制事态发展。

“通”：多方进行立体沟通，协调关系，及时向上级主管部门通报事件进展。

“控”：多方联动，将事态控制在一定范围内。万一有媒体或其他相关组织介入，学校应积极主动配合，实事求是反馈，以争取社会各界的理解和支持。

三、学校危机预警防范与处置应对流程图

●危机预警防范机制（警钟长鸣）

↓

1. 常态化的安全巡查（设施设备、师生人员……巡查记录整改）

↓

2. 常态化的立体宣传（媒体、文字；师生、家长、社区……）

↓

3. 常态化的培训教育（师生专题、后勤专题、家长专题……）

↓

4. 常态化的课程模块（危机预警课程化：自救自护教育……）

↓

●危机处置应对（查断通控）

↓

1. 调查研判，掌握细节

↓

2. 明确态度，拿定方案

↓

3. 快速处理，及时回应

↓

4. 立体沟通，多方连接

↓

5. 注重舆论，维护品牌

例 1：番禺附中突发公共卫生事件应急工作流程图

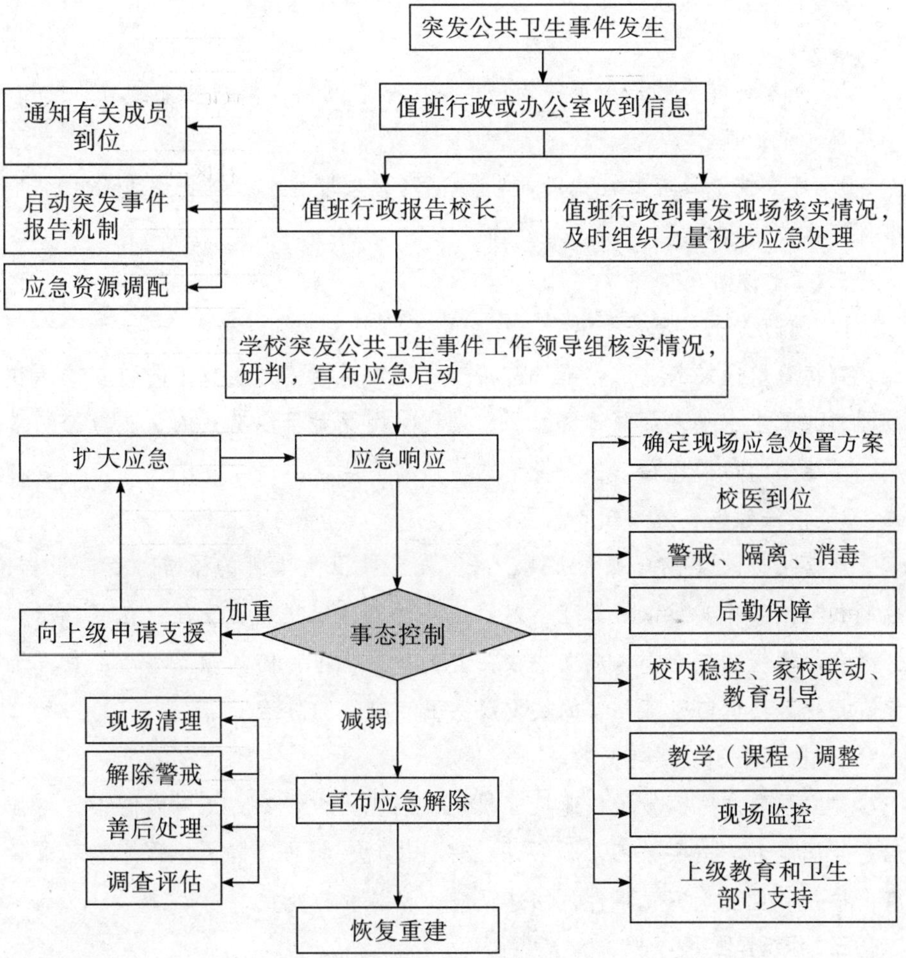

［附］

番禺附中突发公共卫生事件应急预案

根据《学校卫生工作条例》《中华人民共和国传染病防治法》和《全国突发公共卫生事件应急预案》等法律法规，为了提高我校预防和控制突发公共卫生事件的能力和水平，指导和规范各类公共卫生突发事件的应急处置工作，减轻或者消除突发事件的危害，保障全体师生员工的身体健康与生命安全，维护学校正常的教学秩序和校园稳定，结合我校实际，特制定我校突发公共卫生事件应急预案。

一、工作目标

1. 普及各类突发公共卫生事件的防治知识，提高广大师生员工的自我保护意识。

2. 完善突发公共卫生事件的信息监测报告网络，做到早发现、早报告、早隔离、早治疗。

3. 建立快速反应和应急处理机制，及时采取措施，确保突发公共卫生事件不在校园内蔓延。

二、工作原则

1. 预防为主、常备不懈。

宣传普及突发公共卫生事件防治知识，提高全体师生员工的防护意识和校园公共卫生水平，加强日常监测，发现病例及时采取有效的预防与控制措施，迅速切断传播途径，控制疫情的传播和蔓延。

2. 依法管理、统一领导。

严格执行国家有关法律法规，对突发公共卫生事件的预防、疫情报告、控制和救治工作实行依法管理；对于违法行为，依法追究责任。在区政府和区教育局的统一领导下，成立我校突发公共卫生事件防治领导小组，负责组织、指挥、协调与落实学校的突发公共卫生事件的防治工作。

3. 快速反应、运转高效。

建立预警和医疗救治快速反应机制，强化人力、物力、财力储备，增强应急处理能力。按照“四早”要求，保证发现、报告、隔离、治疗等环节紧密衔接，一旦发生突发事件，快速反应，及时准确处置。

三、组织管理

学校成立以校长为组长的学校突发公共卫生事件工作领导小组，具体负责落实学校的突发事件防治工作。主要职责如下：

1. 根据区政府和区教育局等部门的突发公共卫生事件防治应急预案制订本校的突发事件应急预案。

2. 建立、健全突发事件防治责任制，检查、督促学校各部门各项突发事件防治措施落实情况。

3. 广泛深入地开展突发公共卫生事件的宣传教育活动，普及突发事件防治知识，提高师生员工的科学防病能力。

4. 建立学生缺课登记制度和传染病流行期间的晨检制度，及时掌握师生的身体状况，发现突发公共卫生事件早期表现的师生，应及时督促其到医院就诊，做到早发现、早报告、早隔离、早治疗。

5. 开展校园环境整治和爱国卫生运动，加强后勤基础设施建设，努力改善卫生条件，保证学校教室、厕所及其他公共场所的清洁卫生。

6. 加强学校食品安全和饮用水安全管理和监测，确保学生喝上安全饮用水，吃上放心饭菜。

7. 明确并落实突发公共卫生事件的信息报告制度，及时向社区卫生服务中心、区疾控中心和区教育局汇报学校的突发公共卫生事件的发生情况，并积极配合卫生部门做好对病人和密切接触者的隔离消毒、食物留存等工作。

四、突发事件预防

1. 高度重视，切实加强对学校卫生工作的领导和管理。

总务处和德育处经常对食堂、教学环境与生活区环境进行自查，尽早发现问题，及时消除安全隐患。

2. 增加学校卫生投入，切实改善学校卫生基础设施和条件。

3. 采取有效措施，强化学校卫生规范化管理。

(1) 加强学校食品和生活饮用水的管理，防止因食物或水污染造成疾病传播。

(2) 加强厕所卫生管理，做好粪便的无害化处理，防止污染环境和水源。

(3) 大力开展爱国卫生运动，保持校园环境卫生整洁，重点搞好教室卫生和环境卫生，定期对校园环境、设施设备进行消毒和“四害”消杀，为学生提供一个安全卫生的学习和生活环境。

(4) 做好计划免疫的宣传工作，提高学生疫苗接种率，防止疫苗相关性疾病的发生或流行。

(5) 加强实验室危险化学品等有毒有害物质的存储、使用、处理等环节的管理，防止因管理失误引起突发事件。

4. 加强健康教育，提高师生的防疫抗病能力。

(1) 落实好健康教育课，普及公共卫生知识，引导学生树立良好的卫生意识，养成良好的卫生习惯和生活方式。

（2）德育处和校医室结合季节性、突发性传染病的预防，通过黑板报、宣传橱窗、致家长信、广播、电子屏、微信平台以及校园网等宣传途径，大力宣传、普及防治突发事件的相关知识，提高师生员工的公共卫生意识和防治突发事件的能力。

（3）进行食品卫生知识和预防食物中毒的专题教育，增强学生识别腐败变质食品、“三无”产品、劣质食品的能力，教育学生不买街头无照、无证商贩出售的各类食品。

（4）督促和组织师生加强体育锻炼，养成良好的生活习惯，提倡合理营养，不断增强体质。

五、突发事件监测和报告

学校突发公共卫生事件的内容包括：重大传染病疫情、中毒事件（食物中毒及急性化学物品中毒）、污染事故、免疫接种事故及严重异常反应，以及其他重大疑难及不明原因的健康危害事件。

1. 突发事件监测。

（1）建立突发公共卫生事件的监测系统。落实学生晨检制度和因病缺勤病因追查与登记制度。学校班主任和班级卫生委员每天要统计学生的缺勤情况，了解缺勤原因，发现学生请病假的，要追查病因，及时与家长联系，并做好登记和上报校医室。

在传染病高发季节，学校要强化落实晨检制度，一旦发现传染病病人或疑似病人，应当立即联系家长让学生及时就医，并做好隔离和消毒工作，防止疫情扩散。

对因健康原因缺勤者报告校医室，由校医进行登记汇总并进行追踪观察，分析其发展趋势，必要时采取进一步的措施。饭堂员工也要落实晨检考勤制度。

（2）重视信息的收集。积极与东环社区卫生服务中心、区疾病预防与控制中心建立联系，配合收集本校的公共卫生事件的情报，密切关注师生动态变化，以便做好预防工作。

2. 突发事件报告。

（1）建立自下而上的突发公共卫生事件逐级报告制度［班主任（科

任）—级长—校医—总务处、德育处—校长室］，并确保监测和预警系统的正常运行，及时发现潜在隐患以及可能发生的突发事件。突发事件期间，学校实行24小时值班制，并开通疫情监控联系电话。

（2）学校如发生突发公共卫生事件后，经校长室综合研判，学校在第一时间（2小时内）向区教育局和社区卫生站报告。办公室根据校长室的指引，确保报告信息内容客观详实，不得漏报、瞒报、谎报；发生特大事件的，经请示区教育局再向上级部门汇报；事件情况发生变化后，应及时续报。报告分初次报告、进程报告和结案报告。

（3）严格执行学校重大公共卫生事件报告程序。在传染病暴发、流行期间，校医室向区有关卫生部门和区教育局对疫情实行日报告制度和零报告制度。学校严格按程序逐级报告，确保信息畅通。

出现集体性食物中毒、甲类传染病病例、乙类传染病暴发、医院感染暴发及其他突发卫生事件时，医务室及学校有关部门应立即向本校突发公共卫生事件领导小组报告，并以最快的通信方式在2小时之内向区疾病预防控制中心报告，同时向区教育局报告。

（4）任何部门和个人都不得隐瞒、缓报、谎报或者授意他人隐瞒、缓报、谎报突发事件。

（5）建立突发事件举报制度。任何部门和个人有权向学校报告突发事件隐患，有权向区教育局举报有关部门和个人不履行突发事件应急处理规定的职责的情况。

六、突发事件的应急反应

根据《全国突发公共卫生事件应急预案》的规定，将突发事件的等级分为一般突发事件、重大突发事件和特大突发事件。根据突发事件的不同级次分类，结合学校的特点，在必要时启动相应的突发事件应急预案，作出应急反应。

以下分级标准根据《全国突发公共卫生事件应急预案》中的标准界定。

1. 传染病。

（1）一般突发事件。

所在地区发生属于一般突发事件的疫情，启动第三级应急响应。

①启动报告和零报告制度，学校实行24小时值班制度，加强系统内的

疫情通报。

②学校做好进入应急状态的准备，落实各项防治措施。

③学校内如尚无疫情发生，可保持正常的学习、工作和生活秩序，但对集体活动进行控制。

④传染病流行时加强对发热病人的追踪管理；呼吸道传染病流行期间，教室、图书馆、艺术楼、实验室、食堂、体育馆、电脑室等公共场室必须加强通风换气，并采取必要的消毒措施；肠道传染病流行期间，对厕所、食堂及饮用水应加强消毒，并加强“除四害”工作。

⑤严格执行出入校门管理制度。

（2）重大突发事件。

学校所在地区发生属于重大突发事件的疫情，启动第二级应急响应。除对接触者实施控制外，全校保持正常的学习、工作和生活秩序。在第三级疫情防控措施的基础上，进一步采取以下措施：

①开展针对性的健康教育，印发宣传资料，在校园张贴或电子屏播放宣传教育资料，提高师生员工的自我保护意识和防护能力，外出和进入公共场所要采取必要的防护措施。

②对全体师生每日定时测量体温，发现异常情况及时上报。

③对重大传染病的密切接触者，学校要配合卫生部门做好隔离、医学观察和消毒等工作。

④加大进出校门的管理力度，控制校外人员进入校园。

⑤学校根据情况，及时向师生员工通报疫情防控工作的情况。

（3）特大突发事件。

所在地区发生属于特大突发事件的疫情，启动第一级应急响应。在二、三级疫情防控措施的基础上，进一步采取以下措施：

①实行封闭式校园管理，住校学生不得离开学校，严格控制外来人员进入校园。

②全面掌握和控制人员的流动情况，教职工外出必须向所在部门请假。外出学生和去疫区的人员返校后，必须进行医学观察。对缺勤者要逐一登记，及时查明缺勤原因。发现异常者劝其及时就医或在家医学观察，暂停上学或上班。

③避免人群的聚集和流动。学校不组织师生参加各类大型集体活动，调整大型会议时间；学校不安排教师外出参加教研和学术活动；学生的社会实践、社区服务等活动暂缓进行。

④对教室、图书馆、艺术楼、实验室、食堂、体育馆、电脑室等公共场室使用期间每日进行消毒，通风换气。

⑤学校每日公布校园疫情防控工作的情况。

（4）校内疫情。

校内若出现重大传染病疫情，应在卫生部门的指导下，启动相应的应急响应。同时要根据实际情况，适时开展以下工作：

①要根据出现传染病的种类和病人的活动范围，相应调整教学方式。若出现一例传染性非典型肺炎、禽流感、鼠疫及肺炭疽的疑似病例，则对该班级调整教学方式，暂停该班到功能场室上音乐课、美术课、信息课、体育课、合班选修大课等，暂时避免集中上课；出现一例上述的临床诊断病例或两例及以上疑似病例，学校在报请区教育局批准后，可对该班级和相关班级实行停课；如出现两例及以上上述的临床诊断病例及校内续发病例，可视情况扩大停课范围。若需全校停课，须报市教育局批准。

②采取停课措施的班级或学校，合理调整教学计划、课程安排和教学形式，采用电话咨询与指导、学生自学等方式进行学习。做到教师辅导不停，学生自学不停。如学校停课放假，学校领导和教师（非密切接触者）要坚守岗位，加强与学生和家长的联系。

③尊重和满足师生的知情权，主动、及时、准确地公布疫情及防治的信息。对教职工和学生进行正确的引导，消除不必要的恐惧心理和紧张情绪，维护校园稳定。

2. 食物中毒。

及时掌握学生健康状况，一旦发生校内食物中毒或可疑食物中毒时，学校突发公共卫生事件领导小组应做好下列工作：

（1）立即停止饭堂食品加工出售活动，并在第一时间报告当地卫生、教育和公安等部门。

（2）立即将发病师生送往医院，并协助医疗机构救治病人。

（3）保留造成食物中毒或者可能导致食物中毒的食品及其原料、工具、设备和现场，待确认后交予卫生部门处理。

(4) 积极配合卫生、食药监进行调查，并按其要求如实提供有关材料和样品。

(5) 落实卫生部门要求采取的其他措施，并妥善处理善后事宜，维持学校正常的教育教学秩序。

(6) 配合卫生部门分析引起食物中毒的原因，总结经验教训，提出整改意见，杜绝类似事件再次发生。

3. 预防接种严重反应或事故、群体性不明原因疾病等突发事件。

(1) 迅速报告卫生部门、区教育局及其他有关部门，请求派遣专业人员进校，开展流行病学调查，查明事件原因。

(2) 及时将食物中毒师生送医院接受救治。

(3) 尽快采取各项措施，消除危害，制止事态的发展。

(4) 总结经验教训，查漏补缺，杜绝隐患。必要时对事故和损害的责任人追究责任。

七、保障措施

1. 组织机构保障。

成立番禺附中突发公共卫生事件工作领导小组，各部门、年级应按本预案的要求具体负责本校突发公共卫生事件的日常预防与控制工作。

突发公共卫生事件领导小组名单：

组长：校长

副组长：副校长

成员：相关处室主任、校医、级长、各班主任。

2. 信息保障。

学校成立“各班—年级—校医室—处室—校长室”的突发公共卫生事件信息的收集、传递、报送、处理等环节的运行机制。严格按照本预案中的信息报告机制落实主体责任。

3. 人员保障。

学校按《学校卫生工作条例》的要求配备卫生专业人员。校医和护士应具备高度的工作责任感，定期接受卫生部门组织的突发公共卫生事件应急处理知识、技能的培训和演练，熟悉突发公共卫生事件的预防与控制知识，具有处理突发事件的快速反应能力。学校对有关处室和级长、班主任、后勤队伍定期举办卫生专项培训，组织开展应急演练，提升突发公共卫生事件的预防与快速反应能力。

4．资金和物资保障。

学校安排必要的经费预算，为突发公共卫生事件的防治工作提供合理而充足的资金保障、物资储备和设施设备（如传染病隔离场所、紫外线灯等）、消毒药品。

例 2：番禺附中应对恶劣天气的应急工作流程图

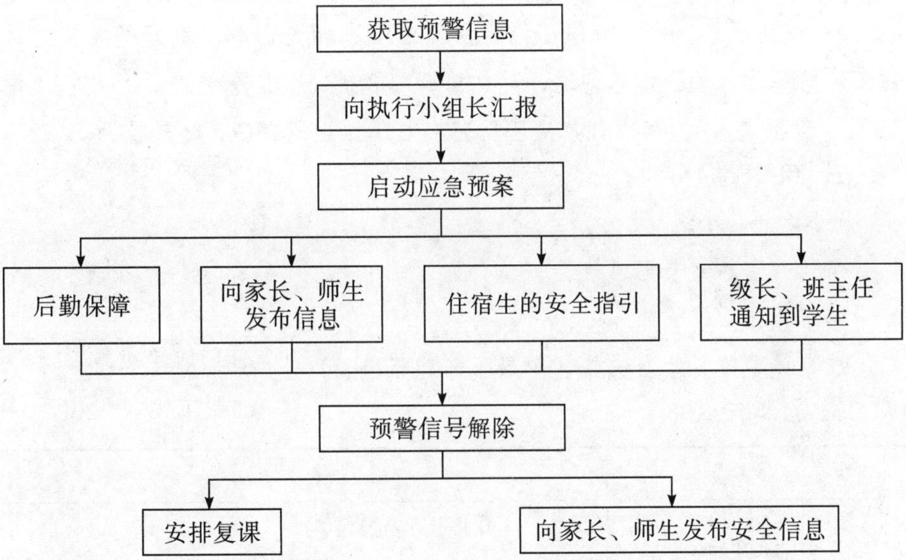

［附］

番禺附中应对恶劣天气应急预案

为加强学校安全工作，防范台风、暴雨、高温、寒流等恶劣天气安全事故的发生，并能快速、及时、妥善地处理突发事件，切实有效降低恶劣天气带来的安全影响，保障全校师生员工的平安，维护教育教学的正常秩序，打造和谐校园，结合《广东省突发气象灾害预警信号发布规定》（粤府令〔2006〕105 号）中有关“预警信号生效后学校停课”的规定，按照上级部门的有关要求，从我校实际出发，制定本应急预案。

一、指导思想

以科学发展观为指导，根据《广东省突发气象灾害预警信号发布规定》（粤府令〔2006〕105号）中有关“预警信号生效后学校停课”的规定为依据，以维护我校师生员工的生命财产安全为目标，积极开展应对恶劣天气的预防工作，以确保师生的生命安全。

二、工作原则

1. 以人为本、减少危害。把保障师生的生命财产安全作为首要任务和应急处置工作的出发点，加强应对气象灾害的应急体系建设，最大程度减少灾害损失。

2. 预防为主、科学高效。统一指挥，统一调度，分工负责，相互配合。

3. 依法规范、协调有序。依照法律法规和相关职责，做好气象灾害的防范应对工作。加强信息沟通，建立协调配合机制，信息传送做到“校不漏班”、“班不漏人”，确保气象灾害防范应对工作规范有序、运转协调。

三、组织机构

（一）领导小组

组长：党总支书记、校长

副组长：副校长

成员：学校各处室成员（中层干部和年级长）

（二）执行小组

岗位	人员	职责
组长	负责安全的副校长	1. 按上级的工作指引开展应急工作 2. 具体负责协调校内各部门开展安全自救工作及师生的停（复）课等的应急工作
副组长	教务处	具体负责面对师生的停课及复课的安排与通知
	总务处	1. 具体负责后勤保障，如对校内供电供气线路、防雷设备、排水系统等各种教育教学设施与设备的检修，杜绝安全事故 2. 通信网络的畅通、维护等 3. 安排医护人员及时救治受伤师生，或提出专业的救治意见 4. 根据不同的恶劣天气状况、针对不同的重点部位进行安全隐患的排查和及早做好预防措施

续上表

岗位	人员	职责
副组长	德育处	1. 具体负责应对恶劣天气应急工作的宣传教育及相关知识的普及工作、向家长和师生发布信息 2. 根据预案实施过程中发生的变化和遇到的问题，及时对预案提出调整、修订和补充
成员	德育级长	1. 具体负责联系本级级长、班主任落实学校的停（复）课的应急安排 2. 做好学生的安全教育工作及本级师生安全情况等信息的汇总与上报
	班主任	具体负责落实学校的停课及复课应急措施，跟踪、收集本班学生的安全信息并上报年级，及时与家长沟通

四、工作内容

（一）启动条件

1. 获取恶劣天气预警信息途径：上级主管部门、番禺区气象局、番禺电视台、番禺电台等官方媒体发布的信息。

2. 番禺区域内公布恶劣天气预警信息（需要停课的部分）：

台风（黄色）

台风（橙色）

台风（红色）

暴雨（红色）

（二）工作要求

1. 学校要加强恶劣天气期间值班和安全保卫工作，做到24小时有人在岗。主要领导和分管领导要保持24小时通信畅通。

2. 落实责任追究制。各小组分管人员要抓好各项工作的落实，对因渎职或管理不善造成不良后果的，将严肃追究相关人员的责任。

（三）工作要点

1. 当台风、暴雨、高温、寒流等恶劣天气发生前及出现时，总务处要组织相关人员对全校的校舍、电路电线供气、施工工程进行安全检查及维护，保障通信网络及广播系统正常使用。

停课预警信息公布时，总务处要及时开放安全场室（含课室、学生宿舍等）给有需要的师生避险；必要时，要提供安全饮用水及食品，同时做好饭堂食物供应保障。

2. 如果恶劣天气警报达到“停课”警报时，执行小组经学校领导小组同意后立即启动“停课应急预案”，并向上级主管部门报备学校的停课信息。

3. 全校教职员工的通信工具应处于开机状态，随时接收学校的应急调动信息，并做好家长的解释和沟通工作。全校教职员工必须无条件服从学校的应急调动，全力保障师生安全。

4. 学校及时掌握台风、暴雨、高温、寒流等恶劣天气的预警信息。执行小组根据各类型不同级别的预警信号，密切关注天气变化及灾害发展趋势，通知有关责任人员立即上岗到位，组织力量深入分析、评估可能造成对本校产生的影响和危害，适时做出正确的研判，尤其是对校园产生风险隐患的情况，有针对性地提出预防和控制措施，落实应急救援队伍和物资。德育处及时通过校讯通通知家长及相关老师关于学校的停课及复课信息。教务处及时通过各种方式通知教师关于学校停课及复课的具体安排。

5. 在停课预警信息公布时，要落实以下工作。

年级层面：

(1) 年级全面级长负责联系本级教师，落实学校的“应急预案”，做好教师的安全情况摸查工作，并及时向执行小组长反馈相关信息。

年级德育级长负责联系本级班主任，落实学校的“应急预案”，做好对学生的安全指引。住宿生及已回到学校的同学要服从学校统一安排，或正常上课，或到安全区域避险。科任老师要到相应场室上课，或到学生集中点协助维持纪律及保护学生。班主任和科任老师要及时考勤学生，并及时跟进了解因不明原因而缺勤的学生的情况，并向德育级长汇报相关信息。

年级教学级长负责联系备课组长或科任老师，落实学校的“应急预案”，编排好相关课程及上课的场室。

校外层面：

(2) 在家中还未出门的学生应留在家中复习，并及时通知家长和班主任。

(3) 在上学途中的同学根据路况选择回家或上学，并及时告知家长和班主任：自己所处的位置、使用什么交通工具、个人的安全情况及个人下一步的目的地等。学生到达目的地后，要及时告知家长和班主任。

(4) 班主任在无法跟进因不明原因而缺勤的学生时，要及时把信息（电子版）汇总至本级德育级长处；德育级长亦无法获取该类学生的情况下，要及时汇总到德育处。德育处再向上级主管部门汇报。

6. 台风、暴雨、高温、寒流等恶劣天气过后，学校要立即开展自救减灾工作，及时组织人员检查学校围墙、楼房墙体、树木、施工工程、实验室器材和药品等的受损情况，检查供电供气线路、网络等的正常使用情况。安全检查侧重点是本校操场的过境高压线的受损情况（若发现异常，应立即向区教育局主管安全的局领导汇报）。物业公司要立即安排人员清扫校园，确保校内师生逃生道路畅通。校园内的重要隐患部位设立警示牌，高危区域的人员要及时撤离，用警戒线、防护网封闭，必要时设专人看管，确保万无一失。同时，总务处要联系相关维保单位及时到场清除安全隐患。德育处、总务处等及时联动，要开展各种形式的安全教育活动，进一步提高师生及相关工作人员的自我保护意识。

五、预警信息发布及工作流程

获取预警信息→向执行小组长汇报→启动应急预案→各部门联动（①后勤保障；②对家长、师生发布信息；③住宿生的安全指引；④年级、班主任通知到学生，并收集学生安全信息）→预警信号解除（①复课安排；②及时发布安全信息至家长、师生）。

第七章 流程管理与文化立校

正如优秀的企业必有优秀的企业文化一样，优秀的学校鲜有不从学校文化角度思考其管理和发展的。只有基于“以人为本”的管理价值驱动，把文化置于管理的中心，以文化统领人的发展和学校的发展，才可能实现学校发展中最高层次的和谐。未来的学校管理也将是以“文化”为中心的管理，以正确的核心价值观凝聚人、鼓舞人、激励人、发展人和培养人，以价值驱动学校的发展。因此，我们讲流程管理，自然离不开学校文化。

第一节 学校文化

学校的发展，必须基于学校的核心竞争能力。这种核心竞争力对于学校的可持续发展具有极高的价值，同时又不可模仿。而学校的核心竞争能力的培养被认为是与文化息息相关的，也是在这个意义上，一个学校的文化被认为是其制胜的关键。只有基于一种大家都认可的文化，才可能形成一个健康的环境，使得学校每一分子都愿意坐到一起来，彼此坦诚相待，奉献自己的智慧，一起谋划学校的未来，以勇气和坚毅面对困难，不折不扣地执行学校的制度，持之以恒地获取、学习和创造与业务相关的知识。所以，学校文化是一个学校发展极为重要的内驱力。

一、学校文化的形成

学校文化是学校师生在学校生活中形成的具有独特凝聚力的学校面貌、规章制度和学校精神，其中最为关键的是学校在长期办学过程中所形成的共同价值观念、共同思想观念和行为方式，这是体现一所学校最明显、最具特色、最富有典型意义的学校精神。它对学校的教育会产生重大影响，所以它决定着学校精神面貌，左右着学校教育的方向。

一所学校文化的形成，是长期积累的结果，有其特有的规律，从这个意义上讲，试图对现有的和未来的“文化”进行管理是很困难的事情。学校文化是一个复杂的系统工程，一般而言，它包含了以下几个层面：物质文化（最浅层），包括人们创造的各种校园物质产品；制度文化（中间层），包括学校人际关系及规范化了的学校制度；精神文化（最高层面），包括学校价值观念及办学理念指导下形成的行为规范、群体目标及种种思想意识，是学校文化的核心和灵魂。

以文化为核心的管理，一方面，要在学校发展的过程中，不断地提炼、整理、修订、发展和升华学校文化观念；另一方面，要把这些前后相互关联的理念以有效的手段在学校内部传播、共享并内化为全体教职员工的思维模式、心理法则和行为模式，进而树立学校持久的、清晰的和良好的社会形象，提高学校在内和在外的知名度、美誉度，与周边环境共生共荣，与社会共同发展。以番禺附中为例：

番禺附中是番禺区人民政府和广东第二师范学院共建共管的一所普通高中。番禺附中地处广州番禺市桥地区，一直以来受岭南文化的浸润。岭南文化是中原文化与古越文化结合的结果，并以中原文化为基底一直传承下来。岭南地区自赵佗在广州建立南越王国起就接受着中原儒家文化的教化，自宋以后，儒家文化更深地影响到了广东地区，广东地区文教也开始逐渐有所发展，改变了过去蛮夷之地的形象。尤其是南宋末年，蒙古进犯大宋，大量移民汇入广东，中原儒家文化的影响越来越深，明代以后，受儒家文化的进一步影响，珠三角地区书院逐渐增多，儒风日渐趋于鼎盛，孕育了大量的儒士和文人墨客，如屈大均、天然和尚等大家。

从另一个角度来看，番禺地区自古就是中外文化的交汇地，自汉代以来，这里就是海上丝绸之路的发端，是中国的南大门。与世界各国互通，使这里的人普遍有兼容并蓄和商业意识，有强烈的开放性特征。由此观之，广州番禺市桥的文化就是以儒家文化为根基，又融合外来文化和当地富于商业色彩的文化，其地域最大的特征是博大兼容的性格和精神。

番禺附中始建于1996年，2010年8月改制为广东第二师范学院番禺附中，学校一直对真教育有不懈的追求，注重儒家文化传统与现代精神的结合，同时结合建设“开放的、包容的、多元的”一流大学附中的目标，提出了“学为君子，兼善天下”的校训，传承了儒家文化和本土文化传统，形成了“崇尚君子”的文化传统，由此明确了“培育现代君子”的办学理念。目前，“学为君子，兼善天下”的思想精神已经深入到领导层、教师层中，并在学校环境中有所呈现。领导层、教师层的理念解读侧重于传统性与现代性的合一、中国与世界的合一，亦即秉承“德才兼备、学融中西”的优良传统，陶冶“文化归属、国际理解”的现代情怀，培养“愿干事、能干事、能干成事”的优秀公民。

番禺附中的办学理念贯穿着开放兼容、博纳精华的精神，主张学校和个人都应该具备兼容天下的精神价值。番禺附中认为，作为个人应有兼善天下的情怀，作为学校要有兼善天下的胸襟气度，方能办出融传统与现代、中国与西方于一炉的学校，才能培养出“德才兼备、学贯中西”的君子和通才。

在具体的做法方面，番禺附中开展了现代学校制度建设，紧紧围绕“培育现代君子”办学理念完善了各种规章制度。开设了“美丽人生”课程，内容涉及人文和科学、传统和现代、历史与未来等方面的内容，兼容并蓄，通过选修类、社团类、专修类、领袖类、实践类、游学类等分设供学生选择，并在艺术节、体育节、读书节以及学科活动、专题活动、附中讲堂等方式呈现出来，彰显出包容的丰富美。学校同时以梅兰竹菊四君子为文化意象，并在校园环境中得以强化落实。梅兰竹菊的共性在于都是君子，象征着君子的人格理想；梅兰竹菊的个性在于均为不同的君子，寓意君子各有不同、和而不同。此亦是番禺附中兼善观的具体形式，体现着学校的核心价值观，也逐步形成了“海纳百川、追求卓越”的学校精神。

番禺附中在发展的过程中，不断提炼、整理、修订、发展和升华学校文化观念，最终形成了一种打造现代君子的文化理念，并通过物质环境的打造、课题研究、课程开发、社团活动等平台落实学校核心理念，落实的过程也就是学校文化逐步内化为每个附中人的价值追求的过程，最终呈现于其言行。而其言行又将进一步强化其为人处世风格，有助于将这种文怀融汇成为一种约束人、激励人的核心价值。

二、学校文化的特质

1. 学校物质文化建设讲究格调与品位

学校物质文化建设是进行学校文化建设的必要前提，也是重要的途径和载体，体现了学校文化的格调和品位。学校物质文化包含的内容清晰明确，具有强大的渲染力和传播力，因此，其在学校公众了解学校文化方面有着非常重要的作用。建设学校文化，就需要悉心建设学校的物质文化。

一个学校的物质文化包括美化校园环境、设置校园标语、营造校园氛围等，能体现为学校理念的物质环境不仅能让校园显得清洁、美观、和谐，倍添雅致，更能以温馨和富有人情味的标语、图画充分发挥“润物无声”的育人功能，给紧张的学校生活增添亮色和乐趣。类似于固定橱窗、活动展板、“校路文化”、校园网络、读书俱乐部等宣传阵地的建设，不仅能烘托“书香校园”和“艺术校园”氛围，也能引领师生积极向上并积极参与校园文化建设。

2. 学校行为文化建设体现规范与“人文”

正所谓“无规矩不成方圆”。一所学校要将办学理念转化为师生的日常自觉行为，就必须对学校文化行为进行改造和积累。否则，办学理念将流于形式。

（1）构建规章制度。学校的规章制度通常具有两种职能：一是保障功能，是为了保障学校协调、有序、健康地发展，从而保障师生更好地开展学习、工作和生活；二是激励功能，即激发和调动师生为实现办学目标，实现学校、教师、学生共同发展的积极性、创造性。学校根据有关法律法规和教育行政部门有关规定，制定一套完整的相关管理制度和实施细则。如《番禺附中教学管理制度》《番禺附中绩效考评方案》《番禺附中名师评比方案》等共计20多项，并经教职工代表会议通过实施。这些制度的构建，既规范了师生行为，又促进了教师专业化发展与学生健康成长，在实施过程中逐渐形成了学校的制度文化。

（2）凸显人文关怀。制度的建立，强调了管理规范化、程序化、制度化，更多的是一种刚性的要求。但树人，就是坚持以人为本，通过合适的教育来塑造人、改变人、发展人，因此在人文关怀日益凸显，人的个性不断张扬，生命价值备受关切的今天，如果能在刚性的制度规范性和柔性的“人文化”管理之间找到一个契合点，那就能得到“1+1>2”的效果。如，学校制定方案时把教师的需求、发展放在心上。在管理行为中，学校提出校长要树立为全校干部教师服务的思想，干部要树立为全校教师服务的思想，教师要树立为全校学生服务的思想，并真正践行“尊重学生，树立平等意识；帮助学生，树立服务意识；影响学生，树立师表意识；相信学生，树立民主意识”这一原则。学校在依照规章制度管理的框架下，一是不断确立师生在学校中的主人翁地位，尊重每一位师生；二是关注教师的专业成长，关注学生的全面发展；三是立足校情，创造条件，为师生着想，尽力优化师生的工作和学习生活。

实践证明，行之有效并符合教育规律的规章制度，加上人性化的落实执行，可以充分调动学校师生主动参与学校行为文化建设的积极性，从而形成优良的教风、学风，有助于营造健康向上的文化氛围。

三、学校文化的价值

1982年7月美国的哈佛大学教授特雷斯·迪尔和麦肯齐咨询公司顾问爱伦·肯尼迪合著出版了《企业文化——现代企业精神支柱》一书，作者通过美国近80家公司的调查，得出一个重要的结论：“一个强大的文化几乎一直是美国企业持续成功的幕后驱动力。”其实，强大的文化也是学校发展的最大内驱力。学校功能的本质是传承文化，学校的最本质特征是文化特征，其文化意义存在才是学校的根本价值存在。只有强大的学校文化才能凝聚和激励学校群体成员，才能贯穿于学校各种活动成为核心驱动力。学校的发展在其本质上是文化的发展。

当一个学校主体在整个学校生活中逐渐形成了具有为全体教职员工认同的共同价值观念、思维习惯、行为方式，形成了具有独特凝聚力的学校面貌、制度规范和精神气氛时，它必将产生强大的力量去推动或阻碍学校的可持续性发展。

先进的学校文化形成之后，必将融汇在学校教师的凝聚力、生命力和创造力之中，促使教师在价值取向、思想观念、心理素质、行为准则等方面趋向一致，进而形成巨大的道德力量、深刻的感召力量，催生一支强有力的工作团队，并成为团队成员取之不尽、用之不竭的精神源泉。所以，学校文化建设是学校最高层次的建设，学校需要尊重教师的主体性，尊重教师的发展，主张主体性的管理文化和发展文化。

鉴于学校文化的作用，从文化层面思考教育管理应成为我们思维方式的一部分，这既是价值追求，又是一种学校建设的工具。

第二节　流程管理对学校文化的作用

一、学校流程管理的来源

学校流程管理的源头是企业的业务流程管理。业务流程管理（process management），是一种以规范化高效业务流程为中心，以持续提高组织业务绩效为目的的系统化方法。20 世纪 90 年代初，美国著名企业管理者迈克尔·汉默（Michael Hammer）提出了业务流程管理理论，引发管理革命的新一轮浪潮。此后，美国的一些大公司如 IBM、通用汽车、福特汽车等纷纷推行业务流程管理。事实证明，这些著名的企业实施业务流程管理以后，都取得了巨大成功。这些企业应用业务流程管理后，除了节省时间和成本外，还存在一些显著的优点。

第一，业务流程管理能够大幅度降低甚至消除导致企业损失的错误，如丢失表格和文件或错误存档、遗漏重要信息或必要审查等。

第二，可以显著改善流程的可视化程度，参与流程的所有人员不仅被授权了解自己在流程中的角色，而且很需要确切地了解流程在任何时候的状态。

第三，业务流程管理使企业员工有了明确的职责，所有人都清楚地知道什么时候应当完成什么工作，不再有借口造成延误、误会或疏忽。

第四，业务流程管理能够提高企业的一致性，让公司内部和外部各方对工作有明确的期望，使得员工、客户和合作伙伴都有更高的满意度和向心力。

将流程管理引进学校管理即充分发挥流程管理的优点，促进学校管理成效的提升。

1. 固化运作流程

与企业的运作相似，学校管理中的流程无处不在，科研工作开展流程、后勤服务相关流程、学校计划流程、学校校车外派流程、人事管理流程、财务管理流程等。将流程管理引进学校管理事务，可针对各类业务流程和事务流程形成相应的规章制度与运作细则，并系统固化流程，有助于管理的简单化和规范化，有助于提高服务质量。

2. 实现流程自动化

一个流程的处理时间中大部分是停滞时间，真正有效的处理时间很短。并且在流程处理过程中需要人员跑腿、电话沟通等手段去推进，不仅耗时耗力，而且效果差。流程管理系统按照需要定义流转规则，借助现有的成熟技术、计算机的良好特性，流程自动流转，提高业务流程处理的效率。

3. 帮助实现团队合作

学校事务很多时候不仅仅靠一个部门来完成，更多的是部门间的协同合作，引进流程管理，不仅有助于减少重视部门利益忽视学校利益、重视眼前利益忽视长远利益等问题的产生，还能比较有效规避部门之间权责不清的灰色地带。学校业务流程存在着各业务部门的天然联系，其流畅的业务处理是需要各部门以学校的利益为最高利益，协同工作。

二、流程管理对学校文化的影响

简单的流程管理是通过流程梳理，让各个部门都能够动起来。当然，流程管理不是简单的流程化，而是要真正形成一种流程文化。流程文化即当流程管理达到某一阶段时，其流程自然而然地植入其管理风格之中。要形成流程文化起码要关注以下五点：第一，要让流程深入人心，使之成为一种生活和工作的习惯。第二，重视合作。流程是由一系列活动组成的，每个活动承担者构成相互合作的团队，流程贯穿各部门，实现跨部门运作。第三，学习。因为我们不断面对挑战，面对新的东西，只有不断学习，才能持续改进，不断创新。第四，能力。要保证每个环节完成职责任务，不仅要求执行流程，而且需要有执行流程的能力。第五，能动。流程的设计和管理一定有其疏漏的地方，要真正保证流程管理到位、有效运转，还需要每个员工具有主人公精神和极强的能动性，以确保及时发现问题、弥补漏洞、创造性地应变。

流程管理走向流程文化，作为学校机制的一部分必然对学校文化产生相应的影响。具体如下：

1. 流程管理对学校行为文化的改造

流程是一种执行力，在学校里，校长首先要对流程负责。正如毛泽东所言，领导就是抓方向，带队伍。校长最重要的任务就是推动过程、创造条件、为员工创造事业舞台和防范错误。战略方向明确了，最重要的是推动过程，推动过程就是流程管理。校长首先要知道最重要的任务是什么，然后才决定用什么样的方法和队伍使其任务得到有效的实现。执行力就是流程，有了好的流程才有执行力，所以校长的主要任务之一就是不断激励团队、不断改进流程。

而从一个老的流程系统，过渡到一个新的流程系统，从一个老的组织体系发展为一个新的组织体系，在这一转化过程中，不仅涉及观念的转变，更涉及执行行为的变化，只有观念与行为的变化发生，流程管理才能真正变为现实。以番禺附中教学中的评课流程管理为例：

学校流程管理中的时序管理是对学校教育教学和管理活动的时间起止、流向、线路、顺序、连接和持续等的定时管理，其实质在于确保教育教学和管理工作的连续性与时效性。作为其中一个重要环节的评课流程管理，校长首先要指明方向，设计好该过程的工作环节，使其既要衔接自然，又要环节简化。在番禺附中开展“基于学生能力培养的参与式课堂教学改革”研究后，这里涉及一个评课观念的转化。为此，校长明确提出了评课原则与步骤，由教导处制定相关评课细则与流程，组织教师学习并付诸实践。比如：在评课学校流程管理中，学校制定了三个环节，即“授课者说课—听课者评课— 授课者总结”。同时，学校倡导评课的两个维度“学生参与度、目标达成度”，三个环节与两个维度明确了操作流程与评价原则，针对性强，有效度高。更为重要的是，这种评价标准有效推动了教师观念的变化与其上课行为的变化，进而提升了教师在课堂教学改革过程中的执行力。因此，这是一个以流程管理推动教师行为变化、观念变化的典型案例，在流程管理真正变为现实的过程中，使得参与式课堂教学改革深入人心。

与此类似的还有课堂教学的基本流程（环节）的打造。（详见附件）

[附]

课堂教学的基本流程（环节）

环节一，导入（开好头）。

环节二，激活旧知。

环节三，学习新知。

（一）新知学习必须兼顾三种学习水平

第一学习水平：知其然，是什么——理解。

第一学习水平是基础，尽可能做到无师自通。教师通过印刷资料或以大屏幕显示的方式交代学习任务即可，学生自主学习、展示、反馈。

第二学习水平：知其所以然，为什么——掌握。

第二学习水平是重点，教师可考虑合作、探究式学习方式。教师的作用侧重于引导、点拨。

第三学习水平：迁移运用，解决问题——建构。

第三学习水平是难点，属于学生的实践运用层次。这个过程的本质是：以自觉为前提，以自学为基础，以思维为主线，以培养自学能力为核心的自主发展过程。

（二）新知学习必须保障学生自主学习的时间长度

至少有一半时间（20分钟）是由学生掌握的。

（三）新知学习必须保障学生对课堂教学的参与度

积极参与；有效参与（参与学生多、参与时间长、生成度高）；师生、生生之间形成立体式、网络式互动、对话格局，既有自主学习，也有合作、探究式学习；鼓励学生自由表达（书面、口头）、质疑；教师点拨、引导。

（四）新知学习必须渗透学法指导、学科素养、人文素养教育

环节四，尝试练习。

（练习设计要体现差异性和选择性、尊重学生差异，让不同的学生都得到发展，都学有所得）

环节五，展示反馈。

环节六，反思总结（结好尾）。

环节七，作业布置。

正确地确定与把握流程中的关键环节是使时空关系的理性认识转化为实践操作程序的关键。这种探索既减轻学习负担又大面积地提高教学质量的规律性，有效地促进了学校课堂教学改革的深入推进。

2. 流程管理对学校制度文化的优化

学校制度是学校在国家有关教育法律法规的基础上，为提升办学质量、加强学校管理、促进学校发展而制定的以学校章程为主的包括核心制度和外围制度在内的一系列规范性文件。一套好制度，才会造就一所好学校，学校制度是学校实现其育人功能的必要保障。

学校流程管理的目的是帮助优化学校管理，并在不断得到优化的学校工作流程中创造更多的教育效益。高质量的流程管理系统除了有效提高工作效率外，还能够以流程标准化优化学校制度文化，最大限度地减少因为个人理解差异、人际衔接不当等不确定因素对学校工作进程的干扰。因为好的流程管理的形成，离不开制度的逐步完善。流程管理也会在一定程度上优化制度，这是一个相辅相成的过程。因此，学校在实施流程管理精细化的过程中必然会形成很多良好的做法、经验，这些都要进行整理、提炼，以补充和完善现有的学校规章制度，同时，稳定的制度又会保证工作精细化的延续与持久。一套完整的精细化、可行性强的规章制度可以引导工作规范，约束工作行为，明确奖惩措施，保证学校管理措施畅通，对学校发展起着决定性作用。

同时，应建立好四种制度。一是职责类。其目的是明确每个人、每个部门的工作岗位及职责，各司其职，做到凡事有人负责，人人有事负责。二是规范类。其目的是提供具体的工作规范要求，具有导向性和约束性。三是鼓励类。其目的是彰显学校品牌和特色，以鼓励为主，减少教师“必须这么做”“不得不这么做”的被动性，可以增强教师发展的个性和活力，同时也可以把教师的精力引导到为学校整体发展做贡献上来，从而实现教师个人发展与学校发展的和谐同步。四是制度建设类。要求制度要符合管理理念，具有创新性、示范性、可操作性；制度内容要具体，便于教师操作和量化考核；要求制度要民主化，制度建设必须汇集全体教师的智慧，充分接纳教师的合理化建议；要求制度要灵活化，定期根据新情况、新问题，对制度不断进行修改完善。

以番禺附中的学校制度文化建设为例。学校校长在管理实践中始终坚持“常规性工作靠流程，随机性工作靠思维”的管理理念，在致力于现代学校制度建设过程中，打造了一整套学校流程管理清单。学校流程管理清单包括校长室、党支部、工会、教育、教学、科研、总务、校办、人事共八大系列近百余项常规工作流程图。正是有了这些操作性强的流程图，才使学校日常管理事务在方法、思路和标准上都有了一致性和延续性。这些工作流程的顺利运作离不开制度的保障。因此，坚持以人为本，勇于面对制度建设中的现实困境，科学矫正制度建设中的认识偏差，是我们进行现代学校制度建设的必然选择。在现代学校制度的建设中，在执行流程管理过程中，学校一直坚持建章立制，以章为行，这是学校制度建设的根本保障。具体采取以下策略：

第一，优化学校制度设计，完善学校制度体系建设。

完整的现代学校制度体系包括学校章程、学校核心制度和学校外围制度这三个缺一不可的组成部分。

首先，重视学校章程的制定，坚决消除“无章办学”现象。学校章程是为保证学校正常运行，主要就办学宗旨、管理机制及财务活动等基本问题做出全面规范而形成的自律性文件。学校章程是学校的基本法，是学校自主管理、自律及政府监督管理的基本依据。

其次，高度关注核心制度建设。核心制度是指最能体现学校的特性，直接涉及学校使命的制度，直接促进教师与学生充分、全面发展的制度。如教学制度、考试制度、学生评价制度、校本教研制度、校本培训制度、教师评价制度、教师聘任制度等。

再次，发挥外围制度的保障功能。学校的外围制度是指从学校教育的内在需要出发，为学校核心工作服务的一系列制度的总称，比如学校行政管理制度、学校产权制度、教育资金筹措制度、学校后勤管理制度、学校重大事故紧急预案、社区参与制度等，外围制度为核心制度提供坚实的保障。

最后，强化岗位责任机制。管理岗位责任机制是现代学校制度的重要机制之一，学校应厘清各部门、各岗位职能，让每个岗位可操作、可监控、可问责，确保各负其责，条块顺畅，运转协调。为解决学校改革发展中遇到的年级与部门的权力交叉与职责衔接等问题，我校专门召开了为期三天的闭门务实会议，切实理顺三处两室职能部门正副主任的工作职责，明确职、权、责的边界，厘清各年级组的管理权限，在发挥年级管理优势的同时，强化学校职能部门对年级工作的指导、监督和管理力度，最大限度地发挥部门和年级的工作积极性。会议明确，各年级、各职能部门在思考问题及做出决策时，必须坚持系统、全面的“一盘棋”思想，防止部门利益侵蚀学校利益，规避短视行为。

第二，遵循制度设计的基本原则。

制度设计应遵循以下几个基本原则：民主程序，应由全体教职员工按照民主程序制定规章制度，校长只是一个起草人和解释人；公开宣传，一边制订，一边公开宣传，以各种方式听取、收集来自各个方面的意见；规章制度通俗易懂，便于理解；可操作，可监控，可问责；在制度设计过程中，应该多明确写出“底线”，杜绝那些望尘莫及、只可仰视而无法做到的“神仙条例”；保持稳定性，对实施不久的规章制度尽量不做改动，以体现制度的严肃性和权威性，避免“朝令夕改”，影响制度的执行力。

制度设计时不仅要考虑规范性制度，还要考虑程序性制度、评价性制度和奖惩性制度；制度设计还应充分考虑到制度的执行成本及可操作性，比如为执行制度所耗费的时间、人力、物力、财力等，防止出现执行压力大甚至无法执行等现象。

第三，建立有效的制度运行、监督机制。

学校管理者要想增强现代学校制度的执行力，就要确立良好的制度执行机制。一套完整的制度执行机制应该包括以下几个方面：

纵向互动机制。这是针对制度制定者与制度执行者而言的。对于制度的制定者来说，在制度制定之前，要把握校情，充分了解制度对象的实际情况，提高制度的针对性和可操作性；在制度实施的过程中，要密切关注随时出现的各种问题，对其进行归因，并研究解决的策略；定期对制度运行的状态和效果进行评估和反馈，必要时，对制度进行调整和完善。对于制度的执行者而言，要积极配合制定者开展前期调研和收集信息工作，提供可靠的信息来源；在制度的执行过程中，要认真领会制度的精神实质，高效执行，并及时反映制度执行中出现的问题。

横向合作机制。这是对该制度与既有制度之间的关系以及制度执行主体之间的关系而言的。首先，要处理好现代学校制度与既有的其他学校制度之间的关系，实现协调、有序运作；其次，要处理好制度的执行主体之间的关系，各执行主体（含部门、年级、责任人）应相互沟通，加强合作与交流。

运行监控机制。有效的制度运行监督机制应该包括三个基本步骤：运行前监控、运行中监控、运行后监控。这三个步骤是相互衔接、密不可分的整体。缺乏有力的监督，制度的执行将大打折扣，因此，制度一旦制定，应加强督办环节的落实，同时需要推行问责制，让制度非人格化执行，实现制度面前人人平等。学校监督机制既要对制度的执行者加以监督，也要对执行机构加以监督，使其能够维护制度的权威性，杜绝随意性，更要防止制度执行中根据个人的爱好和恩怨自行正义。

第四，建立信息沟通机制。

这是针对制度执行者与制度接受者的信息传递而言的，旨在克服制度运行中的信息不对称以及信息失真现象，以期实现上情下达和下情上陈。全面沟通、及时沟通、主动沟通是现代管理制度的重要原则，是现代学校制度得以有效运行的重要保障。

可以说，制度为流程的高效运作提供了保障，而流程管理也反过来促进了学校制度的不断优化。

3. 流程管理对学校价值文化的升华

目前，人本性、民主性、扁平性成为学校管理变革追求的重要目标，学校师生在学校管理活动中追求管理的自主性、能动性和创造性。所以，流程管理必然也要求学校追求的价值是一种可持续发展的、激励学校群体成员创造性思维与行动的学校文化。因此，在建设学校完善流程管理的过程中，必须关注制度背后的伦理精神、道德趋向和价值基础，用现代学校价值文化建设统摄现代学校制度的方向，发挥文化的引领作用。

学校文化是一所学校的灵魂，是学校的“软实力”，对于学校风格、特色的形成，对于校长的管理思想，对于教师的教和学生的学，都具有深远的、潜移默化的、无形的巨大影响。学校文化的功能主要表现在价值导向、事业凝聚、精神激励和行为约束等方面。如果说规章制度是一种硬约束，那么精神文化则是一种软约束。

在流程管理的探索实践中，番禺附中坚持“以人为本，以章为行”的理念，不遗余力地加强学校文化建设，营造健康舆论，在“刚性”制度和“柔性”管理的平衡中，实现对教师的价值引领和文化浸染。

（1）构建紧张、有序、务实、高效的行政运作管理模式，打造以责任意识和服务意识为核心的行政文化，以行政文化引领学校文化。学校召开了为期三天的行政、级长闭门会议，认真研究学校工作中存在的问题，统一思想，明晰各部门、年级沟通的渠道和方式，明确了每个行政岗位的职责，要求每位行政人员蹲科、驻级，沉下去，以系统、全面的视野，多听多看多思考，真抓实干比奉献，主动沟通、及时沟通、全面沟通，致力于解决实质性问题。学校的每位行政人员应定期开展批评和自我批评，弘扬奉献、合作精神，创先争优，身先士卒，敢抓善管，雷厉风行，精于执行，成为一个“没有任何借口”的人，成为团队的表率、示范和精神领袖。

（2）以制度设计和制度重建打造公正的文化环境。不管是从无到有的制度设计，还是臻于完善的制度重建，不管是程序性制度还是评价性方案，都坚持“以人为本，利于发展”的原则，彰显公平公正的价值导向。

（3）秉持认真踏实的治学态度，营造宽松和谐的学术氛围。番禺附中更名改制以来，学校十分注重教师的职业意识渗透和研究氛围营造，以此作为学校治校和治教的行动指南。

（4）为教师参与学校发展搭建平台。不管是奖励性绩效工作方案的拟订修改、监督运行，还是学校办学理念、发展规划的提炼，学校都始终坚持走群众路线，让一线教师广泛参与、充分讨论，吸纳教师的意见和建议，充分酝酿，反复修改，发挥教师的主人翁精神，增强决策的科学性、民主性，集思广益，共谋发展。番禺附中岗位设置和奖励性绩效方案的制定和施行，成效显著，至今零投诉。

（5）机制创新。“穷则变、变则通、通则久”。创新是一切事物发展的动力。只有永葆改革意识和创新精神，在管理体制、管理机制、管理制度、课堂教学、德育活动等方面革故鼎新、推陈出新，现代学校制度才会有源源不断的活力和生命力。

从流程管理的实践来看，流程管理必然需要打破现有的思维定式，向现有的价值观挑战，从而树立起新的行为规范。而文化则在学校发展中起到导向、维系和约束作用。因此，在进行流程管理过程中，流程管理一定会对学校文化产生影响。如果没能在流程管理的过程中重新营造自己的文化，没有将全新的思想或者价值理念植根于更新后的管理精神中，流程管理就会遭遇难以逾越的障碍；而在消除流程管理障碍的过程中，又可以催生新的、优秀的学校价值文化、行为文化、制度文化。

所以，随着学校对商业管理经验的借鉴，流程管理正在越来越多地进入学校管理者的视野。学校管理工作的周期性、常态性，决定了流程管理的适用性。学校在业务管理过程中引进流程管理，以流程自动地串起各部门的运作，有助于加强各部门的责任意识，形成各部门协同工作的团队意识和协助精神，久而久之可内化为学校的一种文化。流程管理过程一旦达到这一境界，推动学校管理系统高效运作，学校本身快速发展的将不再是流程，而是基于长期流程管理之下孕育而成的一种精神和文化。

参考文献

[1] 褚宏启. 自治与共治：教育治理背景下的中小学管理改革 [J]. 中小学管理，2014 (11).

[2] 褚宏启. 教育治理：以共治求善治 [J]. 教育研究，2014 (10).

[3] 覃学健. 家长委员会是中小学家校合作方式的诉求 [J]. 教学与管理，2011 (2).

[4] 赵福江. 中小学家校合作的现状及其对策 [J]. 教育管理与实践，2008 (6).

[5] 满建宇. 论现代学校治理体系中的家委会建设 [J]. 中国教育学刊，2014 (9).

[6] 柳燕. 学校治理中家长委员会的建设 [J]. 教学与管理，2016 (3).

[7] (美) BLANKSTEIN A M. 创建优质学校的 6 个原则 [M]. 林玲，等译. 上海：华东师范大学出版社，2007.

[8] 张建党. 学校内部制度过程性管理的思考 [J]. 教学与管理，2010 (2).

[9] 李宜江. 学校制度原则性与灵活性的冲突及其解决 [J]. 教学与管理，2010 (1).

[10] 郑杰. 从校长到幕僚：学校发展咨询手记 [M]. 上海：上海科技教育出版社，2009.

[11] 范魁元，刘景. 现代学校制度建设：现状与出路 [J]. 中小学管理，2010 (2).

[12] 陆德山. 认识权力 [M]. 北京：中国经济出版社，2000：49.

[13] 葛新斌. 我国现行“校长负责制”的法律与制度分析 [J]. 北京师范大学学报 (社会科学版)，2003 (6).

[14] 覃壮才. 我国中小学校长权力扩张的制度分析 [J]. 教育理论与实践，

2002 (7).
[15] 易希平. 中小学校长负责制下校长权力运行研究 [D]. 长沙：湖南师范大学，2006.
[16] 彭朝晖. 学校制度建设的认识偏差、现实困境与消解对策 [J]. 文教资料，2011 (4).
[17] 黄金昆. 校长负责制概念分析 [J]. 中小学教育管理，1999 (10).
[18] 萧宗六. 学校管理学 [M]. 北京：人民教育出版社，1994.
[19] 韦力. 围绕“三个面向”，加强学校内部管理 [J]. 教育研究，1986 (8).
[20] 顾明远. 中小学学校工作实用全书：学校领导工作卷 [M]. 北京：北京师范大学出版社，1996.